国家出版基金资助项目
绩效预算与政府治理创新

绩效预算与构建有序社会

许正中　等著

中国财政经济出版社

图书在版编目（CIP）数据

绩效预算与构建有序社会/许正中等著．—北京：中国财政经济出版社，2014.12

（绩效预算与政府治理创新）

国家出版基金资助项目

ISBN 978－7－5095－5491－3

Ⅰ.①绩…　Ⅱ.①许…　Ⅲ.①国家预算－研究－中国　Ⅳ.①F812.3

中国版本图书馆 CIP 数据核字（2014）第 140573 号

责任编辑：胡　博　　　　责任校对：胡永立

封面设计：邹海东　　　　版式设计：董生平

中国财政经济出版社 出版

URL：http：//www.cfeph.cn

E－mail：cfeph@cfeph.cn

社址：北京市海淀区阜成路甲 28 号　邮政编码：100142

营销中心电话：88190406　北京财经书店电话：64033436　84041336

北京京华虎彩印刷有限公司印刷　各地新华书店经销

787×1092 毫米　16 开　22.5 印张　310 000 字

2014 年 12 月第 1 版　2014 年 12 月北京第 1 次印刷

定价：46.00 元

ISBN 978－7－5095－5491－3/F·4440

（图书出现印装问题，本社负责调换）

质量投诉电话：010－88190744

打击盗版举报热线：010－88190492，QQ：634579818

总　序

随着知识经济和信息技术爆炸式的突飞猛进，人类进入了“快进叠加”的新时代，“云物大智”（云计算、物联网、大数据、智慧工程）所引发的技术革命方兴未艾，下一代卫星互联网又紧紧相逼，使得国与国之间的物理疆界形同虚设。国与国、企业与企业、人与人之间均面临着全球角力，尤其是3D打印技术等新技术的发明，使得大规模统一型号的生产线产品生产彻底改变为个性化的多维度需求的定制，它所带来的“一切皆为服务”的理念将会陆续引爆思维革新、道德精进、管理革命和社会变迁等一系列重大变革。在这一切变革中，至关重要的是政府的战略定位和功能的正向演进。特别是，在知识资本和人力资本超高速流动的全球化背景下，世界快速进入协同创新发展轨道，政府作为改革的统筹者和领跑者，起着全面深化改革的“主推手”作用，因此培育政府治理能力成为社会进步的首选。

培育政府治理能力的关键是政府自我的正确定位，即要建立有限政府而非全能政府，形成职能边界清晰的政府、市场、社会公众、企业多方参与“共治”的“现代国家治理体系”。政府的职能在于提供公共服务，而不是直接参与市场经营。培育政府治理能力、转变政府职能是中国政府的一场自我革命，更是有效推进全面改革、扩大市场与社会的创新性自主发展空间、真正完成现代国家治理“结构性重组”的关键环节。

中国当前正处于社会多元复合转型的关键时期，不仅要获取最大的改革红利，更要创造和释放制度红利。中国要连续逾越“中等收入陷阱”、“西班牙幻影”、“高等收入陷阱”以及“塔西佗陷阱”，平稳实现中国的现代化，首先需要理论创新，作为现代社会治理、国家治理和政府治理的基核的财政理论需要全面创新，作为财政理论支柱的现代预算理论也需要全面创新，作为一个长期在国家智库工作的财政理论研究者则责无旁贷。

完善社会治理架构的目的是不断推动技术革命，引爆产业革命，催生新的文明形态，获取经济社会发展红利。经济社会发展红利主要来自两个方面：一方面是创新红利。创新就是基于未来对现存技术，产业和管理的形态的创造性破坏，在“云物大智”网联的“快进叠加”时代，创意、创新、创业、创造、创富的五创联动、非线性突破成为常态，使得新技术井喷式爆发，新创意不断涌现和新产业聚变式或裂变式突破皆成为可能。可以说，在21世纪的竞争是创新速度和创新质量的较量，创新红利是最大的红利。另一方面是制度红利，在现代社会，制度不仅是各种游戏规则的总和，也日益成为一个强大的产业。先发国家无不不断创新着制度，不断激发人的潜能和平衡人与人、种群与种群、区域与区域、企业与企业乃至国家与国家的经贸安全和政治关系，基于产权和人权所形成的各类经济和社会游戏规则，成为现代文明最重要的发明。

现代国家治理架构是国家能力充分发挥的前提。纵观历史发展，工业革命以来，国家治理架构可分为税收国家、自产国家和租金国家。税收国家是指其财政收入主要来自私人部门缴纳的税收，自产国家是指其财政收入主要来源于国有企业上缴的利润和其他类国有资产的收入，租金国家是指其财政收入主要依靠国家垄断的自然资源出口而获取租金收入的国家。20世纪80年代以来，随着市场化改革的推进，中国开始从“自产国家”向“税收国家”转型。在这个转型中，国家与社会关系开始被重构，纳税人意识开始形成和发展，财政民主的要求开始出现并且越来越强烈，要求国家治理做出回应，作为财政制度中关键一环的预算制度成为谋一轴而驱全局的改革主要抓手。政府治理能力是一个“牵一发而动全身”的关键领域，是未来一个时期全面深化改革、推进国家治理现代化的关键领域与环节，不仅与公众生活和利益密切相关，更涉及国家的可持续健康发展。培育政府治理能力，转变政府职能，不仅要改革创新、外拓开放，更要打破社会僵滞状态，而最关键的就是要找准解决问题的突破口——财政预算。财政预算是现代国家赖以正常运行的决定性力量。从“租金国家”到“自产国家”再到“税收国家”，其间国民的生活观及文化内涵，乃至于心理习惯、伦理行为等社会架构均须不断变革。

随着形势发展变化，现行财政预算制度已经不完全适应完善国家治理的客观要求，不完全适应转变经济发展方式、促进经济社会可持续健康发展的现实需要。新一轮预算制度改革是一场关系国家治理体系和治理能力现代化的深刻变革，是立足全局、着眼长远的制度创新。建立现代绩效预算制度不仅是国家治理现代化的目标，也是国家治理现代化的重要标志和重要支柱。构建绩效预算制度和方法，深化预算制度改革，推进依法理财是着眼长远机制的系统性重构。尤其需要指出的是，提升中国的财政制度绩效，不仅要关注国内，更应该关注中国财政参与现代国际治理的功效，财政已经是现代外交的主战场和重要的政治筹码，对此问题没有战略布局，国家的制度性损失将会是难以承受的。

财政是政府进行宏观调控的重要工具，也是释放制度红利的“总阀门”，更是国家治理的基础和重要支柱。财中有政，政中有财，决策财政，决不仅仅在决定财政的收支数字，数字之中有政策，有政治，有协同。以往的改革主要涉及“财”，那么现在我们的改革已经步入深水区，“政”是绕不过去了。作为经济调节的“有形之手”，政府利用财政工具保障宏观经济的健康运行，使微观经济活动逐渐符合国家宏观经济发展目标。财政是政府治理现代化的枢机、国家治理现代化的基础和重要支柱、社会治理的交集轴。可以说，财政现代化的成功就是国家现代化的成功。

从表面上看，财政预算是政府关于未来某个时期（通常为一年期、三年期或五年期）的收支计划，是一个技术问题，或者有的学者认为是一个让人乏味的会计问题，但在现代市场经济和民主政治中，它是社会治理、国家治理和政府治理的基核，是权利市场与经济市场的耦合器，是社会各阶层和各利益集团协同治理的总契约，其本质是最大的政治问题。财政预算关乎国家治理大事，毫不夸张地说，一个国家的治理能力的高低，很大程度上取决于国家的预算能力。官僚集团、利益集团往往通过一些结构性的计划来保证对自己有利的预算支出，把政治角力变成一场又一场的预算博弈，甚至不断地改变制度架构和程序过程来强化他们的利益，进而也推动了预算结构的复杂性。

在预算中，任何有效的变化都必然会改变预算过程的结果，这些与经济结构调整、政治过程和社会运行轨道息息相关，作为财政管理内核和最新形态的绩效预算，是财政革命的急先锋。绩效预算决不仅仅是单纯的技术内涵，更涉及多方面极其复杂的经济政治社会范畴。因此，中国如何在“云物大智”时代实现蛙跳，需要“顶层设计，系统集成”，必须大力推进财政预算制度改革，以财政的内核——绩效预算为抓手培育现代政府治理能力，坚持“以人为本”的执政理论，支持包容性增长，实现公共财政、政府治理、社会治理和文化精进“多层多方联动”，助推中国平稳现代化。

1997 年我到国家行政学院工作，位卑不敢忘忧国，积极投身于中国的智库建设和政策理论研究之中，在完成中央、行政学院和财政部交办的各项任务之余，在财政领域重点围绕绩效预算与政府治理创新两大核心主题，对理论和战略框架问题进行了大胆探索。在国家出版基金的资助下，在国家行政学院和财政部、科技部、国务院机关事务管理局等部门领导的支持下，组建研究团队紧贴国家战略需求开展研究，本着理论前瞻、国际比对、现实判断、历史的理论勇气和标准、发现战略机遇、达成多方共识、形成政策决策、推动各项改革的精神和原则，以科学严谨、求真务实的态度，甘于奉献财政理论尤其是绩效预算理论与政府治理创新的研究。

能力建设是21世纪的核心，财政制度改革和预算管理创新的基核就是要“五位一体，多维联动”地提升政府治理能力。中国要驾驭全球化发展新浪潮，把握政治生态环境变迁，顺应技术经济社会发展趋势，化解内部管理“体制冲突”，助推社会现代化成功转型，亟需从政府政治能力、管理能力、法制能力、服务能力、合作能力“五位一体”建设入手，围绕制度、经济、货币、地缘政治、科技、军事、文化、外交等八个维度，全面而深入地剖析现代政府治理能力的内涵以及目标，明确五种核心能力之间相互作用、相互协同的关系，科学合理定位政府治理能力的关键要素和关键切入点，勾勒现代政府治理能力建设的战略路径，促进财政制度改革，加快绩效预算进程，全面加强政府治理能力建设。可以说，提高打造政府治理能力是今后中国政府改革面临的重大现实问题，而从“五位一体”入手，以八个维度为核心全面培育政府治理能力，既拔高了理论界研究高度，又能把政府治理能力建设推向新水平。由我同中国党政干部论坛副主编、中央党校史世鹏教授等研究人员将这些研究成果集结成册，撰写了《21世纪政府治理能力创新研究》一书。

现代社会是一个有序活力社会。毋庸置疑，政府、市场与社会是控制与影响社会最强大的三股力量，政府是整个社会资源配置的主导机制，市场是资源配置的基础机制，社会是资源配置的平衡器，而绩效预算作为一种制度安排，是政府、市场、社会的耦合点，是维护社会秩序的核心和关键环节，因此，加大绩效预算改革力度有利于促进有序社会建设。中国要理顺市场经济机制，促进社会主体互动，大力助推国家治理创新，亟需准确把握有序社会的内涵及其根源，明确社会根本性，建设完善“阳光财政”，加快绩效预算改革步伐，构建社会普遍服务，聚合政府公信力，催化产业创新升级，实现公共服务均等化，提升政府治理绩效。这就要求我们不断创新绩效预算工具，开展绩效评估，健全政策评估方法，提升机构治理效率。可以说，有序社会的构建对于促进社会正向演进，激发社会发展活力具有重要作用，而从政府、市场与社会关系演化中聚焦绩效预算改革，对于一个有民主意识、有责任感、有能力、高效率、透明的政府，无论是对经济发展还是对整个社会进步都是不可或缺的。因此，将这些研究探索集结成册，撰写了《绩效预算与构建有序社会》一书。

政府生产力是衡量政府有效运行的基础，而绩效预算是政府生产力的枢机。中国要紧跟世界发展趋势，打造有限的透明政府，亟需把握政府生产力理论，构建系统的动态提升政府生产力的运行机制和管理框架，同时探寻绩效预算基本支出决策的方法和执行效果评价的方法和模型。可以说，政府生产力的提高将有效提高国家的核心竞争力，活化多元社会组织，促进多元主体协同共治，促进社会文明升级，是国家治理的关键。对此，如何以绩效预算为抓手全面提升中国政府生产力就显得极为重要。于是我将这些研究凝练成《绩效预算与政府生产力》一书。

随着全球化不断升级，当前国际竞争已经从军事、货币、人才竞争转向制度竞争。规则设计成为创造和获取制度红利、全球红利与重构国家核心竞争力的核心和关键。中国要想大力提升政府能力，无缝对接全球化、现代化进程，实现大繁荣、大发展，为构筑世界一流强国奠定坚实基础，唯有打造高绩效政府。高绩效政府以责任政府、激励政府、掌舵政府、服务政府为核心，关注管理领域，与市场、社会共同协调经济社会发展。政府运行经费有效管理是构建透明高效政府的必然选择。在全球融合的趋势下，中国势必要将优化政府行政成本摆在重要战略地位，亟需从绩效预算视角强化政府成本控制，创新经费管理理念，依托信息物联网高科技技术，加快机关运行经费管理制度重构，实现帕累托式改进。这对于完善责任匹配机制，提升经费管理质量，提高资产运行效率，降低政府运行经费等具有不可比拟的重大作用。由我会同赵峰涛率领的团队将这些研究成果表现为《绩效预算与政府成本控制》一书。

现代管理技术和方法在社会各行业中的广泛应用对现代企业和公共部门的管理也起到积极的促进作用。工具和技术的创新是现代管理创新的关键。对于绩效预算来说，科技进步和管理工具的发展促进了绩效预算制度的变革。中国要想大力促进绩效预算发展，亟需认识当前绩效预算研究不足之处，创新绩效预算的工具与方法。这就需要明确财政职能，剖析绩效预算理论，引用决策与评价理论，揭示绩效预算管理工具创新意义，在基于平衡计分卡、绩效棱柱以及全面标杆管理，对绩效预算进行全过程衡量并实施绩效预算战略管理，同时基于数据包络分析以及全要素生产率，评估绩效预算的静态效率与动态效率。针对当前绩效预算理论研究来说，这有利于奠定绩效预算分析工具基础，衍生新的绩效预算管理工具，明确绩效预算决策过程，制定绩效预算决策原则，分配绩效预算决策权限，建立绩效预算决策体系，实施正确绩效预算决策，为绩效预算提供智力支持。由李尽法将这些研究成果集结成《绩效预算管理工具创新》一书。

经济发展方式转变、产业结构优化升级和新兴产业的兴起促使财政预算改革和财政管理模式转变，为将工程方法引入绩效预算理论提供了有利契机。可以说，经济主体内在需求的变化、财政预算理论的发展、现代科学技术的进步共同作用催生财政工程的产生。如何通过财政工程来加大绩效预算创新呢？这就需要准确把握财政工程内涵，运用耗散平衡理论、云计算等理论，创新财政理论方向，构建“云”财政理论，揭示管理复杂特征，创新财政工程与绩效预算理论。财政工程与绩效预算理论研究能够为财政建设提供坚实的思想支持，同时提供解决财政问题的元工具、元方法和元模型，有利于人员利用“工程化”的思想，运用数学方法和模型，以“平台”开发理念为借鉴，开发一系列创新性的财政管理工具、模型，提出科学的解决方案，提高财政预算效率，最终提高财政的运行效率。由我和财政部赵新国博士等研究人员将这一开拓性成果表现为《财政工程理论与绩效预算创新》一书。

教育是现代社会最重要的基础，人力资本是现代社会最重要的资本。预算是现代社会最重要的杠杆，如何用预算杠杆夯实教育基础，开发人力资本就显得极其重要了。特别是，加强教育财政资金绩效管理，有利于提高教育财政投入绩效。目前，在财政改革稳步推进的形势下，研究探索提高教育财政绩效预算的新措施、新方法，正是进一步深化教育改革的重要内容之一。中国亟需科学定位教育本质，顶层设计教育财政绩效管理体系，确立以结果为导向的教育财政拨款理念，再造教育财政绩效管理流程，重塑教育财政投入的监测与评估，按照公共财政“效率优先、兼顾公平”的重要原则，强化教育财政绩效管理，避免经费短缺与经费浪费并存的现象，确保相对有限的教育财政投入并运用在最需要的地方。这对于提升教育管理水平，实现教育流程整合，凸显社会公平正义具有重要意义。由我同南开大学邢天添副教授等研究人员将这些探索集结为《教育财政绩效与人力资本战略》一书。

技术催生着产业，创新着管理，改变着社会，不断让文明降生。特别是，随着知识经济时代的来临与技术的超加速发展，科学技术被摆在了国家优先发展的重要战略地位。将科学技术源源不断地、大规模地转化为现实生产力，更成为提升国家竞争力的核心和关键。科技财政支出是支撑科技创新发展的重要基础，因此如何运用绩效预算来实施创新驱动发展就显得极其重要了。中国要积极发挥科学技术功能，借助技术知识扩散，构筑多元开放平台，提高财政支出绩效，大力支持基础研究，推进科技重点攻关，培育创新复合资本，引领科技发展方向，提升科技创新能力，占领科技战略高地。这对于导入科技支出绩效管理体系，完善科技机构与人才评估模式，提高科技活动绩效，释放创新创业活力，提升科技财政支出绩效，完善科技财政绩效预算管理，提高科技财政管理透明度，加快科技成果转化为现实生产力具有重大作用。由我同科技部的王德花研究员等研究人员将这些研究发现撰写成《科技财政绩效与创新驱动战略》一书。

消除贫困是人类永远难以达到的目标，尤其是消除绝对贫困。财政能力的建设提升与减贫绩效间存在正向关系，一方面财政作为政府减贫的主导力量实现了巨大的减贫绩效；另一方面减贫的深入推进要求不断提升财政能力。如何运用财政绩效缩小贫困面呢？基于本国国情，要深入剖析致贫根源，梳理贫困理论模型，明晰减贫战略目标，培育提升财政能力，采取多元模式扶贫，构筑普遍服务体系，辅助政府全面推进实施点状突破战略，大力推进减贫进程。这对于系统集成资源优势，构建财政减贫框架，制定财政服务行动纲领，实现政策协同多方联体，综合提升国家减贫能力，彻底走出贫困泥淖具有极其重要的作用。由我会同财政部苑广睿司长等研究人员将这些研究成果撰写成《财政扶贫绩效与脱贫致富战略》一书。

绩效预算为政府效能提高夯实基础，是锻造提升政府生产力的利器，在提高国家竞争力中占据重要地位，因此世界各国纷纷进行预算改革，并积累了丰富的经验。国际绩效预算改革与实践丰富多彩，他山之石，可以攻玉。中国亟需解密美国、英国、澳大利亚等先发国家绩效预算改革路径，总结绩效预算思想基础，把握绩效预算改革逻辑方向，网联绩效预算改革理论支撑，透视政府绩效预算评估体系，检视绩效预算评估技术，强化绩效预算运行抓手。这对于立足中国国情，借鉴国际实践经验，明确绩效预算未来方向，优化绩效预算制度设计，完善绩效预算配套政策措施，引领绩效预算改革，支撑中国深化改革，促进经济社会可持续发展具有极其重要的作用。由笔者会同湖南省财政厅厅长郑建新博士等研究人员将这些研究成果集成《国际绩效预算改革与实践》一书。

从财政资金分配视角看，政府提升国家竞争力的过程就是通过预算方式的不断改进，提高财政支出效果，为本国的企业和公民提供高质量的公共服务，进而为他们创造良好竞争环境的过程。预算作为政府配置资源的重要工具，直接影响到财政支出的效果和公共服务的质量，进而影响国家的核心竞争力。当然，打铁还需自身硬，借鉴也为增内功，因此，特色化、个性化的绩效预算改革模式至关重要。面对复杂的国际国内环境，中国亟需立足国情，循证绩效预算管理基础，剖析绩效预算管理内容与优势，明晰绩效预算思想沿革路径，定位绩效预算制度潜在效用所在，找准绩效预算管理最本质的核心力，最终设计出有中国特色的绩效预算改革模式，促进国家经济社会可持续健康发展。这对于有效提高中国政府治理能力，使政府具有更高的、足可与私营机构媲美的运转效率和质量，使公共服务更能体现公正有效，据此获得足够的合法性具有重要意义。由我和财政部夏先德副司长等研究人员将这些研究发现编写为《中国绩效预算模式设计研究》一书。

实施全面规范、公开透明的现代财政预算制度是财政改革的重要方向。本丛书研究首次尝试运用财政工程的思想，将财政管理理论工程化，探索了绩效预算理论与实践，分析了绩效预算与政府治理能力、政府生产力、政府协同治理、行政成本的互动关系，试图指出21

世纪中国政府治理能力、政府生产力建设及优化行政成本的基本方向。同时，在政府、市场与社会关系上，还构建一种政府协同治理新型模式，对现代中国政府治理和财政预算创新进行了大胆探索。由于时间短、任务重，有许多理论问题仍在探索之中，不足之处还希望同仁多加批评指正。

许正中

于北京古崖居

2014年8月27日

目　录

第一章
实施绩效预算
构建有序社会

当今世界，政府公共管理体系、市场体系与社会自组织体系是控制社会、影响社会的最强大的三股力量。理论研究和国内外实践经验表明，政府管理体系在创造和提升国家竞争优势方面具有不可替代的作用。一个民主的、负责任的、有能力的、高效率的、透明的政府公共管理体系，无论是对经济发展还是对整个社会的进步，都是不可或缺的。在现代市场经济国家，市场是资源配置的决定性机制，而预算正是整个社会资源配置的主导机制。市场配置资源的机制是价格，政府配置社会资源的主导机制是预算。预算是“政治市场”和经济市场的耦合器。作为一种制度安排，预算是维护社会秩序的核心和关键环节。

第一节　把握有序社会内涵 重塑现代社会秩序

秩序是人类社会赖以生存和发展的基本条件。不同国家、地区和民族基于不同的文化传统和文化背景，有着不同的构序方式和内涵。有序的社会生存环境是人类的共同需求，人类的本性问题就成为所有国家和民族所面临的共同问题，而且是研究社会秩序的一个理论前提。站在全人类利益的高度来考察秩序问题，以马克思的人性理论为依据，只有建立在普遍正义基础上的，真正实现每一个人平等、自由、全面发展的社会秩序才是良好的社会秩序。良性健康社会秩序的建立与形成是全面建成小康社会的重要目标之一。良好的社会秩序依赖于一种共同行为框架的建构及一种制度化预期机制的建立。

一、梳理理论内涵　探源社会秩序

秩序一词被广泛地应用于政治、经济、科学、文化以及社会生活的方方面面，可以说它是一个从古至今人们一直探索和追求的古老而又现实的命题。从传统社会到现代社会，任何社会共同体总要通过正式或非正式、自发或强制的各种手段将分散的个人组织起来，形成一个固定的秩序，以便构建维系共存体长期稳定存在和发展所需的制度。

（一）政治学、法学视角下的社会秩序

亚里士多德在《形而上学》一书中指出：世界的差异有三点，即形状、秩序、位置。“秩序”已被哲学家提到了认识自然界本质的地位[①]。

从法理学角度来看，美国法学家博登海默认为，秩序意指在自然进程和社会进程中都存在着某种程序的一致性、连续性和确定性。秩序可以分为自然秩序和社会秩序。自然秩序由自然规律支配，如日出日落，月亏月盈等；社会秩序由社会规则所构建和维系，指人们在长期社会交往过程中形成相对稳定的关系模式、结构和状态。现代科学认为，秩序既存在于自然界，也存在于人类社会，用来描绘客观事物之间及其构成要素之间的关系。不同的学科使用不同的量度来描述研究对象的序度。

① 李春田：《第二讲：标准化与秩序——社会存在和发展的基础》，中国标准化——标准化讲座，2004 年 2 月。

社会领域作为社会学的研究领域也有不同的量度指标，用来描述社会系统中的秩序状况，如人均国民生产总值、犯罪率、就业率、消费者物价指数、通货膨胀指数等。

人类社会的每一项共同活动，都是在一定规则中进行的。社会秩序在人的社会行为关系中生成，作为社会关系的调节机制和行为准则，规范人们的行为并使人与人之间的关系制度化。可以说任何社会都是在一定的秩序轨道上运行的，社会形态的变迁与更替，归根结底是人们对社会秩序所作的一种自觉的或强制的调整和创新。一切重大的社会变革，往往是秩序转换的信号或先导，同时也是一系列秩序变动的产物。建立、维护和巩固为特定社会制度所需要的社会秩序，历来是各国政府或国家政权的基本职能之一。发展社会主义市场经济，则要求建立与其相适应的新秩序①。

“所谓‘秩序’，指这样的一种事态，无数且各种各样的要素之间的相互关系是极为密切的，所以我们可以从我们对整体中的某个空间部分或某个时间部分所做的了解中学会对其余部分做出正确的预期，或者至少是学会作出颇有希望被证明为正确的预期。显而易见，就此意义而言，每个社会都必定拥有一种秩序，而且这种秩序也往往是在未经可以创造的情况下存在的。”②

社会是人类生活的共同体。只有具体的社会，没有抽象的社会。具体的社会是指处于特定区域和时期、享有共同文化并以物质生产活动为基础，按照一定的行为规范相互联系而结成的有机总体。构成社会的基本要素是自然环境、人口和文化。生产关系派生了各种社会关系，构成社会。人们在一定的行为规范控制下从事活动，使社会藉以正常运转和延续发展。汉语中的“社会”一词是中西交流融合的结果，英语中的“society”和法语中的“societe”均源于拉丁语“socius”，意为“伙伴”。

---

① 维森：《社会制序的经济分析导论》，三联书店，2001 年，第 113 页。

② ［英］弗里德利西·冯·哈耶克，邓正来等译：《法律、立法与自由》（第 1 卷），中国大百科全书出版社 2000 年版，第 54 页。

日本学者在明治年间将英文“society”一词译为汉字“社会”。近代中国学者在翻译日本社会学著作时，沿用此词。社交网络是组织的特征模式。社交网络就像人与人之间各种关系的地图，其结构要点，例如亲近程度、联系频率、关系种类（亲戚、朋友、同事），决定了社交网络类型。

人类社会经常基于其主要的谋生手段（生产方式）而组织起来。社会学家将社会区分为原始社会、游牧社会、农业社会、工业社会和知识社会。通常社会的一个重要作用就是帮助个体度过危机。传统意义上，一个作为社会成员的个体需要帮助，例如，在出生、死亡、生病、天灾时，需要依赖其他成员的某种形式的帮助——象征性的、精神上的、语言上的、物质上的、经济上的、医药上的、信仰上的帮助。这种情况可以在所有的社会文明中看到。典型来说，慷慨宽大的个体和团体，即福利社会，由此获得声望。社会成员也可以避开或者惩罚那些违背规则的成员。这种互惠和惩罚的机制，在很多不同人类团体中都可以看到，趋向于成为一种制度或习俗。

（二）哲学视角下人类本性与社会秩序

在《1844年经济学哲学手稿》中，马克思提出了人是类存在物的观点。在他看来，人是以“类”的方式存在的。“人是类存在物，不仅因为人在实践和理论上都把类——自身的类以及其他物的类——当作自己的对象；而且因为——这只是同一件事物的另一种说法——人把自身当作其现有的、有生命的类来对待，当作普遍的因而也是自由的存在物来对待。”[①] 人与动物的区别在于人获得了自己特有的本性规定——类本性。马克思把人的类本性放回实践过程中进行理解，才真正解释了人的类本性这一特征。人能够超越任何一种狭隘的阶级、民族、国家利益的局限，借助由他创造的世界性的生产方式，进而形成一种世界性的社会体制和人类文化圈。

人作为有意识的存在才能作为活动主体，进行自觉的、现实的、对

① 《马克思恩格斯全集》（第42卷），人民出版社，1979年，第95页。

象性的创造性活动，才能不断追求和塑造理想的世界。意识的功能是反映事物，人把自己的社会生活当作自己的对象。“正因为人是类存在物，他才是有意识的存在物，也就是说，他自己的生活对他是对象。仅仅由于这一点，他的活动才是自由的活动”。①

人的类本性存在于人的实践中，是在事件中逐渐展开的历史的、自然的过程。“正是在改造对象世界中，人才真正地证明自己是类存在物。”② 类本性和实践活动之间是相互作用、互相依存的。类本性因实践具有了现实生长点，实践因类本性成为人的自我出生活动。

在传统的农业文明时期，生产力普遍低下，人们只有生活在群族或集体中才能维持生存和繁衍。随着技术的进行和认知科学的发展，人通过信息技术。

马克思站在历史的高度，在总结人类实践活动的基础上，提出了“类本性”理论，通过对人类发展形态的分析，揭示了人类走向秩序良好的社会状态的路径。

人的生存发展过程实质上就是类本质的生成发展和完善的过程，也就是人的存在形态是从以群体为本位、到以个体为本位、再向以自觉的类为本位的不断实现过程。人们应该确立新的思维方式，在实践的基础上，把人的自然性与超自然性、生命本质与超生命本质统一在类本性之中，从而开启了人类认识自身的新纪元，使哲学实现了从传统到现代的真正变革。

“全球问题”已经逼迫各个国家、地区和民族，在处理国际国内事务时，必须考虑全人类的利益，把自己放到人“类”中去思考。“在人与人的关系上，把人的单纯依赖性和独立性转变为依赖性与独立性相统一的人类性；在人与自然的关系上，把人对自然进行征服的对立性转变为人与自然和谐统一型；在现实与理想的关系上，把单纯的现实利益和抽象的价值理想转变为追求现实利益与价值理想相统一的生活态度；在

① 《马克思恩格斯全集》（第42卷），人民出版社，1979年，第96页。

② 《马克思恩格斯全集》（第42卷），人民出版社，1979年，第97页。

国家关系上，把狭隘的国家本位和抽象的世界本位转变为民族国家世界性融合的人类共同体。"①

二、深刻把握社会秩序的演进逻辑

人的一个基本特征是人对秩序的渴求，群体和个体生命只有在秩序之内才有意义，但无序或混乱在历史发展进程中却屡见不鲜，正如中国人所谓的"三十年河东三十年河西"。在混乱的、冲突的关系内，秩序能否正向演进是一个难题。政府部门的最大职能是为社会中各成员提供公共服务，以国家强制力保证的秩序是最主要的公共产品。任何社会都是在一定的秩序轨道上运行的，社会形态的变迁与更替，归根结底是人们对社会秩序所作的一种自觉的或强制的调整和创新。一切重大的社会变革，往往是秩序转换的信号或先导，同时也是一系列秩序变动的产物。建立、维护和巩固为特定社会制度所需要的社会秩序，历来是各国政府或国家政权的基本职能之一，发展社会主义市场经济，则要求建立与其相适应的新秩序。

"自发社会秩序"是哈耶克社会理论的"核心概念"。单从语义的角度来理解，哈耶克认为，"自发秩序"可以用"自我生长的秩序（self - generating order）"、"自组织秩序（self - organizing order）"诸概念来代替。有些地方，哈耶克亦用希腊语 cosmos 来抑制这种自发秩序，并称之为"成长的秩序（a grow order）"或"内生秩序（endogenous order）"（Hayek，1967）。"自发社会秩序"理念的提出，是为了解决人们在社会交往尤其是在市场活动中知识的运用和信息的利用问题，亦即为了"解释整个经济活动的秩序是如何实现的：在这个过程中运用了大量的知识，但这些知识并不是集中在单个人脑中的知识，而仅仅是作为不计其数的不同个人的分立的知识而存在"（Hayek，1967）。在这种自我调控的系

① 高清海、胡海波、贺来：《人的"类生命"与"类哲学"》，吉林人民出版社，1998 年，第 265 页。

统中，分立的个人行为间的某些常规性（regularities）和约束(restraints)导致它们在一个包罗万象的秩序（a comprehensive order）中互相调适。因此，哈耶克（Hayek，1978）认为，“这种引致对超过任何人所能掌握的信息的利用的秩序是不可能被发明的”[①]。

从知识的运用和信息的利用出发，哈耶克（Hayek，1960）指出，“在各种人际关系中，一系列具有明确目的秩序的生成，是极其复杂但却又条理井然的。然而，这并不是什么设计的结果，也不是发明的结果，而是产生于诸多未明确意识到其所作所为会有此结果的人的各自行动”。这种在人们的社会交往的行动过程中经由“试错过程（trial and error procedure)”和“赢者生存（the survival of the successful)”的实践以及“积累性发展（cumulative growth)”的方式而逐渐形成的社会秩序就是“自发秩序”。“这种显见明确的秩序，并非人的智慧预先设计的产物，因而，也没有必要将其归之于一种更高级的、超自然的智能设计……这种秩序的出现，实际上还有第三种可能，即它乃是适应性进化的结果”[②]（Hayek，1960)。

三、稳定有序活力是现代社会的根本属性

秩序总是意味着社会中存在某种程度的关系的稳定性、进程的连续性、行为的规则性以及社会的进步性。英国社会学家科恩将秩序总结为5种规定性：(1)“秩序”与社会生活中存在一定限制、禁止、控制有关；(2）它表明在社会生活中存在着一种相互性，每个人的行为不是偶然的和杂乱的，而是相互回答或补充他人的行为的；(3）它在社会生活中捕捉预言的因素和重复的因素，人们只有在他们知道彼此期待的情况下，才能在社会上进行活动；(4）它能够表示社会生活各组成部分的某种一致性和不矛盾性；(5）它表示社会生活的某种稳定性，即在某种程

---

① 韦森：《社会秩序的经济分析导论》，上海三联出版社，2001年，第41—42页。
② 韦森：《社会秩序的经济分析导论》，上海三联出版社，2001年，第43页。

度上长期保持这种形式①。

具体而言，任何社会秩序都是由稳定的社会制度、确定的社会关系、反复体现于行为中的行为规则或称为社会规范来体现的。其中，社会规范是社会秩序的核心，它的内容很广泛，包括风俗、道德、法律、纪律、宗教，等等。不同形式的社会规范的地位和作用是不同的。社会控制的主要手段是道德、宗教和法律②。在法治社会中，法律是消除无序状态或预防无序状态的首要的、经常起作用的手段③。有序社会是多方主体与多元利益达到相对协调和协同的一种动态均衡治理状态。

首先，有序的社会是指社会生活的可预见性或可预期性。可预见性是指现行社会规范能够有效地阻止人类的社会活动、协调社会主体之间的关系，即达到纳什均衡所描绘的一种非合作博弈状态，即使人们的社会活动中出现一些越出现行社会规范的行为和一些不协调不和谐的情况，其产生的消极后果总是能够被人们在一定的范围之内预见，最终通过各种社会主体通过再次的策略决策化解掉。

其次，有序社会是人们自觉调控活动的结果。有序社会中所指的序是被这个社会中的成员普遍遵守和维护的一种显性或隐性的制度集合。社会生活的有序状态并不是指一种无矛盾的状态，更不是一种静止不变的状态。事实上，人类的社会生活本身充满了各种复杂的社会冲突来干扰社会秩序的协调性和人们社会活动的组织性，使人们的社会生活经常处于不断的变动之中。有序社会不是静止不动的状态，而是不断消除自身的负面因子，不断由有序到偏离有序再恢复到有序的动态的稳定状态，这种动态性以历史的角度来看，永远是一个过程④。

---

① 张文显：《法理学》，高等教育出版社、北京大学出版社，2001 年，第 227 页。

② 庞德：《通过法律的社会控制》，商务印书馆，1984 年，第 9 页。

③ 石柏林："安定有序社会的法学内涵与构建"，《广州大学学报》（社会科学版），2008 年第 7 卷第 12 期。

④ 石柏林："安定有序社会的法学内涵与构建"，《广州大学学报》（社会科学版），第 7 卷第 12 期。

第二节　理顺市场经济机制　加速社会主体互动

在现代社会，市场、政府与社会中介组织成为配置资源的最重要力量，且三者相互渗透、相互耦合，共同推进社会的演化。由乡村社会向城市社会转型是多元复合转型的出发点和核心环节，城市化是主基调和主阵地；计划经济向市场经济转型，农业社会向工业化、知识化社会转型，是复合转型的两大支柱，关系到经济体制的确定和生产要素的变革。政府与市场互动过程中，社会中介组织协调或阻断政府与市场的良性互动关系，从而达到政府、中介组织与市场的综合协调发展或造成社会发展断裂，同时也弥补政府与市场之间的权力真空或引发社会动荡。

一、现代市场经济的再认识

先发国家的实践表明，市场在资源配置、促进生产力发展和提高社会活力方面有着显著的有效性，时时起着基础性、决定性作用。国际组织曾对实行市场经济的国家和原来实行计划经济的国家进行过比较，最终得出结论：在经济发展、投资效益、居民消费以及进出口贸易等方面，市场配置资源的方式比计划配置资源的方式更富有成效[①]。对世界经济发展过程中的几次经济危机进行的分析表明，在经济复苏之后通常会进入一个更加繁荣的时期。市场对社会的作用具有广泛性，这体现在很多国家的公共物品，例如高等教育、公共休闲设施、公路，甚至国防和军事都由私营部门直接管理和经营。即使最为强调政府作用的诺贝尔经济学

① 斯图尔特：《比较经济体制学》（中译本），上海三联出版社，1988 年，第 538 页。

奖获得者斯蒂格雷茨也说，在如何提供公共产品方面，私人部门也要比政府部门效率高得多。事实表明，市场机制和制度安排是经济繁荣和社会进步的一个重要驱动力。

中国被誉为当代由计划经济向市场经济转型最为成功的国家。2001—2011 年，中国国内生产总值由 109655. 2 亿元增长至 472881. 56 亿元，平均每年递增 15. 74% （见图 1 - 1）。不断深化的市场经济体制改革为经济发展提供了源动力。党的十一届三中全会以来，中国经济体制改革的步伐从未停歇。据权威机构测算，中国的市场化程度在 69% 以上，并且在改革中不断深化，经济活力日益增强。在大力发展现代市场经济的过程中，中国坚持对外开放的国策，充分利用国际国内两个市场、两种资源，把握机遇，迎接挑战，拓展经济发展空间。2012 年，中国进出口总额达到 38667. 6 亿美元，比上年增长 6. 2% 。其中，出口 20489. 3 亿美元，增长 7. 9% ；进口 18178. 3 亿美元，增长 4. 3% 。实现贸易顺差 2311 亿美元[①]。图 1 - 1 更加直观地反映了中国实行社会主义市场经济以来取得的巨大成就。

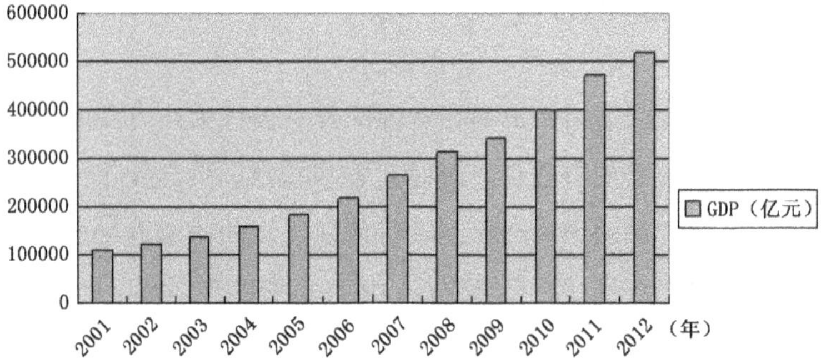

图 1 - 1　2001 年以来历年国内生产总值

随着时间的推移和人类的不断实践，市场经济又具备了新的时代特

① 中华人民共和国国家统计局，http：//www. stats. gov. cn/was40/gjtjj_ detail. jsp? searchword = % BD% F8% B3% F6% BF% DA&channelid = 6697&record = 1。

色。市场经济是社会利益多元化的经济，成熟的市场经济是从工业化早期经济增长模式转变而来的现代经济增长模式。工业化早期经济增长模式的最大特征是依靠资本和资源的不断投入来拉动经济增长，这种粗放型经济发展模式进入瓶颈阶段后会带来资源短缺、能源制约、环境恶化和社会矛盾加剧。随着知识经济时代的来临和技术的超加速发展，技术、技能和创意三大驱动轮与消费、投资和出口三驾马车共同成为经济发展的重要引擎。

市场主体利益多元化是市场经济的基本特点。政府平衡多元化利益需求的最佳办法是创造平等的地位和均等的机会让各个市场主体公开表达利益诉求，让社会利益各方进行自我博弈。在博弈的过程中，需要发展各种代表不同市场主体的第三方机构，以此来加速推动市场经济的“升级”。政府职能转换是市场经济升级的核心。世界先发国家的市场经济制度已经度过了早期孕育阶段、成熟发展阶段、升级升华阶段。在法律健全的社会制度中，政府在市场配置中顺应市场而行，充分发挥市场配置资源的基础性决定性作用，达到市场经济的自动升级。

市场经济催生经济和社会朝法制化方向发展。市场是天生的平等派，市场经济只有在一定的秩序和规则的前提下才能得以顺利运作，这种秩序和规则要求建立相应的法律制度。市场经济的法制基础是所有的市场主体地位平等。完善的法律制度在建立和完善社会主义市场经济体制中起直接性的保障和促进作用。现代市场经济首先是竞争经济，而竞争离不开规则，离不开秩序，规则和秩序要靠法律制度来保障。因此，从根本上讲，建立在完善的法制基础上的现代市场经济才是实现资源有效配置和富民强国的有效途径。

市场经济中的法制作用主要表现为：第一，运用法律形式确认产权，明确市场主体的资格和法律地位，平等地保护市场经济的合法权益。第二，建立和健全市场经济法律秩序，确立相应的竞争规则，创造竞争的环境和机会，促进和保障平等、公平、公正的竞争机制的正常运行，制裁不正当竞争，建立和培育统一国内外市场体系，在全球范围内网联和配置资源。第三，以法律武器解决市场主体之间的各种利益冲突和纠纷，制定解决利益冲突的实体规则和程序规则，对各种利益冲突进行法律疏导。第四，运用宪法和法律手段，确认、保证和建立政府对经济的宏观调控，明确政府权限。

市场经济的法制化并不意味着死板、僵化，其本质是为有效的竞争机制保驾护航。平等地竞争是市场经济有效性的最根本保证，市场经济机制就是通过优胜劣汰的平等竞争，促使政府进行体制改革和政府管理创新，迫使企业降低成本，提高质量，改善管理，积极创新。

市场需要竞争机制，竞争带动创新，创新有不同的等级和种类。市场经济的竞争性促使经济体制创新，体制创新是社会活力的基本动力源。经济发展的每一步，都是体制创新的结果，这种体制变革激发了社会活力，促进了经济发展和企业竞争力的增强。市场经济的竞争性促使企业管理创新，企业管理创新必然要求企业管理制度进行变革，建立以市场为导向的开放型、自主型、集约型、人本型的管理模式，提高生产效率，创造更大的利润。

市场经济中的平等竞争要求法律、法规和政府有关政策平等对待不同的市场主体。在市场准入、生产要素获得、享受法律保护和政策支持等方面，各类企业应当拥有平等竞争的市场环境。在人员流动、就业选择、职业培训、社会保障等方面，劳动者需要有平等的竞争机会。平等的竞争环境意味着机会的公平，而机会的公平是实现社会公正和经济效率相统一的有效途径。充分的竞争可以使企业和资本对社会负责。只有在充分竞争中，企业和个人才会在对短期利益和长期利益、讲信用和不讲信用、个人利益和他人利益的均衡中选择一种道德追求，通过重复博弈，经过一定的磨合后才可能达成市场主体之间的合作。从计划经济向市场经济转型过程中，不可避免地要面对阻碍企业进入和退出市场的各种行政性和经济性障碍，清除这些障碍只能依靠充分的市场竞争。由行政权力造成的市场垄断，即行政性障碍是发展竞争经济的最大困难，如行业垄断和地方保护。经济性障碍则主要是由于某个或某些企业规模过大、市场集中度过高而造成的市场垄断。两种垄断虽然性质不同，但都会损害竞争的有效性，需要采取措施加以消除。

二、市场经济条件下政府财政职能再定位

政府职能是国家职能的具体表现，是形成财政职能的前提。财政最基本的作用是为政府职能的履行配置必要的资源，政府职能定位必然决定财政职能定位。

首先，对一般市场经济国家，政府职能范围可界定为弥补市场失灵和促进社会公平两个领域，按照能力程度划分，政府职能可以划分为基本职能、中级职能和高级职能三种类型。其中，基本政府职能主要集中于提供纯粹公共产品和保护弱势群体，如国防、外交、宏观经济管理、法治、公共卫生以及扶贫等领域。中级政府职能的重点是解决外部效应、规范垄断行业、克服信息不对称和提供社会保障等高级政府职能则在协调市场活动、促进市场发育和再分配两方面发挥更积极的作用，如表 1 – 1 所示。

表 1 – 1　　　　不同类型政府职能的重点

	替代市场	弥补市场失灵			促进社会公平
基本职能	对特定产业和企业补贴、价格管制	提供纯粹公共产品：国防、外交、司法、治安、宏观经济管理、公共卫生			保护弱势群体：扶贫和保护
中级职能	以国有企业形式控制自然垄断、公用事业和金融等特殊行业	解决外部效应：基础教育、环境保护	规范垄断行业：公用事业管制、反垄断政策	克服信息不对称：金融法规、消费者保护	提供社会保障：社会保险、社会救济
高级职能	政府直接从事竞争性经济活动	协调私人活动，促进市场发展，集中各项举措			再分配：资产再分配

其次，经济转型国家不仅存在市场失灵和促进社会公平问题，而且还存在市场不完善的问题，需要政府在一定程度上替代市场发挥作用，因此，经济转型国家的政府职能范围应该界定为替代市场、弥补市场失

灵和促进社会公平三个领域。相对于同一经济发展水平的市场经济国家，经济转型国家政府职能范围更宽。按照基本职能、中级职能和高级职能分类，经济转型国家政府发挥替代市场的作用分别体现为：向特定产业企业提供补贴、价格管制；以国企形式控制自然垄断、公用事业和金融；政府直接从事竞争性经济活动。

但是，政府职能并不等同于财政职能。政府上述职能有些是通过提供物品的方式来体现，有些是通过提供服务的方式来体现，而有些则是需要通过制定法律、法规和政策来体现。前两类职能的执行过程需要特别、额外的财政支出，而后一类职能可以在政府日常经费中解决。财政职能对应的主要是通过提供物品和服务方式来体现的政府职能。不同类型的政府职能，决定着不同的财政职能定位。随着一国市场经济体制发展水平的变化，政府职能是不断变化的，财政职能也是动态变化的。

从理论视角来看，政府财政职能一直是财政理论分析的重点。伴随市场经济体制的发展，西方财政理论经历了重商主义、古典主义和凯恩斯主义等不同发展阶段，形成了现代财政理论有关财政职能的比较完整的分析，并对现代市场经济国家财政职能的形成提供了理论依据：一是财政职能必须有利于财政实施国家宏观经济调控；二是财政必须履行公共义务；三是财政要能够促进市场体系的发展与完善。

目前，普遍获得认可的是马斯格雷夫（Richard A1 Musgrave，1959）所界定的财政职能。他将现代市场经济国家的财政职能界定为三大职能：资源配置、收入分配和稳定经济。这也在一定程度上确定了现代市场经济国家财政职能的基本核心内容。首先是财政履行资源配置职能。一方面，市场机制提供公共产品是无效或低效的，需要由政府承担起提供公共产品的责任，另一方面，某些产品或服务可能带来的外部效应（正或负）是市场机制无法纠正或抵消的，需要政府采取适当的财政手段实现外部效应内部化。其次，财政履行收入分配职能。市场机制框架内缺乏以公平分配为目标的再分配机制，导致收入分配差距扩大，因此必须依靠市场以外的力量——财政来调节收入再分配，最直接的手段包括税收转移、累进所得税、消费税和补贴等。最后财政履行稳定经济职能。单靠市场机制的自发调节作用，经济不可能自动平稳发展，必然要求政府发挥平衡社会总供求、推动经济持续发展的积极作用，其中财政的作用尤为重要。

专栏 1-1

教育公平与绩效——以美国教育券为例

所谓教育券是政府把原来直接投入公立学校的教育经费按每个学生的成本折算，直接发放给每个学生家庭固定面额的有价证券（即教育券），学生及其家庭可以凭借其所拥有的教育券自由选择公立或私立学校（政府所认可的）入读，将不受其所在学区的制约，政府所发放的教育券用来冲抵一部分或全部的学费，之后学校可凭学生及其家庭所支付的教育券到相关部门领取教育经费，所领取的教育经费将作为学校的经费用于教育费用支出。关于教育券的讨论最早见于经济学家弥尔顿·弗里德曼的著作。弗里德曼提出把公共教育经费以“券”（Vouchers）的形式发放给学生家长，以此支付择校的学费。

美国现有 11 项公共教育券项目，按资助对象分为通用券、城镇券、特殊券、弱势券等四种形式。美国教育券计划对资助金额、资助对象和参与学校作了详细规定，其特点不再把市场机制引入教育经费配置，而是在有效利用公共财政经费的基础上，体现了对贫困和弱势群体的关爱和教育公平的保护。美国教育券计划在实施中不仅促进了公立学校效能、提高了学生成绩，还有效节省了公共支出。不仅将给每位家长较多的选择机会，同时也迫使公立学校通过收学费而自筹资金（凭单金额等于全部教育开支，则学校必须完全自筹资金，如果不等于全部教育开支，则学校必须部分地自酬资金）。这样，不仅公立学校之间要展开竞争，而且还要同私立学校竞争。

弗里德曼认为，教育券制度让学生家长用脚投票，教育质量较好的学校自然能争取更多的经费。因此，竞争性的教育经费分配方式能促使公立学校积极改善教育质量。哈佛大学经济学家凯若琳·霍克斯比在研究了美国包括教育券计划在内的择校政策后指出，如果把竞争引入公立教育系统，以学生成绩为指标的教育效能将提高28%。

教育券支付有利于提高教育的经济效率。弗里德曼曾指出，教育券制度的实施使各类学校相互之间形成一种竞争关系，在那里，种类繁多的公立或私立学校争相以最低的价格提高更好的教育服务。这些学校会不由自主地聘请高质量的教师，在学校课程的设置上尽可能地满足不同需要的学生，并以更加饱满的热情投入到更高水平的教学服务中去。所以，实施教育券制度就把竞争理所当然地引入到了公立学校中，教育券在各类学校的争夺中实现学校的优胜劣汰，进一步促进教育的市场化，并且在提高了教育服务质量的同时也提高了教育财政经费的利用效率。美国的教育券制度在20世纪60年代初见萌芽，进入20世纪90年代，教育券制度才得以快速发展。调查发现，教育券的实施不仅有利于改善学校教学的质量，更表现为提高了学生家长的满意程度和学生的学习成绩。各级学校在面对教育券制度的挑战时不得不做出改变，教学服务质量也得以大幅度提高，教育券制度为学校改善教学服务提供了强有力的压力。赋予学生对受教育的选择权给学校带来了激烈的竞争性。受教育的主体是学生，学生理应有自主选择受教育的学校和受教育的类型，绝不应当是学校选择学生。根据教育经济学的实证研究表明，教育经费与学校教育质量二者有密切的联系，学校根据教育券领取教育基金，学生和家长择校的依据又是学校的教学质量，因此在某种程度上，学生择校的过程就是对学校教学质量的评价过程。所以，学生的择校制度迫使学校教学质量置于社会公众的监督之下，在很大程度上提升了学校的危机意识和责任意识，刺激学校改善教学环境，提供更优质的教学服务，因此也就是提高了教育的经济效率。

教育券支付有利于提高教育财政投资体制的效率。公立和私立教育被教育券制度置于相同的市场竞争环境中，公立和私立学校在公平的竞争环境下只有不断满足教育的消费者的需求才能获得生存与发展的空间。所以，教育券制度在无形中提高了私立学校的竞争地位，在很大程度上激发了民间资本投资办学、参与市场竞争的积极性，促使教育的投资渠道多元化的实现。有效率的教育投资体制应当是民间资本和政府财政资金共同参与。教育券制度不仅构建了民间资本和政府携手的平衡体系，更大大地提高了教育财政投资体制的效率。

提到公平，人们最耳熟能详的是“效率优先，兼顾公平”这一指导我国经济领域活动的带有口号性质的重要原则。但这里的公平仅是从分配关系意义上讲的，并未涵盖分配关系外的更广泛的领域。其实，公平是一个非常艰深复杂的概念，给公平做出一个获得完全共识的定义是非常难的，教育公平是社会公平理念在教育领域的延伸和具体体现。

资料来源：梁涛：“教育公平与效率研究——以美国教育权制度为例”，《全球教育展望》，2012 年第 10 期，第 6—8 页。

现代市场经济国家政府的基本财政职能分工主要有两方面，一是稳定经济职能和收入再分配职能是中央政府的基本与主要责任。其主要原因是地方政府缺乏稳定宏观经济的动机和手段，要素自由流动使地方政府以征税方式进行收入再分配可能引起无效人口流动；二是资源配置职能按照公共产品的受益范围在中央与地方政府之间进行分工，并尽可能发挥地方政府的信息优势，由低层级政府来提供地方公共产品，最大程度地满足人民的需求。

事实上，一方面，随着经济社会发展，在基本财政职能框架内，各国政府的具体财政职能存在一定差异性，同时呈现出财政职能的日益多样化。另一方面，各级政府财政职能的原则性分工需要根据实际进行一定的修正。一是资源配置职能并不能完全按照公共产品的受益范围在中央与地方政府之间彻底分工，特别在许多发展中国家，突出的问题是如何满足对基本公共产品的需求，因而一些基本公共产品的提供责任需要由中央与地方政府共担。二是收入再分配职能并非完全由中央政府承担，要素不能完全自由流动的限制客观上要求地方政府承担一部分收入再分配职能，尤其是在向低收入阶层提供基本生活保障和遏制区域内收入分配差距扩大方面发挥积极作用。三是稳定经济职能并未将地方政府完全排除在外，尤其是区域面积较大的国家，地方之间的差异性使地方财政在逆经济周期政策操作上可以发挥更多作用①。

第三节　导入绩效预算体系现代财政靶向制剂

财政体制是一个包含众多成份的复杂的、巨大的网络系统，在这个系统中，政府预算制度起着无可替代的作用。预算是一种制度，是维护社会秩序的核心和重要环节。但是，官员处于核心地位和分配的关键环节，预算的形成过程是对官员行使权力行为的规范化过程，是社会秩序有序形成并发展的过程。

可以说，预算本身维护了一种分配秩序。

一、政府预算是构建社会秩序的枢机

市场经济条件下，政府作为“守夜人”要为市场主体提供公共服务，规范市场运行，这就要通过财政制度的核心——预算来实现。

① 王蕴：“中国财政职能定位及财政职能调整优化的思路”，《经济研究参考》，2009 年第 26 期（总第 2226 期），第 30—32 页。

先发国家的公共预算是一项政治契约。可以用交易费用理论来研究契约关系。正如威廉姆森所说，“实际上，任何采取契约形式或能被描述为契约问题的经济或其他关系，都能很好地用交易费用这一经济术语来评价。”巴特尔和马骏明确指出先发国家的预算协议就是充斥在预算政治中的机会主义、不确定性和信息不对称的交易。而机会主义、不确定性和信息不对称将在下文中进行探讨。预算制度本身是一种基础秩序。基础秩序具有扩展和倍乘作用。如果一种制度能被人们信任和遵守，并成为一种习惯，被人信仰，那么执法和守法的成本就会小得多。这种制度的倍乘和扩展效应就会大得多。先发国家的预算制度现在就是这种情况。这样的预算制度已经能够被人们所信任，甚至成了一种信仰。可以说，预算的形成过程就是权力制衡的过程，预算本身就是权力制衡的结果，进而成为构建社会秩序的枢机。

二、预算制衡机制与绩效预算

财政治理体制的疏漏是腐败发生的制度性根源，加之预算透明度低，导致财政资金脱离公众监督，成为财政资金被挤占挪用，甚至贪污腐败的温床。因此，建立预算专业化制衡机制，形成科学的预算治理体制是防治腐败、提升政府绩效的关键一环。

绩效（performance）一词在英文中意为“履行”、“执行”、“表现”、“行为”、“完成”，在管理学中被引申为“成绩”、“成果”、“效益”，最早用于投资项目管理、人力资源管理等方面，后来又被运用到公共管理当中。政府绩效（government performance）指的是运用“绩效”概念衡量而得出的政府活动的效果，指政府在社会管理活动中的结果、效益及其管理工作的效率、效能，是政府在行使其功能、实现其意志过程中体现出的管理能力。对于政府绩效管理，美国国家绩效衡量小组将其定义为“利用绩效信息协助设定统一的绩效目标，进行资源配置与优先顺序的安排，以告知管理者维持或改变既定目标计划，并且报告成功符合目标的管理过程”。“运用科学的方法、标准和程序，对政府机关的业绩、成就和实际工作作出尽可能准确的评价，在此基础上对政府绩效进行改善和提高。”①

公共行政中的效率应该包含两层意思：一是政府活动的有效性，有效性的基本层面是活动合法性，体现活动的效益，包括社会效益和经济效益。显然，社会效益在这里是占第一位的，在这两种效益之间做一平衡是很重要的。二是政府活动追求的目标是以尽可能少的投入取得尽可能多的产出。政府管理与其他管理活动一样，在组织人力、物力、财力等资源实现公共行政目标时，总要以最小的消耗、最快的速度，保质保量地完成任务。当前科学的公共行政效率观应包括以下四项要点。

首先，确保合法性。公共行政中效率的前提是其符合宪政民主的要求，管理部门的公共权力必须受公众控制。各种权力之间要相互制约与平衡，并始终在公众及其代议机构的监督之下运作。在保证权力是为民所有、为民谋利的条件下，治理的绩效才有意义。

其次，突出社会效益优先性。公共行政部门具有公共性，它首先要追求社会效益，维护公共利益，其治理活动不应危及民主、公平、公正等人类的基本价值。公共行政的宗旨是为最广大的公民提供更优质的服务，创造更美好的生活。当部门自身的经济效益与广大的社会效益相冲突时，公共行政部门应该毫不犹豫地选择社会效益，否则就背离了其存在的意义。

再次，追求时效性。绩效在绝大多数情况下与速度成正比。一项正确的决策也会因为时间上的拖沓而失去价值。因此行政行为应讲求时间约束，决策速度尽可能快，治理过程尽可能短，在第一时间内迅速作出反应。当然，追求时效性不能以牺牲治理的有效性为代价，否则会使得行政过程快而粗糙，结果只是一种效率形式而无效率实质。

最后，讲求经济原则。所谓经济原则就是以最少的投入得到最大的

① 林鸿潮：“美国《政府绩效与结果法》述评”，《行政法学研究》，2005 年第 2 期，第 100 页。

收益。行政活动在追求尽可能大的效益的同时，尽可能地减少人力、物力、财力的消耗，减少组织和治理的经济成本。简单地说就是“少花钱，多办事”，提高投入与产出的比例。

三、借鉴国际经验　改革预算管理体制

历史上，欧洲的君主或中央权力一直在寻找一种有效率的手段来获得收入，但由于某些社会和经济条件，使得英国选择了间接税的方式对交易征税，因而促进了议会民主制的发展；而法国却选择了直接税，主要是对固定的资产进行征税，导致了君主专制的发展。在英国，议会和君主的斗争成就了1688年的光荣革命，随后出现了代议制政府的基本制度，包括议会和独立于王国政府的司法体系。这些确保了对王室权力的限制，保证了议会的权力，促进了议会对国王行为的限制措施向制度层次迈进，并最终演化成政府预算制度。

英国

英国政府预算缺席的形成在处理和规范政府问题上起到了直接的作用。由于对政府预算进行了有效约束与监督，规范和制衡了政府行为，宪政民主的共和政体作为自由市场秩序的政治架构最终才得以出现[①]。

从发展演变过程来看，英国的政府预算制度和政治制度的发展密切相关并呈现出和议会制度、政治制度发展相关的若干特征。

首先，英国的政府预算制度和政治制度都具有原创性。诸多事实表明，英国是近代资本主义政治、经济制度的开拓者，英国人在建设本国政治、经济制度时，许多地方都表现出一种原创精神。同样，英国政府预算制度的发展也具有这样的“原创性”。当欧洲诸国仍处于黑暗的“中世纪”时，英国自1215年起以《大宪章》的签订为标志，开始了政府预算制度的构建过程；1688年“光荣革命”之后，议会就基本上控制

① 赖勤学：“政府预算与宪政转轨”，《福建省社会主义学院学报》，2004年第4期。

了财政权，在与国王争夺预算控制权的过程当中获得胜利，英国预算制度进入了中期发展阶段，而此时欧洲诸国的预算权力还是由君主完全控制着；早在18世纪50—60年代，格莱斯顿的财政改革便奠定了英国现代预算制度的基本框架。虽然大不列颠帝国的辉煌已是历史，但英国所创建的包括政府预算制度在内的近现代政治、经济制度却为许多国家借鉴和吸收，对世界近现代历史的发展产生了深远影响。

其次，英国的政府预算制度和政治制度的演进都体现出渐进性。英国政治制度的发展，尽管也有17世纪革命等剧烈变革，但总体上是一个平和渐进的过程。英国政府预算制度变迁也显现出这种渐进性。1215年《大宪章》签订后，议会对预算的控制是缓慢渐进的，而且时有反复，直到19世纪中叶，议会才拥有完全的预算控制权，完成了1688年“光荣革命”以来政府预算制度自然持续的演变进程。此外，议会对财政权的控制经历了一个由点及面、逐步扩展的过程。政府预算制度的形成史，也就是议会为控制君主的“钱袋”，即预算控制权而斗争的历史。这一过程具体来看是从控制部分税收权开始的，历经“部分税收—军费支出—全部税收—拨款—支出责任制度—王室年俸—王室收入—年度收支计划报告—审计……”等过程逐步推进并最终完成。

最后，英国的政府预算制度和政治制度的发展呈现出灵活性。“灵活性”是英国政治制度和预算制度发展的又一特征，主要表现为：一是有宪制而无单一的成文宪法。英国的宪法不同于绝大多数国家的宪法，并不是一个独立的文件，而是由成文法、习惯法、惯例组成。主要包括《大宪章》（1215年）、《人身保护法》（1679年）、《权利法案》（1689年）、《议会法》（1911年、1949年）以及历次修改的选举法、市自治法、郡议会法等。其中的《大宪章》与《权力法案》等法案共同构成“非赞同毋纳税”宪法原则的完整基础。二是分权和权力混合现象兼蓄并存。政治权力与预算权力的分割不够清晰，不受单一固定的成文法的限制；行政、立法和司法之间，立法结构的上院和下院之间，不过于强调政治权力和预算控制权力的平等均衡，预算控制权完全由下院掌握，而国家高层行政权和立法权可以由同一批人掌握①。

（二）美国

美国是绩效预算的起源地。1949 年，胡佛委员会在《预算与会计报告》中提出要采用以功能、活动和项目为基础的预算，强调在编制预算过程中更加重视产出而非投入，首次将成本理念融入了公共财政领域。这个报告初步体现了绩效预算思想，但由于对某些部门的支出项目难以进行评估和成本—收益分析，绩效预算并没有得到普遍推广。随后，这种预算方法被 20 世纪 60 年代的设计—规划—预算制度、70 年代初的目标管理模式和 70 年代末的零基预算等方法所取代。

20 世纪 80 年代初以来，为了摆脱财政困境，提高政府效率，迎接全球化、信息化以及国际竞争加剧的挑战先发国家相继掀起了政府改革的热潮，纷纷实施绩效预算。美国里根政府就曾任命专门委员会审查政府如何最佳履行职能以提高公共物品和服务供给的绩效，并把注意力集中在寻找公共部门可以从私营企业治理中借用的方法和技术上。1993 年，克林顿开展了大规模的“重塑政府运动”，成立国家绩效评估委员会，发起了新一轮的预算改革。绩效预算在美国全面开展，而且更加重视长期计划的制定和政府的整体效率，最终形成了成百上千条节约成本的措施和具体的改革建议，通过了《政府绩效与成果法案》。2001 年，乔治·布什将私营部门的绩效管理理念进一步引入联邦政府管理领域，将绩效预算的实行推向了一个全新的阶段。

美国推行绩效预算以来，尤其是克林顿政府时期取得了很大的成效，财政由大幅度的赤字变为了盈余，政府效率显著提高。但由于种种原因，绩效预算仍面临着诸多问题。比如政府产品很难计算利润、损失和投资效益，绩效指标体系仍不完善，很难对种类繁多的政府产出进行准确的评估，同时绩效评价在很大程度上依然受着主观因素的影响，等等，因此，美国绩效预算的推行几经反复，有进有退，目前仍在不断探

① 彭建：“英国政府预算制度的演进及特征”，《东北财经大学学报》，2008 年第 2 期，第 49 页。

索。美国绩效预算的一些基本理念和技术指标，对我国深化预算管理改革具有重要的借鉴意义。

第一，建立了新的政府文化。20世纪80年代开始，西方国家面临着全新的行政生态环境：全球化对政府治理提出的新挑战，新型工业化、信息化、知识化对政府现代化目标的推动，市场化改革带来的利益多元化诉求，等等。为顺应全球化公共财政改革浪潮，政府部门必须追求节约、讲究效率的同时更加注重结果，强调绩效为本。克林顿总统在第二任期内，建立了一种以成果为导向、以绩效为基础、以顾客为中心的新型行政文化。克林顿政府把全面质量管理运动引入公共行政领域，其核心特征是顾客信息反馈与评估、雇员参与质量改善、目标管理，等等。它强调顾客导向在公共行政中的重要地位，这也导致人们对绩效的强烈关注。绩效预算实际上是绩效政府的代名词，绩效预算能否顺利推行并取得实效，取决于政府有没有实行绩效预算的条件和环境。

第二，引入企业竞争精神。政府部门的低效率是因为政府部门提供的产品多数是天然垄断的，而竞争能够带来产品产量的最大化和成本的最小化。美国政府在推行绩效预算的时候，将制度和方法的设计以及资金预算分配，有意识地引入竞争机制。按照企业化经营模式，把政府作为一个提供公共品的经济部门，建立了“公共品—公共品成本—预算”的模式，通过对公共品的核算，进行预算编制。这就彻底改变了原来只考虑政府公共资源存量的做法，从而使预算紧紧围绕公共品的成本，体现了预算的约束机制。通过政府战略规划、绩效衡量、结果评估与预算过程相互融合，培养政府各部门各单位的自我约束能力、自我检讨和纠错能力，让各部门各单位负责任地检查自己部门单位的各种低效率现象，并能自我纠正，最终建立政府自我提高、自我约束机制。

第三，制定全面具体、简单明晰的绩效指标体系。建立绩效预算指标体系是实行绩效预算的核心。美国绩效指标的设计综合考虑到社会、经营性、竞争、公共产品的公共性纯度等四种因素，包括“质”和“量”两部分。“质”即通常所说的最终成果，表明这笔财政支出是用来做什么的，纳税人从这项活动中得到什么好处；“量”即政府做这件事情的效率如何，通常包括产出指标、效率指标和投入指标等方面。以哥伦比亚大学所在地纽约市的环境卫生绩效考核指标为例，过去对环境部门考核的是工作量指标，即根据需清洁街道、清扫前的街道清洁等级计算出总的工作量，这项指标由政府聘用的义务监督员来打分。实行绩效预算后，纽约市环卫机构对全市的6000多条街道进行了摸底，重新调整了方案，对那些不需经常清扫的街道，由每天打扫一次改为两三天打扫一次；对肮脏的街道进行重点整治，增加清扫次数。实行这些措施后，“肮脏的街道”的比例由原来的43%下降到4%。有近75%的街道被评为“清洁令人满意”。

第四，确保预算资讯的有效性、可靠性。在知识经济时代，社会信息泛滥、资讯爆炸，以及各种利益集团多元化的利益诉求，都会对政府制定预算产生着影响。美国过去的许多预算改革企图对所有政府方案作逐一、全面及每年例行的分析与评估，大量劣质的资讯在预算决策过程中完全不受重视。此后美国乔治亚州实行选择性方案评估的方法，只针对少数被选定的政府施政方案进行评估，就是为了避免决策被劣质信息干扰的问题。这种选择性方案评估能够产生高质量的资讯。以方案为单位来评估成本和效益，对预算决策者或一般民众而言，比较明确具体，这就便于决策者及一般民众对方案评估结果的运用，增加政府预算决策过程的理性成份。

第五，保证财政预算的公开性，实施绩效预算，应保证预算过程最大限度的公开性。美国联邦政府预算编制工作具有较高透明度，也尊重纳税人的知情权，并且通常能够依法接受国民对政府活动的监督。美国较早地制定了《情报自由法》，20世纪70年代又颁布了《联邦政府阳光法案》，要求政府必须将预算内容尽可能完整地予以公布。目前，美国政府每年都将所有与联邦政府预算有关的正式文件，通过互联网、新闻媒体、出版物等渠道向社会公布。通过财政信息的广泛披露，纳税人可以详尽地了解政府税收政策，支出政策以及财政资金的安排、使用情况。而在部门预算的有关文件中，预算内容则细化到了每一个具体支出项目上。美国预算编制的公开性使预算的形成和执行置于各方面的监督之下，把全部政府活动严格地控制在预算框架内，最大限度地避免了人为因素对预算的随意变更。

专栏 1－2

广东省绩效预算分析

广东省财政支出绩效评价的探索为实行绩效预算积累了有益的经验。广东省成立了全国地方财政系统第一个绩效评价职能处室，为财政支出绩效评价工作开展提供了必要的机构和人员保证；制定了《广东省财政支出绩效评价试行方案》，对绩效评价的原则、工作办法、指标库的设立、工作程序、分类实施和结果应用等重要内容作了规定，对全省评价工作起到了指导作用。

实行绩效预算是解决广东省地区发展不平衡的需要。由于历史、地理等因素，广东省地区财力差距悬殊。目前，广东省财力大部分集中在珠江三角洲地区，粤东、粤西、粤北广大地区财力薄弱。2005 年珠三角财政收入占广东省财政收入 83.4%，东西两翼收入只占 7.9%，粤北山区收入只占 8.7%。从发展趋势看，广东省区域发展严重不平衡的状况由于受经济基础、产业结构差异、地理位置等因素影响，不可能在短期内扭转。各级政府和部门将很大精力用于运用各种手段对有限的财政资源进行争夺，对支出效益的重视不够，造成了财政资金的浪费。绩效预算将有效地改变这种状况。它使得各级政府和部门的关注点转移到如何更好地提供公共服务，科学合理高效地安排、编制和执行预算上来，从而缓解各级政府的财政压力。

实行绩效预算是加强支出监管的需要。长期以来，广东省财政资金“重分配、轻管理”，支出预算约束软化、预算执行中追加、调整频繁，财政资金使用效益不高。2004 年，省财政厅对 2001—2003 年 16 个扶贫重点县公路建设专项补助资金进行了绩效评价，不少项目的绩效不理想，项目竣工率低，投入资金没有充分发挥出应有的效用。2005 年，省级部门预算单位对 500 万元以上和跨年度的省级财政支出项目资金使用情况进行了自我绩效评价，一些系统存在不少问题，财政资金管理松弛，资金效益低下。绩效预算将预算安排和绩效评价有机结合起来，将预算编制的细化真正落到实处，会大大提高政府预算的公开性和透明度。同时，推行绩效预算改革，将对政府部门的职责进行量化和指标化，对各项支出进行具体详细评估，为加强支出的监管提供技术条件，这将会增强各级人大和社会公众对预算支出的监督和约束力。

资料来源：李小迪：“美国绩效预算的实践及其启示”，《宏观经济研究》，2007 年第 9 期，第 60—61 页。

总的来说，绩效预算强调公共部门的运作要在三个层面上进行：一是总财力资源约束；二是战略资源配置和利用；三是项目和服务提供的效率和效果。绩效预算可以充分发挥其功能，重新塑造政府运营并保证市场经济运行。

第四节 借力绩效预算改革 推进国家治理创新

21 世纪，国家与国家之间的竞争取决于创新能力的竞争。

对处于转型期的中国而言，要迎接科学技术突飞猛进和知识经济迅速兴起的挑战，关键在于培育一个鼓励创新的社会经济制度，预算是一国制度的核心之核。通过绩效预算改革引领制度全面创新，是提升政府绩效，推进国家治理能力和创新能力的重要途径。

一、知识经济“内生增长” 转变经济社会发展方式

在传统粗放型增长方式下，经济增长由大量的生产要素追加投入来实现，而资本投入的增长速度通常较大幅度地高于经济增长速度；由质量因素推动的增长部分比重较小，经济增长中技术创新缓慢、劳动力素质较低、产业结构和产业组织不合理、经营管理水平较差；经济增长过程中存在着较大的经济波动，在扩张时期，经济增长受到并列瓶颈部门的严重制约，在紧缩时期，国民经济中又常常存在生产能力的大量闲置；通货膨胀的压力较大。因此，在粗放型增长格局下，虽然经济增长速度可能在短期内达到较高的水平，但代价很高，增长的投入产出率远远低于在相同经济发展阶段内可能达到的最大水平。一个国家在经历了主要依靠有形要素（资本和劳动力）的投入、结构的优化配置以及制度上的创新所实现的经济增长之后，都面临着如何能够保持经济持续稳定增长的问题。一国要实现经济的持续增长，则需要实现从外延式增长方式向内涵式增长方式的转变，即从主要依靠要素数量的扩充转向主要依靠技术进步的提高。

在知识剧增、信息“爆炸”的知识经济社会，现代科学技术发展的指数增长趋势表现得更加突出。有关资料记载，人类的科技知识，19 世纪是每 50 年增加一倍，20 世纪中叶是每 10 年增加 1 倍，当前则是每 3—5 年增加一倍。联合国教科文组织下属的世界科技情报系统的统计数据表明，自 20 世纪 60 年代以来，人类所掌握的科学知识增长得越来越快，60 年代的科学知识年增长率从此前的 9.5% 上升到 10. 6%，80 年代以来年增长率达到 12.5%。有未来学家推测，今天的科技知识只不过是

2050 年的 1%。知识成为知识经济“发动机”的“燃料”。

根据内生增长理论，技术进步主要来源于人力资本和 R&D 资本的生产。人力资本以劳动者为载体，体现了劳动者的素质与技能，包括劳动者的生产效率和组织管理效率，它构成了技术进步的软技术部分。R&D 资本则以生产中的实物资本（如机器设备等）为载体，体现了生产中所使用的资本品的技术水平，它构成了技术进步的硬技术部分。硬技术和软技术共同推动了生产的高效率，这就是技术进步的内在机制。人力资本是指人们花费在教育、健康、训练、移民和信息获取等方面的开支所形成的资本，之所以称为人力资本是因为无法将其同它的载体分离开。人们在教育、健康、训练、移民和信息获取等方面的开支即构成了人力资本投资，这种投资行为提高了劳动者的知识水平和生产技能，增进了劳动者的身体健康，从而提高了劳动者的生产效率，所以人力资本的投资对产出的作用是通过人力资本水平的提高而间接进行的。R&D 资本是由研究与开发活动所形成的资本。按照联合国教科文组织对研究与开发活动的定义，R&D 资本是为增加知识的总量（包括人类、文化及社会方面的知识），以及运用这些知识去创造新的应用而进行的系统的、创造性的工作。可见创造与创新是研究与开发的决定性因素。用于研究与开发活动的开支即是 R&D 投资，而 R&D 资本则是研究与开发活动所创造出的新设计、新发明等。这些新设计、新发明作为中间产品促成了新资本品的产生或使得原有资本品的技术水平升级，这就提高了生产中所使用的实物资本（机器设备等）的技术水平，从而大大提高了实物资本的生产效率，如图 1 - 2 所示。

二、预算改革引领创新

随着全球化时代的到来，国家竞争力越来越受到世界各国的重视。创新能力决定一国的竞争力，在提升国家创新能力的过程中，政府的作用不可或缺。以研究国家竞争力而著称的波特更是直截了当地提出，政

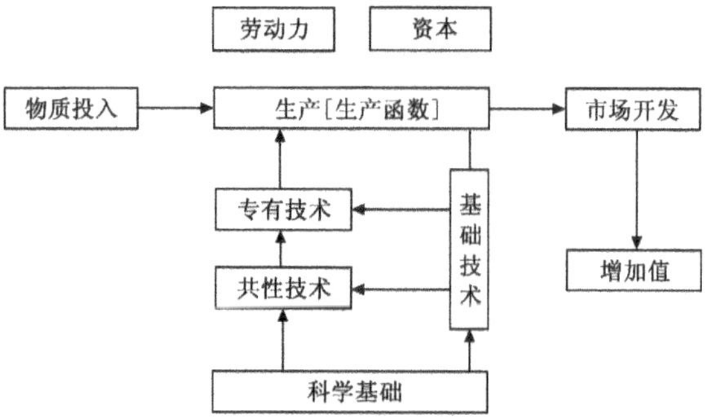

图 1-2　G. 坦森以技术为基础的经济增长模型

府政策改变，可以挽救经济的衰落。

现代经济学认为，政府存在的理由之一是弥补"市场失灵"。技术创新外溢性所形成的"免费搭车"现象，正是市场失灵的重要表现之一。政府可以公开、公平、公正的特性，为社会提供公共产品，满足社会对技术创新成果保护的共同需要，促进社会发展和进步。从财政分配的角度看，政府提升国家竞争力、创新力的过程，实际上就是通过预算方式的不断改进，引导市场主体的创新方向，提供激励政策，提高财政支出效果，为本国的企业和公民提供质量良好的公共服务，进而为他们创造良好创新环境的过程。政府是制度创新的主体，企业是技术创新的主体，两种创新通过公共预算这一桥梁成为一个有机的整体，即政府通过制度创新为企业的技术创新提供有效的公共产品供给和公共服务。市场经济条件下预算制度对政府行为的约束，正是推动政府职能转变的重要力量。

首先，预算是整个社会资源的再分配机制。政府配置资源的机制是预算，市场配置资源的机制是价格。预算要在宏观总体上把握整个资源在公共部门和民间部门之间分配的比例，继而从战略层面来分配资源，决定被分配在公共部门的资源规模的内部配置，同时要对分配的资源进行执行层面的计划和监督。因此，在现代市场经济国家，预算是整个社会资源配置的主导机制，市场是资源配置的基础机制。

其次，预算是各个利益集团和社会阶层利益偏好的耦合器。预算是一种公共选择机制。预算编制是公共利益的发现过程。预算实施和完成是公共利益的实现过程。预算由编制、审议通过、执行实施、决算审计、向社会公布等一系列环节组成，通过这些环节保证财政活动用于满足公共需要。

再次，预算是实施宪政的重要工具。预算是纳税人及其代议机构控制政府财政活动的机制。具有独立财产权利的纳税人，他们不再是只受政府控制和约束的对象，还担负着政府的财政供应，就必然要求控制政府的财政，以政治、法律程序保证政府收支不偏离纳税人利益，保障个人的财产权利不受政府权力扩张的侵犯。此外，预算的本质是法律，而不仅仅是计划。市场经济体制下的预算的整个活动过程要受到立法及立法机构的严格制约。各国宪法一般规定，国家预算经立法机关批准公布后便成为法律，政府必须不折不扣地贯彻执行，不允许任何逃脱预算约束的财政行为。即使在执行中由于客观情况的变化需修改预算，法律也规定了必要的法律程序。

因此，预算是政府行为规范化的基石，政府的行为要在预算制度规定的框架下进行，预算为现代政府职能划清了根本的界限。对于政府职能而言，是先有预算，后有财政活动。预算规范到哪里，财政才能活动到哪里，不允许有任何超出预算边界的财政收支。另外，在界限之内，预算是控制政府成本的控制器，行政成本是公共部门在提供公共服务，生产公共产品的活动过程中投入的人力、财力和物力资源。预算正是要对这些资源进行计划和控制使用，采取制度创新措施，促使有限的资源达到最大的效果。

三、运用绩效预算　避免低水平创新

社会能力是赶超理论在解释技术进步和创新对一国经济增长的作用时引入的一个概念。根据阿布拉莫维兹（Abramovitz）的解释，社会能力是指一国利用技术差距以及赶超技术领先国家的能力。社会能力通常包括如下内容：对国外技术的使用和残品的模仿能力；对所吸收的技术进行的消化和吸收，甚至改进，进行品质、外观和服务等方面的调整，以使外来技术与本地的标准与公众的偏好相吻合；对原有组织和制度进行调整，以使引进的技术及相伴随的管理理念与现有的制度框架、经营思想和文化习惯等能更好地适应的能力；引进或借鉴国外适当的组织形式和制度的能力；教育系统的更新，基础设施的改进，金融体系的调整。广义的社会能力还包括调整引进的技术和制度，使其适应该国中占主导地位的技术体系、制度和文化框架的能力等等。

阿布拉莫维兹在1994年曾经提到了社会能力所依赖的因素：普通教育水平，技术能力，支持现代化大企业的制度以及具有更广泛意义的激励系统等。经济增长是一个国际化的过程。落后国家要想通过赶超增长来缩小与发达国家在产品的技术含量和生产率方面的差距，实现真正意义上的赶超，而不是形式上的赶超，就需要提高投资、教育、研究开发等能力，并做出涵盖面更广泛的社会努力，来提高接纳外源技术的社会能力。

预算绩效通过打造责任型政府、创新型政府、学习型政府，逐步增强模仿创新的社会吸收能力，同时营造自主创新的环境，最终实现创新模式的转变，增强国家核心竞争力，促进社会有序发展。政府应以追求公共利益最大化和社会秩序井然有序为目标，以“有所为有所不为”的有限政府为约束，合理的体制机制安排履行政府职能并承担其相应责任，同时，以政府为首的公共权力机构为了提高行政效率和增进公共利益必须进行创造性改革，以持续不断地对政府公共部门进行改革和完善，同时不断改善公共服务，增进公共利益。此外，政府还应不断学习，创造全新的政府治理模式，提高政府工作效能。

第二章
以绩效预算为抓手
提升政府的生产力

“政府生产力”是指政府有价值的投入和政府有价值的社会产出之间的比率，即成本与收益之比。其基本内涵：一是政府投入与政策管理产出之比，体现出政府的效率；二是政府的管理和服务比较充分地体现出低成本原则，即政府是廉价的政府；三是政府行为成为实现政府目标的直接过程，充分体现民众需求和为人民服务的宗旨。提高“政府生产力”就在于政府占用的资源包括权力、人力、财力、物力等是有限的，必须以较少的投入来获得较大的产出，即提高政府生产力。随着中国市场经济的不断完善，政府在国民经济宏观调控中发挥着越来越重要的作用。如何提高政府资金运行效率，增强政府公共支出效益，已日益受到人们的关注。进一步深化政府支出管理体制改革，推行绩效预算，以提高政府资金使用效益，提高政府生产力不仅是先发国家的改革经验，更为中国政府改革规划了战略路径。

第一节 明确生产力的内涵
多元驱动社会发展

国家既是经济增长的关键，又是人为经济衰退的根源。这是有名的诺斯悖论，它昭示人们要正确、恰当地处理好政府在市场经济中的功能定位。在当今社会，政府与市场成为控制社会、影响社会最大的两股力量。政府公共行政与公共治理体系在创造和提升国家竞争优势方面具有不可替代的作用，这也是政府生产力的表现。一个民主的、负责任的、有能力的、高效率的、透明的政府，无论是对经济的发展还是对整个人类社会的可持续发展都是不可缺少的。

一、现代政府生产力架构

随着历史的发展，人们对生产力概念的认识也曾经历了一个由窄到宽、由浅入深的认识过程。在传统的理论认识中，对生产力的解释曾一度解释为：生产力是人类征服自然、改造自然、获取物质资料的能力。马克思主义理论认为，生产力的基本要素包括以生产工具为主的劳动资料、劳动对象，以及从事物质资料生产的劳动者。但仅用这三大要素来表现生产力是人们利用自然和改造自然的能力的科学概念，今天看来它还存在着不周全的地方，因为人们利用和改造自然的能力包含的要素是多方面的，特别是第二次世界大战后，科学技术飞速发展，带来了生产力的巨大发展变化。进入信息时代，科技、信息、管理、教育、制度和生态环境在生产中发挥的作用也越来越大，对生产力发展的影响也越来越大。科技、信息、管理是由人创造和运用的，但它们的产生又相对独立于创造者之外。在生产中发展着巨大作用的是生产力要素。而管理是使生产力系统中潜在生产力转化为现实生产力的决定性因素。

作为社会的主要管理者——政府，在生产力构成要素中充当主要角色。政府凝聚社会资源，又通过支出进行资源的优化配置，提供公共服务，满足社会和个人的需要。政府主要通过以下方式来促进社会生产力的发展：

一是制定法律条款，通过立法、司法规范人们的经济行为和维持一定的社会经济秩序。

二是制定经济政策，并通过对这些经济政策的贯彻执行对社会经济运行进行调节和引导。社会生产力要实际形成并有效运转，只有劳动者、生产工具和企业是不够的，还有生产的结构和布局问题，例如重工业和轻工业、工业和农业等等。社会生产力能够形成，不仅取决于生产环节的组织和营运，还要考虑分配的影响。经济政策在这方面也发挥作用。

三是影响政治和社会舆论。政治包括政治制度、政治思想、政治活动。社会舆论包括新闻媒介、道德和伦理的力量等。政府通过影响政治和社会舆论来对人们思想、观念产生影响并规范人们的经济行为。

二、促进政府、市场与社会三元互动

政府、市场与社会作为公共事务管理的制度与机制安排，有其各自独特的行动资源及行动逻辑，也各有其特定的行动范围和有效边界。在公共治理理论的视阈下，政府、市场与社会都不是惟一的治理主体，而是三者协作、互动，共同实现对公共事务的治理。

（一）公共事务治理的三种机制：政府、市场与社会

政府这只“看得见的手”具有以强制力为后盾的统治地位和政治权威。它通过征税、许可和禁令等强制性的制度规定和手段，甚至合法地使用暴力手段进行政治统治与社会管理、规制与引导，对私人追逐自我利益的行为进行必要约束，以保证社会公共秩序的生成和稳固，并行使保护个人生命、自由和财产的职责。亚当·斯密认为政府的义务共有三

项：保护社会免受其他人独立社会的侵犯；保护社会上各个人免受其他人的侵害或压迫；出于公益目的建设并维持某些公共事业及某些公共设施。这说明即使在最坏的意义上，政府也是社会当中“必不可少的邪恶”。在积极的意义上，政府被视为社会公共利益的最主要代表者，旨在解决公共产品与公共服务中普遍存在的问题——“搭便车”与不合作。它凭借自身对社会公共事务管理资源的合法性垄断地位，对社会资源进行权威性的分配，以国家权力主体的身份组织公共物品和公共服务的生产和提供，履行对公共事务进行管理的职能，进而支配和影响社会公共利益的实现。同时，由于市场经济发育不成熟，政府乱作为的现象也时常发生，成为“闲不住的手”。市场经济的发展过程，就是不断取消政府规则，管住政府这只“闲不住的手”的过程。

市场被誉为“看不见的手”，通过内部的供求价格、竞争和风险等机制对市场经济主体的行为进行调节，调节生产和流通，调控市场运行。一方面，市场供求关系引起产品和要素市场价格的变动，影响和引导经济资源的流动，实现资源在社会各部门、地区、行为主体之间的优化配置和组合。另一方面，为了寻求经济利益、市场经济行为主体相互之间展开竞争，按照优胜劣汰的法则来决定经济利益在主体间的分配，使行为主体的活动与市场竞争状况直接联系起来，从而间接地调节市场的运行，对资源配置产生影响，市场机制是人类繁荣、社会进步的基础。在亚里士多德看来，对公共事务的治理来说，凡是属于最多数人的，常常是最少受人照顾的事物，人们关怀着自己的所有，而忽视公共的事物。对于公共的一切，他至多只留心到其中对他个人多少有些相关的事物。传统观点认为，公共事务若交由私人通过市场化策略进行处理，将出现公共地悲剧——公共性受到损害，并导致公共利益的流失。因此，只有依靠强有力的中央集权，或者进行彻底的私有化，才能化解公共事物的悲剧。然而，现代多中心治理理论突破了这种非政府即私人的思路。在多中心治理的理论视野下，市场和政府一样，都是公共事物治理的有效主体和制度安排，依靠多个相互独立的行为单位而不是单一的政府来生产和提供公共物品，充分考虑和发挥了市场机制回应性强、效率高的特点，促进了公共物品供给质量、效率和回应性的提高。

由自由的公民和社会组织机构自愿组成的社会，被称为政府、市场之外增进社会公共利益的“第三只手”。其核心主体是旨在维护和促进自身利益或价值的以自发秩序形成的民间社会组织，包括公民的志愿性团体、利益集团、各种协会组织以及非政府组织等。公民社会组织是社会公共利益的促进者。正如弗雷德里克森所认为的，公共既是一种理念也是一种能力，如果我们把公共等同于政府，我们事实上限制了人民参与公共事务的能力。作为一种理念，公共意味着所有的人为了公共的利益，而不是出于个人的或者家庭的目的才走到一起来。作为一种能力，公共意味着为了公共的利益而在一起工作的一种积极的、获取充分信息的能力。在许多情况下，这样的行动都是通过政府而进行的，但并不是所有的行动都要通过政府。志愿者协会、非营利组织、公司都是公共的表现形式。公民社会作为拥有共同旨趣、利益需求的公民个体间的联结纽带，把分散的个体组织成为相互依赖的群体，将民间分散的个人利益诉求聚合为共同利益诉求，在自治层面上有效履行着对大量社会公共事务的治理职能，如提供公共产品和服务，影响公共政策的制定与实施等，以求克服“搭便车”、规避责任或其他机会主义行为诱惑，取得协同而持久的共同利益。公民社会组织已成为公共治理中一支独立而强大的力量，在公共事务的诸多领域发挥着不可替代的作用，且远远超越了以往拾遗补缺的角色定位。

在多元治理的框架下，政府拥有对权力资源进行配置的强制力，市场凭借市场机制配置和组合经济资源，公民社会以公民的自组织通过自我治理满足公共需求。政府、市场与公民社会可视为公共事务管理的三种制度安排。在社会公共领域，它们有其各自独特的行动资源及行动逻辑。根据三者各自的比较优势、行动效果选择恰当的机制或进行机制的混合运用，是建立治理架构的关键。

（二）政府、市场和社会在公共事务治理中的失灵

政府、市场与公民社会同是社会公共事务的治理主体。作为制度安

排或机制设计，它们各有其特定的行动范围和有效边界，有可能出现无效率甚至负效果的情况。

首先，市场机制的失灵。现代市场经济理论揭示，市场不是一种完美无缺的制度设计，现实世界中市场机制的运行偏离了理想的完全竞争、完全信息状态，市场信息不对称、复杂多变的市场结构使市场的运作出现盲动、滞后、无序等问题，致使资源无法进行优化配置和组合，造成了资源的误配甚至浪费。由于公共秩序的维护、公共产品和服务都具有非竞争性和非排他性特征，一方面，一些人对公共物品的享用不能排除其他人同样对它的享用，或者即使可能排除也要花费极高的成本。另一方面，当公共物品的消费者增加时并不导致成本的增加，多一人享用不会增加其负担。因此，人们可以不用付费却享用公共物品的好处，搭便车行为普遍产生，导致了难以形成市场价格，市场机制也就无法在公共物品领域进行资源的有效配置。由于市场机制存在内在的缺陷和不足，仅仅依靠市场自身力量的调节，通过市场自发的运行私人领域的活动将无法摆脱混乱，市场无法发挥有效配置资源的功能。而依赖市场单一机制的作用进行公域之治，将陷入到治理的困境中。要使公共领域的资源得到有效配置，弥补市场机制的失灵，发挥其他机制的作用成为逻辑上自然的结论。

其次，政府管理的失灵。政府作为拥有绝对强制权的国家机构，在理论上被预设为具有完全理性与无私精神，是社会公益的化身。被视为公共产品的最主要责任人和最终责任人。但是，政府同样面临着治理的困境，政府失灵有时甚至比市场失灵更为严重。

一是政府部门自身的特点使然。在公共物品的供给等治理领域中，政府机构实际处于垄断地位。这可能导致治理的失效，例如对公共物品的投入不足或过度，不能够很好地满足社会公共需求。治理的成本趋向无约束地扩张，致使行政资源大量浪费。

二是政府自身存在着困惑和问题导致治理面临失效。在公共选择理论看来，政府和市场经济主体一样，是具有自利性的经济理性人，寻求自身效益的最大化。同时，现代政府以官僚制为行政组织模式，规则理性与专业分工等作为其组织特征带来了许多问题，如刻板僵化、负担沉重、规制过度、本位主义等。

三是政府制定公共政策是一个非市场化的决策过程，不确定性特征尤其突出。一方面，政府决策者面临信息不完全和不对称问题，实际上只具备有限度的理性。另一方面，决策中缺乏类似市场决策的调控机制，很容易导致公共决策的失误，从而增加了治理的难度。从当代社会现实看，许多国家政府为财政危机、治理危机和信任危机所困扰。面对日趋复杂的社会公共问题，政府显得越来越力不从心，政府失效频频显现。而20世纪晚期先发国家的“反国家主义”浪潮的出现，更反映出政府正面临着前所未有的社会信任危机与合法性危机，政府垄断治理的神话已走向破灭。

第三，社会自治的失灵。社会由基于共同利益、价值或旨趣的公民或社会组织机构自愿联结而成。正如法国社会学家托克维尔在《论美国的民主》中提到的，社会首先是由各种缘由、各种目的、各种类型的人们通过形形色色、大大小小、正规的或不正规的、长期的或临时的自我组织联结起来的。由于社会拥有专业性、灵活性以及对特殊社会需求的敏感性等优势，大量社会公共问题首先在公民社会层面而不是政府层面得到解决。这在一定程度上缓解了政府的压力，维护了社会公共秩序的稳定。但是，从其运行的机理和内在特点出发进行分析，社会同样存在着缺陷和不足，并由此伴生了社会的失灵现象。

一是鉴于公共物品的非竞争性、非排他性特征，加上社会组织的志愿性，很多社会组织受到资源供需缺口的掣肘，需要依靠政府及其他组织的资助，这使得社会组织事实上受制于人，难以维护自身完全的自治性。

二是社会依靠组织成员间的自组织纽带自发形成，因缺乏资源、必要的能力等原因，并非所有的社会群体都能自我组织起来，大多数社会组织代表的只是某个特定群体的利益，或只是关注某一特殊领域的问题，社会组织的狭隘性致使其公共性受到削弱。

三是外部强制力的普遍缺乏导致集体行动能力受损。由于缺乏外在强制力，社会组织在行动时不可避免地带有自利性，这使得在其目标的共同性和组织的自治性之间产生张力，公民社会自治的效果不确定性增强。

（三）政府、市场与社会的三元互动

一个健全的社会应该是一种市场、社会、政府各守其位，各负其责，三者之间保持协调、均衡、互补关系的状态。从本质上来说，公共治理是一种合作型、互动式的管理。政府、市场与社会之间是一种伙伴型的关系。治理与其说是关注集体行动的目标和公共利益的内容本身，不如说是关注实现社会行动者之间的合作伙伴关系，以及基于行动者网络关系之上的手段选择和行动途径。

第一，政府与市场的互动合作。政府与市场相互作用与补充的命题由来已久，传统观点认为，市场作为一种配置资源的手段，可以对社会经济的运行进行良好的调控。但由于市场机制本身存在着缺陷与不足，在公共物品的提供、消除外部效应、保证社会收入分配的相对公平、稳定社会宏观经济等方面，单纯的市场机制往往运作失效，这时便需要政府主动介入和积极干预由于市场机制调控失灵或不到位所带来一系列的社会公共问题。但是，发挥政府的主导作用并不意味着排斥市场机制。现实中，政府与市场的充分互动与合作，促进了很多社会公共问题的解决。

以公共物品的提供与生产为例，由于公共物品具有非竞争性与非排他性，政府承担了组织公共物品生产，治理公共场所外部效应的主要责任。市场的作用相对受到限制，但市场机制在其中其实大有可为。针对不同类别的公共服务应采用不同的生产方式。公共服务分为两类：一是基本公共服务，如基础教育、公共卫生防疫等。这类公共服务要由政府提供和生产，或者由政府提供，私人生产。二是超过全国平均水平以上的公共服务，具有使用边际成本较高、排他性较强的特点，如非义务教育阶段以上的职业教育、高等教育等这类超过全国平均水平的公共服务不是纯公共物品，既可以由私人部门或市场来提供，也可以由私人部门与公共部门、市场与政府共同提供与生产。在传统的由政府垄断的公共服务中引入或模拟市场机制，充分发挥市场的优势和竞争的力量，实现公共服务供给多中心的制度安排，能够形成竞争或压力，有助于改善政府的功能，克服政府单一治理的不足，提高治理的效率。例如，由政府组织私人部门进行公共物品的生产，使用“受益者付费”方法，吸引私人部门对基础设施、高等教育等高排他性、低竞争性的公共领域进行投资。采用合同承包、代理、招标拍卖等市场机制运作的方式，由政府部门与私人部门签订合同，对公共服务的数量、质量和相关标准等予以规定，以发挥私人部门的优势与能力。在上述过程中，私人部门发挥其作为市场机制运行主体的灵活性，政府组织则通过制度设计、环境营造、风险防范等层面的运作，为市场机制在公共物品领域的有效运作创造外部条件。

另外，对公共事务的治理而言，政府与市场之间并不冲突，而是相互合作的关系。政府以社会主导者的身份组织公共物品的供给，通过社会保障等制度调节收入分配，借助产权等制度安排消除外部效应，等等，承担公共事务治理的相应责任。市场除了对私人领域的资源配置起基础性作用，也可以通过政府的制度安排，参与到公共事务的治理如公共物品的生产中，与政府共同行动，以谋求社会公共利益的实现。正如沃尔夫所言，市场与政府间的选择是复杂的，而且，通常并不仅仅是这两个方面，因为这不是纯粹的市场与政府间的选择，而是在这两者的不同组合间的选择以及资源配置的各种方式的不同程度上的选择。

第二，政府社会的互动合作。社会组织通过人群关系、团体关系的联结而产生，以社会的自我管理与自我服务为组织的核心，较政府部门而言，更加强调和突出贴近服务对象、社会关怀及与对象的交流、联系，在需要有同情心、对个人关心尊重的任务以及牵涉到贯彻道德准则和个人行为职责的任务方面，社会组织较政府部门更胜一筹，这主要体现在以下四个方面。

一是公共产品与服务的提供与生产。理论和实践表明，许多社会公共事务不宜由政府插手，某些公共产品和服务由社会组织直接生产更加合适：对非竞争性和非排斥性并不完全的公共服务与产品来说，社会组织运作灵活，具有自组织、志愿性的特点，可以获得民间的人力、资金、技术等资源支持，是一种较政府更为合适的机制安排。

二是公共政策的制定和实施之中。社会组织与服务对象、组织成员之间联系紧密，了解与熟悉特定公共政策对所涉及人群的影响，能够对公共决策提供实效性强的咨询和参谋，或对政府实施公共政策开展外部的监督，对公共决策的过程发挥影响力，促进政府管理水平与效果的提升、改善。社会是信息汇集与传播的平台，也是民间社会资源与力量聚合的平台，既充当了政府与公民之间良好的沟通桥梁，又对政府部门公共决策形成了强大的外部约束，能够有效避免公权力对原子化个人自由的侵害，有利于社会公共利益的实现。

三是政府可以通过采取各种有利措施增强公民社会组织的力量，调动其参与公共事务管理的积极性和主动性。例如，政府可以直接给予公民社会组织以财政支持，采用“政府出钱，社会组织办事”的思路，吸引社会组织参与社会福利、公共教育、公共医疗等领域的服务，或者出台优惠的财政和税收政策，引导和鼓励社会组织参与社会公共管理活动等。

四是政府在社会自治中发挥着“元治理”的作用。在对资源的调动和配置上，较之公民社会来说，政府的作用与效果更加直接、明显和迅速。在自治层面，社会组织解决不好或无法解决的社会公共问题，往往需要以强制力为后盾的政府组织参与解决；社会组织发挥其自组织功能，承担公共服务提供等公共事务治理的责任，并不意味着政府完全抽身而退，政府仍然是社会公共利益的最终维护者，要对社会组织治理失败的种种情形进行预计与应对，起到公共事务“元治理”的作用。

第三，市场机制与社会的协同共治。社会关注社会公共利益，以自律、自治、参与合作、信任、奉献等为己任。而市场机制以私人部门利益为指向，市场交换主体受市场机制的调控进行相互间的交易。社会与市场机制的宗旨不同，使它们的行动逻辑有着根本差别，因而是一对矛盾的存在。然而，面对社会公共问题，市场机制与公民社会却可以共同行动与相互促进，协同共治，共同发挥它们在公共事务治理中的主体作用。市场机制与公民社会的互动合作体现为公民社会可以有效弥补市场经济自身的局限和不足，约束和监督市场机制的运行，解决市场失灵带来的部分社会公共问题。例如，由于市场信息不对称或者市场交换关系中的地位不均等，市场交换主体中的一方利用其强势地位强买强卖，销售低劣商品，取得不当利益。而另一方如消费者由于信息、专业知识欠缺，不能有效识别商品品质，其潜在利益则受到损害。通过组织消费者教育、产品质量检验、组织罢买等活动，消费者权益组织对私人企业构成了有效的外部制约。实践中，公民社会组织（如消费者、环保、工会及其他组织）致力于推动私人企业的社会责任承担，与私人企业间密切配合与协作，减少或缓解了市场交易外部性问题的发生，客观上增进了社会公共利益。因此，成熟的公民社会是市场机制良性运行的社会基础之一。

而借助市场主体与竞争机制的支持，社会行动的力量也将大大增强。例如，市场机制的主体——私人部门在创造利润和股东利益的同时，若能充分考虑消费者、员工、环境及社会等相关方的利益，主动承担遵守商业道德、保证生产安全、重视员工合法权益、保护环境和节约资源等社会责任，许多由市场机制调控失灵导致的市场交易外部效应问题，就能够在市场主体主动的行为中得到有效的化解。更为特殊的是，市场机制与社会的充分互动导致了二者的融合，产生了一种兼具二者特性的组织形式——社会企业。社会企业按照市场机制运作，但以公益为组织目标。这说明市场机制与公民社会之间，除了监督与被监督、约束与被约束的关系，还存在着密切的合作、充分的互动。社会与市场机制之间的伙伴式协作关系有利于市场经济的发展和公共福利的增进。

三、立足提供公共服务　提升政府社会生产力

提供公共服务是政府功能的基本定位。公共服务型政府是提供私人和社会团体无力或不愿提供的、却又与其公共利益相关的非排他性服务的政府。政府按照公民缴纳的税收和附带授权的责任来提供这些公共服务。

首先，政府提供普遍服务，满足社会需要。政府公共服务主要分为三个方面：一是维持性公共服务，是指维持国家安全、行政管理正常运转的公共服务，如国防、外交、公共行政服务等；二是经济建设服务，是政府为促进经济发展而直接进行各种经济投资的服务，如投资经营国有企业与公共事业、投资公共基础设施建设、对企业经营活动进行补贴等；三是社会服务，是指政府通过转移支付和财政支持对教育、社会保障、公共医疗卫生、科技补贴、环境保护等社会发展项目所提供的公共服务。

政府所提供的公共服务的数量和质量，都应该按照民主决策的程序加以厘定和检验。现代市场经济要求构建现代产权关系，形成新的社会利益整合机制。伴随着经济领域的全面转型，公众日益迫切要求政府为其提供基本而有保障的公共产品和有效的公共管理、公共服务，越来越期望建立一个公开透明和廉政的政府。由此可见，无论从国家发展战略角度还是从公众需求增长的角度看，政府必须以民为本，建立有限性和公共服务型的政府。公共服务型政府必须是一个透明、公平、公正、廉洁和高效的政府。公共服务型政府提供的服务应该以顾客需要或市场为导向。

其次，政府激发社会精英潜能，提升个人生产力。人的潜能是社会第一生产要素，对其他的生产要素起着催化作用。21 世纪，个体间的组合成为财富的主要形态，生产力催生了新财富，政府要为社会精英提供发挥他们潜能的政策环境，并给予政策支持。在制度层面上进行设计，使社会精英承担更多的社会责任。在美国，比尔·盖茨声称，死后只给

每个子女留100万美元，绝大部分资产都留给了社会。这说明先发国家的社会精英承担了更多的社会责任，这种责任与美国的税务制度和遗产继承制度分不开。政府应该引导社会精英形成良好的价值观和社会道德，并同时通过税收制度、捐赠制度等制度设计，使社会精英真正地承担社会责任，为社会造福。

再次，构建公共服务平台，提升国家竞争力。“在国家层面，竞争力的唯一意义就是国家生产力，而国家经济的升级需要生产力的持续成长。”① 在新的历史发展环境和机遇下，国家的运行已经成为一种商业模式，国家的竞争就是创新这种商业模式的过程。这种模式的设计是国家策略的一个组成部分，而将商业模式实施到国家的组织结构（包括机构设置、工作流和人力资源等）及系统（包括信息架构和管理流程等）中去则是国家运作的一部分。

国际竞争环境的再造，有赖于国家积极行动的指南和制度性设计，在本质上更依靠于国民的国家主人翁责任感和创造力的持续焕发。只有两者结合才能为国家竞争力优势创造提供根本保障。公共服务型政府通过构建公共服务平台，提供稳定的、持续满足公民权利增长要求的公共物品如国家安全、教育、医疗、社会保障等基础要求，并选择有利于生产率增长的政策、法律和制度，从而促使国家竞争力得到不断的提升。

最后，政府治理规范市场机制，构建良好的社会经济环境。在规范的市场经济中，政府的作用主要不在于替代市场配置资源，而在于增进市场的作用，也就是主要通过制定和执行规则来维护市场秩序，保持公平竞争，为市场机制正常发挥作用创造有利条件。凡是通过市场机制本身能够得到很好解决的问题，政府就无需插手；凡是政府自身无法应付的问题，政府必须承担治理责任。市场经济的正常运转离不开政府的作用，但政府的作用不能没有界限，其行为必须受到法律的约束。如果政府对市场活动任意进行干预，同样会损害社会主体的活力和创造力。现

① 迈克尔·波特：《国家竞争优势》，中信出版社，2007年，第8页。

代市场经济框架下，需要政府发挥作用的领域主要有三：一是制定并执行规则，包括产权的界定与保护，监督合同的执行以及公正执法等；二是宏观调控经济总量进行社会收入再分配，防止收入差距过大，维持稳定的经济和社会环境；三是提供普遍享有的公共产品与公共服务。总之，政府“善政治理”以政府履行有限职能为基础，政府在经济方面只担当宏观调控的重任。

四、绩效预算是政府生产力的助推器

公共预算是现代政府公共财政运行的基本制度框架，公共财政是与近现代的民主政治和市场经济相适应的财政制度。公共预算是公共财政的“道路规则”，有了这个规则，财政就由专制驶进了民主与法治的轨道。建立公共财政的基本框架，就是要构造现代公共预算，因为对于公共财政而言，是先有预算，后有财政活动，预算规范到哪里，财政才能活动到哪里，不允许有任何超出预算边界的财政收支。公共预算是政府成本的控制器，公共行政成本是公共部门在提供公共服务，生产公共产品的活动过程中投入的人力、财力和物力资源。公共预算对这些资源进行计划和控制使用，使对有限资源的使用产生最大效果。

在现代制度规则下，预算是纳税人及其代议机构控制政府财政活动的机制，是现代政府配置资源的有效机制，是连接政府与市场的重要媒介。绩效预算以结果为导向，对结果负责，是注重分权、放权以及预算透明的预算制度。绩效预算明确了各部门的目标责任，建立了部门完成绩效目标的激励机制，增强了部门使用预算资金的责任感。绩效预算将政府预算建立在可衡量的绩效基础之上，强调结果导向，或者说强调责任和效率。绩效预算要求各部门在申请预算时阐明拨款所要达到的目标、所需的成本。项目完成后要对项目是否达到绩效目标进行绩效考核，并提出整改意见。同时在预算资金安排方面，在部门人员考核方面建立奖惩机制。绩效预算增强了预算资源分配与政府部门绩效之间的联系，有助于提高财政支出的有效性，促进了部门增强使用预算资金的责任感，提高了资金的使用效益，有效避免了资金使用的盲目性，抑制了财政支出的无限膨胀，降低了公共产品及服务的成本，提升了政府生产力。

第二节　建设完善阳光财政　聚合政府的公信力

经济社会发展过程中，没有信用，就没有秩序，市场经济就不能健康发展。在所有的社会信用中，政府信用是中枢。政府公信力是政府发挥社会的枢纽示范作用的基础保障，是政府生产力的重要表现。一个有公信力的政府必然能够更有效地实施政府的方针和政策，所制定的制度也易于被公众所认可和遵循。在市场经济中，保持政府公信力就是保持竞争力，维持秩序。树立政府公信力首先要满足纳税人的知情权，实现财政公开透明，让政府处在纳税人的监督之下。预算是政府配置资源的机制，是政府公共财政运行的基本制度框架，所以预算透明化是财政公开透明的核心内容，同时也是绩效预算的根本要求。

一、政府公信力的理论分析

政府公信力体现为政府对公众在委托契约中赋予的期待和信任的责任感及其回应。委托—代理理论是政府公信力成本产生的制度根源。委托—代理理论认为人是有理性的，都追求自身利益的最大化，由代理人组成的政府机构也是如此。委托人和代理人双方信息不对称和信息不充分，委托人很难对代理人的行为进行有效的监督，代理人与委托人之间的利益未必完全一致。此外，代理人可能只代表极少一部分委托人或利益集团的利益，从而与人民大众及整个国家的利益背道而驰。“逆选择”

现象和“道德风险”问题是委托—代理中经常发生的问题。所以，政府公信力的自我道德约束是弥足珍贵的，它是下一个委托—代理协议达成的关键。这样，民主的政治过程才能持续运转下去。公众与政府之间的委托—代理关系是基于公民对代理人政府的信任，代理人作为内部人，比他们的委托人更了解情况，并为政府代理人机会主义行为创造了更多的机会。这时会出现“失范行为”，如果政府中的“失范行为”泛滥，致使政府无法回应公众的期待和信任，就会导致政府公信力下降。导致“塔西佗陷阱”，即当政府失去公信力时，无论说什么，都无法获得公众的信任。

交易成本理论也是政府公信力的重要理论基础。康芒斯在《制度经济学》一书中提出，交易有三个层次的内涵：一是买卖的交易，即平等个人之间的交换；二是管理的交易，即上下级之间的管理关系；三是限额的交易，即包括政府在内的上级对下级的交易。后来经过新制度经济学派代表人物诺斯等的继承和发展，在交易概念的基础上又引入了另一个分析范畴——交易成本。如果代理人能采取机会主义行为而不受惩罚，政府公信力下降会带来社会资源浪费和社会福利损失，导致资源配置偏离帕累托最优状态。降低政府公信力成本，就是要通过管理，实现最佳的制度安排，使成员的交易成本最小化，交易效用最大化。而在公共管理中，政府也要追求实现市场交易费用和管理交易费用的最小化，这也是政府管理创新的目的。

二、政府公信力是提升政府生产力的内在要求

市场经济条件下的政府公信力是社会赖以良性运行的稀缺性资源，建设具有较高公信力的公信政府具有重要的意义。

第一，政府公信力是市场经济的运行基础。一是由于市场失灵的存在，政府在现代市场经济中担当着十分重要的角色，政府要扮演好这些角色，就必须大力提升自己的公信力，使各项公共政策、行政行为受公

众信任、支持。当公众对政府的行为信任时，政府的决策才能得到有效的贯彻和执行，政府调控经济的目标以及制定的经济发展战略才能实现。政府才能更好地推动经济的发展，促进产业的升级。二是社会主义市场经济体制的建立和完善客观要求政府提高行政效率，政府公信力的提升对提高行政效率具有重要作用。

第二，政府公信力是政府权威的重要来源，对社会具有凝聚和激励作用。权威在现代政治生活中是另外一个具有基础性和可衍生性的政治概念。权威就是威信。对于政府而言，权威可以依靠多种手段加以确立和强化。但在规范的现代政治生活中，权威的来源有而且只能有一种，即政府自身的信用能力。现代的、文明政治生活中政府拥有权威意味着民众从内心出发愿意服从政府的领导，认同和支持政府及其行为，因此就会产生一种强大的凝聚力，整个社会便具有一种内在的向心力。政府能够更好地吸附社会资源，进行资源的优化配置，提高政府的投入产出比，提升政府生产力。

第三，良好的政府公信力是政府组织能力和动员能力的基础，是开展政府运行的前提条件。行政管理活动实质上就是组织和动员社会上分散的人力、物力、财力资源达到政府目标的过程。政府的组织能力和动员能力离不开公众的信任，只有公众信任政府，认为政府是在为他们谋求利益，公众才会心悦诚服地接受政府的领导和指挥，在政府的动员和组织下投身到相应的实现公共目标的活动中。如果公众本来就对政府无信任可言，那么政府的组织技术和动员技术再高明，公众也不会听从政府的指挥。即使政府采用强制手段，付出了更大的动员和组织成本，其收效也不会很大。现代政府留给人民对于强制的可接受空间正越来越小。正如美国政治学家弗里德利希·冯·哈耶克所说，“一个政府为了达到上述目的而必须使用的强制，应减至最小限制，而且应通过众所周知的一般性规则对其加以限制的方法而尽可能地减少这种强制的危害”①。因

① 弗里德利希·冯·哈耶克：《自由秩序原理》，生活·读书·新知三联书店，1997年，第117页。

此，现代政府的组织能力和动员能力应主要来源于社会公众的信任，而民众的信任正是政府运行的前提条件。

第四，政府公信力是影响公共政策执行的重要变量，良好的公信力有助于降低公共政策执行的成本。公共政策是政府进行行政管理的基本手段和工具，社会公众只有在对政府履约具有充分的信心，相信政府守信用的情况下，才会按照政策制度规定的路线和方向进行最大化的理性选择。如果政府不守信用，出尔反尔，朝令夕改，则人民对政府履约必然缺乏信心，必然会在内心排斥政府制定的公共政策，导致政策执行的困境。政策执行的成本也必然会大大增加。在这里我们或许可以套用美国政治学家弗兰西斯·福山的社会资本理论，政府公信力可视作而且理应视作一种重要的社会资本，政府在推行其政策时如果信用不足亦即其社会资本匮乏，那么它必须付出更多的其他方面的资本如财力、物力资源予以弥补，这时候政策执行的成本必然增加。

三、实现财政透明是提升政府公信力的前提条件

透明度是一种环境，即在易懂、容易获取并且及时的基础上，让公众了解有关政策目标及其法律框架、执行机构及其职责范围、经济背景，以及政策决策和决策逻辑等。根据国际货币基金组织《财政透明度手册》的定义，财政透明度是透明度问题在公共财政领域中的延伸，是一个与公司财务透明度相对应的概念，其主旨为：向公众公开政府的结构和职能、财政政策的意向、公共部门账户和财政预测（Kopits 和 Craig，1998）。财政透明度主要是反映政府与公众之间的信息化程度。根据 Kopits 和 Craig（1998）的分析，财政透明度主要包括制度透明度、会计透明度、指标与预测的透明度等三个方面①。

① Kopits, G. & J. Craig (1998), "Transparency in government operations", IMF Oeeasianal Paper, 158.

首先，制度透明度。对政府财政行为进行全面制度界定，包括公开政府的结构及功能，对公共部门和私人部门要有清晰的界定；公开预算过程，解释预算方案的财政目的和优先顺序、披露绩效评价和财务审计结果；税收方面，强调公民纳税要有明确的法律基础；公开政府管制的成本估计等。

其次，会计透明度。向公众详细披露有关财务信息，包括各个政府部门的明细报表、部门之间的资金往来等。政府预算报告的财务账目范围应包括中央政府和地方政府在内的一般政府基金和社会保障基金等预算外基金以及公共企业的准财政活动。提高会计透明度方面的必要措施主要是按照权责发生制记账（以弥补收付实现制只着眼于现金流的不足）、准确评价政府资产和债务（金融资产）、公开年度支出的各个经济主体和用途的细目，公开年度收入细目等。

最后，指标与预测的透明度。政府不仅要公布与财政平衡相关的若干指标以及政府总负债和净负债等与财政相关的指标，而且还应公布对一些财政分析性指标的测算，包括结构性和循环性的财政平衡、财政的可持续性（稳定债务的基本水平）、未设偿债准备金的政府债务净值等。他们指出，要实现短、中、长期财政预测的透明，就应尊重事实，明确区分基本情形（政策未发生变化的情况下）和政策发生变化时的情形。

《修订的财政透明度手册》（2001）指出，财政透明度应遵循四项基本原则：一是作用和责任的澄清。涉及政府的结构和职能、政府内部的责任以及政府与经济中其他部门的关系。二是公众获得信息的难易程度。强调在明确规定的时间公布全面财政信息的重要性。三是预算编制、执行和报告的公开。涉及提供关于预算程序信息的种类。四是对真实性的独立保证。涉及数据的质量以及对财政信息进行独立检查的需要。因此，财政透明度的核心是要求以及时的、系统的方式对所有相关的财政信息（包括预算信息）的充分披露。在塑造财政透明度的过程中，财政预算透明则是其核心内容。

四、财政预算透明是财政透明的核心内容

公共预算本质上是反映公共需求和公共供给的计划，其内容具有透明性，要为全体公众所了解。政府实际是代表公众来履行这一职责的。公共预算的透明性便于公众监督和有利于预算效率的提高。《财政透明度良好做法守则——原则宣言》认为，由于年度预算几乎无一例外地是财政政策的主要工具，预算过程和预算中包含和提供的信息是财政透明度的核心。同时，财政透明度要求在向公众提供的预算报告中，政府应当说明财政政策的目标、宏观经济的框架、预算政策和主要财政风险等。而为了体现信息提供的定期性和及时性，预算报告应当包括年报、半年报、季报和月报。此外，在预算执行过程中，应当建立健全内部控制制度，并在此基础上进行有效的内部审计。

经济学中将存在“信息不对称”的状态定义为“缺乏透明度”、“不透明”。这意味着透明度的提高，将改善各种经济主体往来关系中所存在的“信息不对称”、“信息不均”现象。现代国家的预算制度非常复杂，这种复杂性的产生原因，部分是随着经济的发展不可避免的，部分则是人为的。不管怎样，一个显然的事实是，复杂的预算在政府项目的真实成本和纳税人可观察到的成本之间导入了一个楔子，隐藏了其真实的成本收益关系，从而给纳税人造成一种财政幻觉，使选民无法掌握真实的预算信息，选民很有可能会作出不利于自己的选择。

从政治家的角度来看，政治家本身就有动力隐瞒税收，夸大支出的利益，隐瞒政府负债，而预算的复杂性又给他们提供了这一可能，所以他们几乎没有激励去产生简单、清晰和透明的预算，而是常常故意选择模棱两可的程序，增加选民的困惑。因此，财政透明度制度是博弈均衡在财政管理活动上的体现。在这个博弈局中，政府和国民是一对利益相悖的博弈战略行为人。通过演绎推理或者是向其他国家的最佳实践学习，

政府往往可以发现更好的、更透明的公共治理方式。但作为一个行为主体，政府也不愿意因改善公共治理而失去对资源的自由支配权。国民作为此博弈的另一个战略行为人，为了促进政府更透明、更规范地使用财政资金，更高质量地提供公共产品与服务，将不断地重新评价和试图修正现有的公共治理政策。通过政治市场上的讨价还价，财政透明度制度不断演进，实现着从一个财政管理活动的点状均衡向另一个更优点状均衡的迁移。

可见，提高预算透明度则能够对从事财政活动的政府及政治家施加有效的财政制约。当然，前提是要对预算的透明程度做一个有效的界定。“认为透明的预算程序有四个特征：一是在较少的预算文件中能够披露更多的信息，信息容易得到和便于公众监督；二是经验显示在进行有说服力的、可信赖的联系中起关键作用的独立作证的可能性能够促进透明度；三是预算用语准确，用词和分类应该清晰，意义明确；四是减少预算项目的乐观主义情绪和政府的创造性。”[①] 透明度要求政府财政政策的每个方面都能提供清晰的信息，包含有特殊账目的预算和不能把所有的财政活动都合并到一个有约束的预算是不透明的，能够让公众获得信息并且能参与政策制定和提供合并信息的预算是透明的。

预算透明度的一个技术性要求是，政府预算要保证财政数据的真实性，这要通过达到高质量的数据标准和进行公开、独立的监督两个方面来实施。达到数据质量标准主要包括对预算收支的准确预测、采用公认的会计标准、财政数据内部的交叉核对和与其他数据的协调，并通过有效的内部控制（包括内部审计）来实现。公开和独立的监督则包括国家审计机关的独立审计，外部专家对财政和宏观经济预测的评估以及国家统计机关通过独立编制财政统计数据来对财政数据的质量进行核实。

绩效预算要解决的一个重要问题是公共资金投入与政府责任归属，

---

① Ah, J. E., D. D. Lassen & D. Skilling (2002), “Fiscal transparency, gubernatorial, and the scale of government: Evidence from the states”, State Politics and Policy Quarterly 2 (3): 230 -250.

其目的是以政府行政绩效作为预算资金分配的直接依据。在具体的绩效预算实施中，政府行政绩效是通过若干绩效评估指标来衡量的，而政府行政绩效与预算资金的分配的关联则很大程度上归结于财政透明度，它成为提高绩效预算透明度的现实条件。因此，财政透明度既是政府内部各机构行政行为绩效公平考核的制度条件，也是政府外部（社会公众）预算参与的基础条件。财政透明度是提升绩效预算执行力的现实条件。当然，这一作用的发挥也部分地依赖于财政透明度的提高对于政府公共治理水平的提高。

五、加快推进“阳光财政”建设，提升政府公信力

首先要完整地编报预算，政府每年花了多少钱，怎么花的，花在了什么地方，效果怎么样，都要细化到一定程度。同时，提倡政府的信息要公开，也就是财政资金使用要规范和透明。推进“阳光财政”建设，是一个牵涉面广、操作难度大的系统工程。它既是维护纳税人知情权的基本途径，也是公共财政公开不可或缺的重要方面。就其基本思路而言，就是努力通过采取法律、制度、机制等多方面的积极措施，从绩效预算的编制、执行、监督与审核等具体环节入手，推动传统管制型政府向民主、开放、规范、高效的服务型政府转变，通过财政透明化加强纳税人与政府之间的对话与交流，增强公众参与程度，最终实现对政府“权力”的有效约束和对纳税人“权利”的良好保障，提升政府公信力。具体措施如下：

第一，引入绩效预算编制方法，提高预算执行刚性。适当延长预算编制和审批的时间，确定合理的财政周期，为预算编制提供必要的时间保证，以提高预算编制的科学性和公开性。要按照当前政府收支分类改革的统一要求，细化预算科目，提高预算编制的透明度，自觉接受广大纳税人对政府行为的监督。扩大预算编制范围，将预算外收支活动与预算内收支活动一道纳入预算有效覆盖之内，加强对其监督与管理，增强透明度。引入绩效预算的编制方法，从明确政策目标、确定指标体系入

手，通过反推测算实现政策目标需要的业务量，最后计算出最优的资金投入。绩效预算应随已批准的预算公开发布，以方便公众进行监督。同时，强化预算执行刚性。要切实提高预算的法定性程度，通过优化预算安排，年初打足预算，有效减少预算执行过程中的频繁追加。特殊事项确需追加的，要严格依照法定程序报请人大批准后方能实施，从而增强预算执行的刚性和预算作为法律的严肃性。在人大对预算批复之后，对预算单位资金拨付要及时到位，有效减少预算资金结转问题，从而提高该部分资金的使用效率和透明度。

第二，推进收支分类改革，改进财政报告制度。按照政府收支分类改革要求，积极构建新的以政府收入分类体系、支出功能分类体系和支出经济分类体系为主要内容的财政统计体系，清晰地反映政府收支全貌和履行职能活动的详细情况，充分体现国际通行做法与国内实际的有机结合。要加快对现行财税制度的清理，及时修改行政事业单位财务以及税务、国库、财政总预算、行政事业单位会计制度，改变目前预算、决算、会计核算“三张皮”问题。逐步引入权责发生制会计制度，以准确反映政府、部门运作成本以及项目实施成本，为推行财政绩效考评进行铺垫。要改进预算报告方式。收入方面，预算报告要按资金来源和性质，全面反映包括预算内、外收入的完整的政府收入情况；支出方面，预算报告不仅要按政府职能活动开展情况和应取得的成效，还要从政府支出资金的具体用途，分析政府的运作成本，使预算报告“内行看得清，外行看得懂”。

第三，加强政府预算审核，完善财政监督体系。加强人大对预算的监督审计力度，不仅对预算编制完成后的情况加强监督审核，还要在预算编制之前积极介入，以加大监督审核的力度。积极推动人大代表预算知识的普及，并在人大内部建立预算审议专家机构，增进人大预算审核能力，提高其预算监督审核的权威性。逐步完善财政监督的制度设计，逐步创造条件将国家审计机关纳入各级人大管理。审计人员由各级人大派出，对人大负责，从制度安排上强化其监督地位和权能。同时，应在政府预算的征询期，草案的拟定期，人大的审核及表决期，预算实施的年中期、年末期、决算期六个阶段分别建立法定的公示制度，并建立公众询问制度，让广大纳税人真正了解并参与政府预算的制定、实施和监督。

专栏 2－1

阳光财政的六大抓手

一是推进“阳光预算”，使政府支出行为更加透明。公开和透明，是一种行之有效的制约办法。只有普通老百姓都能看得懂的预算才是真正好的预算。要真正做到依法理财、民主理财，就要督促政府把预算编制得细致一些、透明一些，提供一本明白账，这既是人大代表的期盼，也是实现人民群众广泛参与监督的基础。

二是促进“阳光收付”，强化对财政资金收付的约束。促进财政部门深化国库集中收付制度改革，使各预算部门和单位的财政性资金在财政部门设立的银行账户下统一集中管理，进而克服分散收付制度的弊端，提高部门预算制定和执行的规范性和透明度，提高资金使用效率。

三是实行“阳光采购”，发挥财政资金的更大效益。要监督财政部门按照政府采购的要求，编制政府采购预算。凡属于政府采购的项目，其经费一律划拨到政府采购专户，由财政直接向供应商支付，使采购行为完全置于社会各界的监督之下，以达到节省资金，实现公平公正的目的。

四是建立“阳光账户”，统筹管理使用预算内、外资金。充分发挥预算外资金专户的统管作用，公开账户，将“收支两条线”管理扩大到所有行政事业单位的收费收入、罚没收入、政府性基金、社保基金以及行政事业单位的其他预算外资金收入。将预算外资金全额上缴财政，收支由财政部门在部门预算中按测算和实际需要及有关标准统一安排，搞好审核和平衡，通过阳光账户使预算外资金全部进入部门预算，逐步形成完整的部门综合预算。

五是提升“阳光绩效”，追踪财政资金的使用效益。要充分发挥人大代表和社会各界对财政资金使用绩效的监督作用，督促政府建立和健全对财政资金使用绩效的评价体系，研究和制定财政资金绩效评价标准。人大及其常委会要组织人大代表及专家对财政大额支出项目进行绩效评价，并将评价情况向社会公布，促进财政部门合理分配和使用财政资金，提高财政资金的使用效益。必要时可采取听取和审议绩效审计报告等方法，不断深化和完善人大对预算的审查和监督。

六是打造“阳光平台”，不断创新监督方式。人大及其常委会要促进政府建立预算编制和执行公开透明的制度平台，以争取社会公众的监督和配合。采取举行听证会或借助新闻发布会等形式向社会公布重大预算事项，广泛听取社会各界的意见和建议；建立实时在线财政预算监督系统，实现人大财经部门与政府财政部门联网，使财政花出去的每一笔钱在第一时间进入人大监督的视野，使国库真正成为透明钱柜；在媒体上公开预算草案，充分吸收普通民众和专家的意见和建议；推行重点财政项目和工程建设公开招投标制度，从源头上实现公开、公平和公正；构建信息披露制度，对政府预算执行中出现的问题进行披露，充分接受公众与社会各界的监督。

资料来源：匡贤明：“构建阳光政府　让财政预决算完全公开”，《中国经济导报》，2013 年 2 月 16 日。

第四，规范预算收支管理，积极推行听证制度。一方面，要继续通过深化部门预算、国库集中收付和政府采购等管理制度改革，不断增强规范预算收支管理的内生动力；另一方面，要尽快构建民主制度下纳税人的投票规则，建立和完善各种听证会制度，强化新闻媒体的舆论监督功能，积极发挥规范预算收支管理的外部动力。特别是要充分重视发挥听证制度在财政活动、准财政活动等诸多领域的积极作用。在推行听证制度，切实维护纳税人知情权，促进其参与决策和管理的同时，也要充分利用现代化的网络信息手段，进一步拓宽广大人民群众表达意愿的渠道，使社会公众对公共物品的偏好能够及时有效地传递到政府决策部门，为政府决策的民主化、科学化提供翔实的信息参考。

第三节 加快实施绩效预算 催化产业创新升级

现代经济社会发展过程中，政府力量是一个最为重要的因素。在产业经济层面，由于涉及到产业地位、产业结构、产业升级等产业发展的决策和调控问题，政府行为就更加具体且引人瞩目。国家战略大师波特的“钻石模型”表明一个具有较强竞争优势产业的培育与形成，需要生产要素、需求条件、企业的战略与竞争的时空背景、相关与支持性产业四大要素的互动与有机结合。此外，还需要有合适的时机，同时，政府发挥积极的作用。

一、立足全球价值链视角 理解产业创新与升级

全球价值链是指在全球范围内，为实现某种商品或服务的价值而连接生产、销售直至回收处理等全过程的跨企业网络组织，它包括所有参与者和生产销售活动的组织及其价值、利润的分配。全球价值链具体涉及某种商品或服务的设计、开发、生产制造、营销、销售、消费、售后服务以及最终循环利用等各种增值活动。随着贸易和投资全球化的不断深入，国际分工格局开始加快，由产业间分工向产业内分工以及产品内分工转化，以纵向分离和协调为重要特征的全球生产网络已经逐渐形成，使产品的价值创造环节分散于不同国家和地区，为后发国家嵌入价值创造环节、提高生产和创新能力、实现产业结构的

调整与升级带来了机遇。迪特尔·恩斯特（Dieter Ernst）最早使用产业升级（industrial upgrading）这个概念。他在分析韩国特殊的产业竞争战略时指出，该国“通过章鱼式多元扩张进入不同甚至不相关的产业来扩张，而不是通过产业升级带来的知识累积实现。韩国半导体产业的技术管理仍然压倒性地由‘产品偏好’思路统治着，我有点怀疑其设计与产品开发能力要如何、以何种程度获得进展”①，意指韩国偏重产业结构变迁而忽视内在能力的提高。可见在他的认识里，产业升级与结构调整差异很大甚至是对立的，这种对立其实主要来自发展路径和实践的差异。

从全球价值链视角研究产业升级的一个基本逻辑就是升级层次及前景与嵌入不同类型的全球价值链有关，不同的全球价值链治理模式对制造商（或供应商）而言有不同的升级含义。由于实践中全球价值链治理可能是多种模式的混合，因此该领域的研究基本上沿着两条路径展开：一是通过构建简化的全球价值链模型来降低问题的复杂性；二是进行各类型全球价值链的实证研究以建立有关产业升级发生条件的一般原理。主要包括准层级型、网络型（含模块型）以及市场型等三种全球价值链治理模式下的产业升级。

二、产业创新—新经济下的产业升级的基本模式

经济学家多认为新经济的表象特征是高增长、高就业和低通胀，其结构性特征是知识化、信息化和经济的全球化。新经济以高新科技产业，特别是以信息产业作为主导产业，产业创新速度明显加快，产业创新方式更加趋向于分工化，有利于中小企业创新和成长，表明新型的创新方式在新经济下具有较强的合理性，反映了产业创新的发展

① Dieter Ernst, “Catching - Up, Crisis and Industrial Upgrading, Evolutionary Aspects of Technological Learning in Korea's Electronics Industry”. Asia Pacific Journal of Management. 1998, 15 (2): pp. 247 - 248.

趋势，而产业创新是新经济下产业升级的基本模式。

传统的产业升级是三次产业理论下的一个派生概念，是指第一、二、三次产业依次转移，不断提高产品附加值的比例的过程。这一定义包含了下列内容：第一，产业升级是一个历史性现象，描述了产业依次出现、扩张、消亡的过程。第二，产业升级与经济增长同步。产业结构变动的总趋势是高附加值产业比例增加，低附加值产业比例下降，它必然引起国民收入增长，进而转化为要素收入增长和购买力的增长，并引起市场扩张和需求层次的上升，再吸收掉升级的产业所生产出来的产品。第三，产业升级必然会带来相应的要素转移。当一个产业开始兴起的时候，必然会吸引要素进入，而当一个产业衰落的时候，也必然会引起要素的退出。退出的要素流入新兴的产业之中，形成要素的转移。产业升级这一定义概括了产业发展的历史进程，也指出了产业结构变迁的方向，对制定产业规划有着重要指导意义。

首先，这一理论来源于历史分析，是以各国产业结构变迁数据为基础，通过大量实证证明的。但在逻辑上有所欠缺，分析原因和运行过程显得不力。

其次，产业升级主要是在三次产业之间进行的，这一结论对经济发展具有很大的启发性，引导很多地方政府以此为依据来推动产业升级，制定产业政策。但由于该理论是从大的历史跨度进行分析的，缺少时间或者收入变化的参考坐标，使很多地方政府陷入了盲目推动产业升级之中，过多强调第三产业发展，不注意产业的相对稳定，导致地区经济竞争力受损。同时，每次产业划分过粗，对短时间内、小地区内的产业变化很难具有指导意义，在产业内部有无产业升级问题，如何引导，没有给出明确的结论，使一些地方政府在制定产业政策时十分迷惘。

再次，由于近20多年来科学技术的迅猛发展，第三产业范围过于宽泛的缺陷越来越不能反映新兴产业发展的现实，特别是以计算机及其网络为技术手段的信息革命，在经济和社会发展中引起至今还难以估量的影响。因此，已有不少提出划分“第四产业”的观点，但对“第四产业”的主体及范围又有不同主张。

最后，产业升级是市场过程，政府加入产业升级之中，其作用有多大？如何制定产业政策？产业稳定不仅可以节约投资，还可以培养地区的核心能力，与产业升级形成矛盾，政府如何在制定产业升级规划时权衡稳定与变迁的关系。这些在理论上都没有给出明确的答案。

产业升级的真正含义应是高附加值产业代替低附加值产业的过程，三次产业间的转移是一个低附加值产业不断被高附加值产业代替的过程。这一定义包括了如下内容：

第一，产业升级的方向是高科技产业和新兴产业代替传统产业。按产业升级的定义，衡量产业是否升级的标准是产业整体的附加值是否增加。如果产业结构比例没有变化，但产业整体的附加值增加了，也可以称为产业升级。

第二，产业升级的基础是创新。不断用高科技产业和新兴产业替代传统产业，需要寻找到产业增长点，这就需要进行创新。所谓创新就是用新的技术或经营方式来满足新的需求。人们对需求的要求不仅在数量上是无限的，在内容上也是无限的，满足这种内容上不断更新的需求只能依靠创新。通过创新形成新的产品、新的经营方式、更低的产品价格，使需求更加丰富，高层的需求得到满足，由满足创新的企业组成一个新的产业。

第三，产业升级必须伴随着要素升级。产业升级是一些产业兴起的同时，另一些产业衰落的过程，其前提是要素从衰落的产业中转移出来，进入兴起产业之中。这不仅是一个要素的重新组合过程，也是一个要素的升级过程。要素升级为新兴产业的形成提供可靠的基础。

产业升级的过程实质上是产业创新与产业替代的过程，其中，产业创新是产业升级的主要方面，因为没有产业创新就不可能满足那些更细致、更高层次的需求，也不可能对传统产业进行替代，使产业重心向高附加值方向提升。

产业创新是用新的产品和新的技术满足需求，其结果是形成了一个崭新的产业。产业创新是行业整体创新，而不是局部的创新。因此，它包括企业技术创新和行业内技术扩散两个过程，只有创新的技术在行业内得到了普及，才实现了产业创新。由技术引起的产业创新有两种途径：一是一个企业首先完成产品创新并由此带动了相关的技术创新及管理创新，完成了相对比较完整的经营体系创新工作，获得了高额利润。这对其他企业将产生诱导作用，吸引其他企业效仿，使技术扩散到其他企业，最后形成新的产业。它的特点是由一个企业首先进行创新突破，再将技术扩散出去，企业的创新活动具有很大的完整性，典型的案例是汽车业。另一种途径是由多个企业同步创新，分别完成产业创新所要求的技术创新工作，同时进入新的产业，相互支持构成一个产业整体，并因各自创新而垄断了局部技术，又因分工而使资源使用更加集中，保证企业能够迅速获得规模效应，使产业创新得以迅速完成。

专栏 2－2

用科技创新占领未来制高点

全国政协副主席、科技部部长万钢：“科技体制改革要在国家层面建立协调推进机制”

万钢表示，“科技体制改革是项复杂的系统工程，涉及改革、发展的众多方面，有科技、教育、发改、工信、财政、金融等 50 多个部门和单位，要在国家层面建立协调推进机制。”

众所周知，改革涉及各方的利益和格局调整，政策性强、难度较大，一些重点和难点问题还需要在实践中不断地探索，不断地加以解决、推进。为此，万钢强调，要抓好试点示范，不断创新机制和体制。“我们将积极稳妥、有序推进各项改革工作，对一些难度比较大的、探索性比较强的改革措施，要采取先行先试的办法，结合实践、实际开展试点；重点围绕战略型新兴产业培育、企业创新能力提升、创新型人才培养等任务，选择有一定基础的高科技园区、企业、高校、科研院所和一些重点地区来试点；及时总结试点经验，加强交流，组织推广，以发挥好示范和引导作用。”

中国科学院院长白春礼：“以重大产出为导向，建设现代国家科研机构制度”

“中科院将继续发挥科技国家队的‘火车头’作用，以重大产出为导向，深化科技体制机制改革，建设现代国家科研机构制度，为中国特色国家创新体系建设探索新路子。”白春礼说。“具体而言，中科院要保障科研人员科研时间，适当延长评估周期、减少评估频次、完善评价标准，摒弃仅凭数量和单纯论文评价的导向，突出研究质量和实际贡献。”白春礼说，“为了支持企业科技创新，中科院与中核集团、航天科技集团、电子科技集团、机械工业集团、中石油等一批重点行业大型企业签署了战略合作协议，共同组建创新联盟，共建研发中心与合作团队，联合开展关键共性技术攻关。由此进一步凝练研究方向、优化布局，加大应用研究由市场需求牵引和导向的力度，加快研发和产业化进程。继续加大科技基础条件平台开放共享力度，建设一批面向产业的公共技术服务平台，加强对企业的科技服务，支持企业提升技术创新能力。”

中国工程院院长周济：“推进工程化产业化，实现创新驱动发展”

“推进科技创新成果工程化产业化，是促进产业结构调整、全面提升产业核心竞争力的决定性因素。例如，页岩气开发技术攻关持续了一百多年，直至近十年，美国的企业实现了开采技术的工程化产业化，引起了一场‘页岩气革命’，对世界的能源格局乃至政治、经济发展都产生了深刻的影响。”“科技创新成果只有完成工程化并面向市场实现产业化，才能真正转化为强大的现实生产力，实现创新驱动发展”。那么，如何全力推进科技成果的工程化产业化呢？周济认为，除了要高度重视工程化产业化工作、真正把工程化产业化摆在创新驱动发展的重要位置外，还要切实推动以企业为主体、市场为导向、产学研协同创新的技术创新体系建设，并营造有利于工程化产业化的良好环境。“特别要加强科研生产一线工程技术人才和高技能人才培养，因为人才是我国科技成果工程化产业化最重要的资源和最强大的优势。”

中国科协常务副主席陈希：“动员激发广大科技工作者把智慧和才华凝聚到建设创新型国家的宏伟事业中来”

陈希表示，中国科协将积极参与国家创新体系建设，深入开展群众性技术创新活动，促进完善科技评价和科技奖励体系，“把学会作为国家创新体系重要促成部分的作用充分发挥出来。”“中国科协将大力促进人才成长提高，畅通人才成长通道，加快培养造就一支规模宏大、结构优化、素质一流、作风过硬的科技人才队伍。充分发挥科技社团的自律功能，建立健全科研活动行为准则和规范，加强科研诚信和科学伦理教育，切实加强科学道德和学风建设。大力宣传优秀科技工作者和团队，引导广大科技工作者自觉践行社会主义核心价值体系，弘扬创新文化，充分激发全社会创造活力。”陈希表示，“中国科协将以实际行动，动员激发广大科技工作者把智慧和才华凝聚到建设创新型国家的宏伟事业中来。”

国家自然科学基金委员会主任陈宜瑜：“把青年人才培养和协调创新作为重中之重”

“我们将继续加大青年人才培养力度，通过青年基金和新设立的优秀青年基金，努力发掘年轻学者的潜力、活力和创造力；要积极培育领军人才和团队，通过国家杰出青年基金造就拔尖创新人才，通过创新研究群体基金资助培育冲击国际前沿的‘创新突击队’。”同时，他强调，今后基金会将继续积极带动地方和行业投入基础研究，促进企业真心依靠科技创新实现结构调整和产业升级，引导科学家主动面向产业发展凝练关键科学问题，努力探索基础研究领域产学研用协同创新的有效机制。“我们与神华、宝钢设立联合基金，为增强企业技术创新能力发挥了明显作用；与广东、云南、福建等地设立联合基金后也收效显著。”

中国科协青少年科技中心副主任楼伟：“科普工作将迎来又一个春天”

“在这次科技创新大会上，有一点是让我最激动的，那就是将提高全民科学素质作为国家科技创新工作的重要组成部分，特别是在发展目标中还明确包括了我国公民具备基本科学素养的比例超过5%的目标。”楼伟感慨道，“在这次大会的引领下，科普工作将迎来又一个春天。”

“科技创新，人才‘为先。而科技创新与科普是一体两翼。作为长期工作在科普战线的一名普通工作者，我欣喜地看到，这次科技创新大会除了提出要强化企业技术创新主体地位、促进科技与经济紧密结合的重要政策指向，还特别提出要大力提高全民科学素质，并作为营造科技创新良好环境的重要保障。这显示了党中央、国务院对提高全民科学素质工作的重视。这让我们全体科普人信心倍增。”

资料来源：张蕾等：《用科技创新占领未来制高点》，《光明同报》，2012 年 7 月 8 日。

三、构建产业社会普遍服务体系　推动产业升级

产业网络化是指高新产业推广和以新技术改造传统产业，这是提升产业竞争力的重要途径。这就要求政府建立产业网络化的社会普遍服务体系，保证高新技术产业的推广和产业升级。

一是推广高新技术产业，促进产业发展。产业网络社会普遍服务的目标首先是要产生高新技术，这就要大力支持企业建立博士后流动站，鼓励和引导企业建立技术开发中心或者工程研究中心等研发机构，使得高新技术大企业都有自己的博士后流动站，一般大企业都有自己的研发中心，促进科研成果及时转化为现实生产力。高新技术产业开发区、高新技术产业基地等的建立都是推广高新产业、形成产业网络的有效途径。高新技术产业的推广，可以产生增长极的辐射作用，带动一批相关产业的发展。

二是改造传统产业，推进产业升级。信息技术产业和其他高新技术产业在新经济中的地位不断上升，并不意味着传统产业就不重要了，而是要利用高新技术改造和武装传统产业，催生新产业。两者只有同时推进，互相促进，才能推动经济的良性发展。首先，高新技术产业的发展迫切要求传统产业用高新技术对自身进行改造。旧的产业发生革命性的变化，是新技术产业发展的必要条件。一方面，高新技术产业的研制、开发和产业化需要传统产业提高性能的生产装备；另一方面，传统产业的升级为信息技术和其他高新技术的发展创造了更加广阔的市场。其次，传统产业只有注入新技术才能提高竞争力，提高产品的技术含量和附加值，从而得到更高层次的发展，实现自我升级。

四、实施绩效预算　推进产业升级

绩效预算以结果为导向，树立顾客主导的理念。通过考察创新绩效，构建社会创新体系，凝聚国家创新资源，推进产业创新升级。

（一）绩效预算通过考察创新绩效，实现产业创新与社会的有效回应

实现创新与社会的回应就是要建立顾客主导、结果导向的循环反馈创新模式，使社会需要、顾客要求成为创新活动的出发点，避免传统“象牙塔”内的线形单向式与市场脱钩的创新模式。图 2－1 说明了创新与社会回应机制下的绩效预算流程。从科研创新投入（比如资金、人力、

实物)，到预算执行过程（即机构运作)，到科研成果的社会评价（即对社会和公众的影响)，构成了一个因果关系链，并且创新过程、社会效果都将通过一定的反馈机制（科技投入的预算调整）对创新要素的投入产生影响。

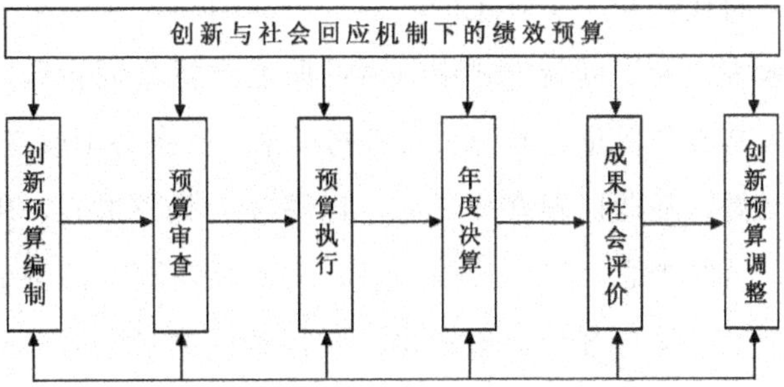

图 2－1　创新与社会回应机制下的绩效预算流程

顾客主导型创新模式，是指在顾客与创新即知识生产者的相互关系中，“消费者是发布命令者”，是起支配作用的一方，企业必须听从顾客的意见来组织创新，要根据顾客的需求与偏好，安排自己企业创新产品的研发。当代经济学者大都认定顾客主权是不可动摇的经济学原则。首先，它被认定为消费者、企业的“利己心”都可以得到满足和实现的原则；其次，它被认定为是使社会资源得到有效配置的原则，即生产者按照市场上消费者的“投票”情况和选票多少判断社会的供求关系，根据供求变动和消费动向，来检查生产的状况，并筹划安排人力、物力的使用，调整资金的投向和规模。从亚当·斯密到哈耶克，西方经济学家都把顾客主权看作是生产者（企业）和消费者都能得到效益和满足的有用概念，是市场经济理论中确定不移的原则。进入 20 世纪 90 年代以来，随着国内、国际市场竞争的加剧，科学技术尤其是高技术的蓬勃发展，顾客的主动地位更加突出，顾客逐渐成了“上帝”，企业与顾客的关系成为企业市场经营的生命线。在这种形势下，顾客对产品的使用情况、反映和要求是企业创新的直接来源和推动力；企业不仅向顾客提供产品，而且将“超值服务”奉献给顾客，这已成为全球成功企业的重要经营原则；顾客需要的重点不仅包括成本、质量，而且包括服务和时间，及时性已成为满足顾客需要的一个极为重要的指标；顾客满意战略已成为企业普遍推行的新的经营理念；产品个性化日益风行，柔性生产逐渐取代刚性生产，以满足各种顾客的不同需求。

市场经济时代公众才是真正的顾客，公众的利益应该得到尽善尽美的服务。在顾客主导型创新模式中政府的职能主要为创新提供必要的公共服务。为提高服务质量，改善公共机构形象，政府必须改变指导思想，进行企业化运做，强调以顾客为导向，以顾客为服务中心，用企业家精神转变政府人员的观念。以顾客为中心，就要强调顾客的价值，为顾客创造更多的价值，使顾客价值最大化；要打破传统服务的办法，给顾客提供更多的自由选择的机会和领域。

顾客驱动的政府要强调政府责任，做一个负责任的政府，像私营企业一样为客户负责，政府的公共责任的履行正是负责任的体现。可以说，以顾客需要作为政府管理的出发点和利益分配的终结是企业化现代政府的本质。因此，公众成为了政府管理活动服务的对象，是公共服务的消费者和顾客。这使顾客、消费者、公众与他们作为这个社会的主人、所有者具有了同一的意义。由于“权力是对公共服务供给的直接控制”，“根据公众的需要提供公共服务”成为了政府管理的应有之义。在这种关系基本定位的前提下，政府绩效预算改革所蕴涵的服务和顾客至上的管理理念强调政府管理活动必须以顾客为中心、以顾客的需要为导向；强调政府是公共服务的供给者，应增强对公众需求的回应力，更加重视管理活动的产出、效率与质量。为此，倾听顾客的声音、按照顾客的要求提供服务、让顾客做出选择的有效方法在实践中得以实行。英国公共机构先后制定了 40 多个国家级的公民宪章，几乎涵盖了所有的公共组织，公民宪章明确规定了对公众服务的承诺和要求，如地铁明确规定了正点率、清洁要求、安全要求和乘客信息服务，医疗服务机构规定出诊的到达时间要求。警察当局规定了紧急事件的回应时间要求，等等。意大利的公共服务宪章和法国的客户宪章，也具有同样的作用。目的都是将公众和客户作为政府改进服务的动力。各个政府部门或公共服务行业的公民宪章，其内容是要告诉公众和顾客，服务标准是什么，顾客如何进行申诉，如果达不到标准顾客将得到那些补偿。此外公共组织还要建立顾客申诉机制，也可建立专门的检查团来评估服务情况。美国国家绩效委员会1993年开始在所有政府部门建立顾客服务标准，到1995年共有214个联邦机构建立了服务标准。要把顾客导向作为改进政府服务的持续动力，后续的效果监督检查和信息公开致关重要，政府要定期向社会公布各类公共机构如政府部门、警察、医院等部门履行承诺的实际情况，让公众监督和选择。此外，还通过社会公益机构设立“杰出公共服务奖”，鼓励公共服务业绩优异的部门。树立顾客意识的目的，是使公共组织不仅要对权力机关和政府负责，还要得到社会公众的认可，要将公众和顾客是否满意作为检验公共服务质量和业绩的重要标准。

正是通过绩效预算改革，政府为创新所提供的公共服务促进了创新与社会的互动，政府及其部门、企业、研究机构及大学等创新主体之间的相互作用、相互影响，最终形成国家创新系统的整体。正如经济合作与发展组织在《国家创新系统》的综合性报告中所强调的，“国家创新系统探索方式强调人力、企业和学术机构之间的技术和信息交流是创新过程的关键。创新和技术发展是在系统中的种种作用者——包括企业、大学和政府研究机构——之间的复杂关系的结果”。

绩效预算改革的新理念之一就是“以结果为导向”。政府机构将需要提供公共服务的目标公布，并将目标按重要性排列，然后要明确测量这些目标，并且将这些目标量化，明确且量化的目标便于考核。以结果为导向还能使行政人员的工作过程出现创造性，有利于提高效率，节省成本。对结果考核的同时可以减少对复杂过程的关注，使考核的目标更加集中，更能简化流程，节约资源。以结果为本的预算要求“按效果而不是按投入拨款”，而按效果拨款的前提是对结果（即绩效）的科学测定。传统行政管理模式“由于不衡量效果，也就很少取得效果”。反过来说，现代预算管理要取得效果，就必须对拨款的结果进行科学的量度。

澳大利亚的政府改革是以“财务管理改进计划（FMIP）”为起点的，其目的就是要改变政府部门只重视资金投入的分配，不关心结果和产出的形象，通过绩效预算建立起对投入后效率和效果的追踪。这种预算结果的绩效追踪，最终影响了国家创新资金的分配，极大地提升了创新资金的使用效率，使政府依据创新的实际社会功效来调整创新的资金支持方向和数量。美国国家科学基金会（NSF）成立于20世纪50年代初，是专门负责推进美国科学和工程事业的一个部门。NSF对其资助项目绩效考评的模式和方法，可以作为美国科技项目绩效考评的一个突出典范。NSF将项目绩效考评指标分为三类：资助结果、内部管理和投资过程。对反映资助结果的绩效目标考评多采用定性指标，而对反映内部管理和投资过程的绩效目标考评则尽可能采用定量指标。欧盟以公共资金支持研发计划的时间较早，可追溯到20世纪70年代末期，而绩效考评的施行则始于20世纪80年代初期。主要有英国、法国、德国、荷兰、瑞士和北欧等国家。欧盟科技研发计划的绩效考评，基本是伴随着欧盟各期架构的研究计划而演进。1996年欧盟发布了“Sound and Efficient Management 2000”方案，要求开展系统性的绩效考评。其目标是促进各个计划项目的有效完成，并通过考评结果，反馈到欧盟的决策层次，以提升未来计划项目的执行成就并引导未来研究项目的方向。欧盟着重于以下五个方面考评内容：计划筛选的程序、计划管理、计划的一般特色、计划的产出和成果的扩散利用。其基本特点是，立足于从组织内部改进管理，不强调预算的重新分配。

（二）绩效预算通过新公共管理运动和社会服务创新构建了“社会创新”体系

社会制度创新是技术创新形成的土壤和条件，更为技术创新提供了保障和激励。尤其在高水平创新中，具有更大的风险和不确定，而良好的制度可以为创新提供一个稳定的创新环境和预期，从而有效地减少风险和不确定。制度还可以通过对人们偏好的影响，改变人们对不同创新路径的选择。制度能否不断创新直接决定了技术创新水平的高低。社会创新是美国当代著名经济学家和管理学专家彼得·德鲁克（Peter F. Drucker，1909）首先于20世纪80年代提出的。他在以“社会创新——管理新领域”为题的文中指出，“我们每年是否过分强调了科学与技术是本世纪变化的促进剂？社会创新——它们中极少数有归功于科学与技术的——对社会和经济也许具有更为深远的影响，实际上，它们对科学与技术本身也具有深远的影响。而管理，正日益成为社会创新的促进剂”。加拿大学者司徒·康格对社会创新作了如下定义：“社会创新就是创造新的程序、法律或者组织，它改变着人们相互之间发现发生关系的方式。它解决具体的社会问题，或使迄今为止还达不到的社会秩序或社会进步成为可能”。社会系统都是由一系列社会创新所组成的，一项社会创新，如法院、学校、县（市）政府或监狱，培育出了许多辅助的创新，从而创造出了一系列的社会系统。一个社会系统被创立出来以后，它又相对地稳定了下来，开始醉心于发展自我维持和延续的方法。这时常常需要体制外的社会创新，以打破旧体制，创立新体制。

绩效预算通过新公共管理运动，极大地推动了社会管理创新，为科研和技术创新提供了新的创新制度环境。

首先，新公共管理改变了传统公共模式下的政府与社会之间的关系，“新公共管理”站在“企业化政府”的高度上，将社会公众与政府的关系，定位为新型的“公共受托责任”关系。它认为，政府公务人员应该是负责任的“管理人员”，社会公众则是提供政府税收的“纳税人”和享受政府服务作为回报的“顾客”或“客户”，政府服务应以顾客为导向，应增强对社会公众需要的响应力。政府应广泛采用私营部门成功的管理方法和手段（如成本—效益分析、全面质量管理、目标管理等），重视竞争机制，取消公共服务供给的垄断性，对某些公营部门实行私有化，让更多的私营部门参与公共服务的供给，通过扩大对私人市场的利用以替代政府公共部门。

其次，新公共管理更加重视政府活动的产出和结果，重视提供公共服务的效率和质量。针对预算收支活动特别是支出活动的绩效评价是实现政府“企业化管理”的关键技术。绩效预算评价的引入提高了政府整体受托责任，扩大了评估政府财政状况和行政能力的信息范围，政府管理者将借助财政支出分配和使用的评价信息，制定合理的政策目标、预算和活动计划，并对具体项目和行为的可行性和合理性做出理性决策，以引导政府资源的合理流动和运行。

最后，新公共管理反对传统公共行政重既定法律法规，轻绩效测定和评估的做法，主张放松严格的行政规制，而实现严明的绩效目标控制，即确定组织、个人的具体目标，并根据对目标完成情况进行测量和评估。这种以引入市场竞争机制、提高公共管理水平及公共服务质量为特征的“新公共管理”实践，以绩效为本、结果导向的政府绩效预算改革，以公共责任和顾客至上为理念的公共预算改革策略，提高了政府公共管理和公共服务能力，提高了公共部门行政效果，降低了行政成本，化解了公共危机，实现了政府职能的再造、政府责任的落实、政府管理的改进、政府效能的提高和政府形象的改善。

绩效预算通过绩效激励，实现了社会服务创新。社会服务创新是一项复杂的社会系统工程，它涉及到社会活动的各个领域，产生明显的社会效益，丰富和改善着人类生活的内容和质量。其中政府公共服务创新是社会服务创新的重要组成部分。当代经济学认为，政府的功能是为了弥补“市场失灵”。政府以公开、公平、公正的特性，为社会提供公共产品，满足社会的共同需要，促进社会发展和进步，帮助社会中分散的个人或团体，降低沟通、协调的信息成本。政府管理就是提供公共服务，政府的存在是为了满足社会的需求，政府应该尽可能地为社会提供满意的公共物品。绩效预算所采取的以公共责任和顾客至上为理念的公共预算改革策略，提高了政府公共管理和公共服务能力，成为当今许多国家实施政府再造、落实政府责任、改进政府管理、提高政府效能、改善政府形象的一个行之有效的工具。成为“重塑政府”活动的重要内容。纵观西方国家成功推行绩效预算改革的历史进程，我们可以发现先发国家绩效改革的实践催生了现代服务型政府。

（三）绩效预算通过增加国家“粘性实力”凝聚国家创新资源

在全球浪潮中，各国中心目标是在国际市场上显得有吸引力，这迫使各国政府为施行可以给市场带来信心、吸引贸易和资本流入的政策而积极地相互竞争，结果是旨在维持市场信心的“资本流动目标”成为政策目标体系中最为紧要的核心目标。无论一个国家是否承认这一点，维持市场信心和吸引资本流入需要有良好的公共治理，而政府信息公开程度无疑是维系市场信心的重要方面。

20 世纪 90 年代以来发生的一系列全球性金融危机表明，公共部门的质量以及经济当事人对它们的信任会对市场行为产生显著的效应。失去市场信任的公共部门治理系统（public sector governance system）不仅会对国内经济增加很高的经济成本，而且会使全球经济增长达不到潜在水平。在亚洲金融危机中可以清楚地看到市场与公共治理间的关联。那些公共治理脆弱、信息相对封闭的国家在金融危机中受到的冲击最大，损失最为惨重。一国的经济发展在很大的程度上已经不单纯取决于它自身已有的实力状况，而是取决于它能否在制度导引下吸引更多的资本和技术，并以此来发展和强大自己。因为资本和技术的逐利性使其总是向高回报和相对安全的地方转移，所以制度的功能对于理解人们的经济交往具有更加重要的价值。有专家认为，凡是能使制度供给主体获得超过预期成本的收益，一项制度就会被创新，并且制度的不断创新将构成现代社会的生活水平、安全感和共同体的真正基础。

由此看来，一国经济的发达、文化的先进、社会的发展，其背后的实质就是技术的先进性和制度的创造力。而现代政府要使本国的国际竞争力得到增强，就必须使自己的制度安排与全球的经济规则相协调，增强自身的“粘性实力”①，从而获得和发展新的科学技术，进而与世界经济的发展程度和要求相契合，不断推动本国社会的顺利转型与健康发展。

① “粘性实力”是指建立能吸引其他国家地区参与的经贸体系，通过体系中游戏规则制订、主要利用资本掌控、核心技术领先、运作程序安排等关键因素，实现和确保自己的国际竞争力。

对此，绩效预算通过将竞争机制和市场机制引入政府公共服务领域，从而打破了政府独家提供公共服务的垄断地位，更充分、更广泛地利用市场力量与社会力量，降低服务成本，提高政府绩效，改进公共服务质量。建立以人为本的治国理念，结果导向的创新人才激励机制，促进了国家创新资源的自由流动，提升了国家创新力。按照“微笑曲线”，研发创新和市场渠道创新是国际分工价值链中增值最大的部分，增强国家“粘性实力”的实质就是要在国际要素流动中吸引具有研发潜力和市场开拓能力的创新人才，营造创新氛围，培养本土的企业家阶层。

首先，进入20世纪80年代，由于知识经济和经济全球化的迅速发展，市场范围、市场规模和世界生产力都获得了前所未有的增长，国际分工日益深化，国际分工已由以产品为边界的供应链分工转变为以要素为边界的价值链分工。生产的含义也由狭义的制造过程转化为广义的增值过程。在制造业领域，这种价值增值过程包括从研发、制造、销售和售后服务的各个环节；在服务业领域，增值过程更是贯穿于服务提供的全部过程。要素分工实质是在全球范围内实现资源的自由流动，实现要素价值最大化的创新整合，由传统的要素封锁转变为要素优势整合。为说明价值链中的价值增值过程，20世纪90年代初，台湾宏基集团董事长施振荣提出了由研发、制造和销售、服务三者利润两高中低所形成的“微笑曲线”（Smiling Curve）在抛物线的左侧（价值链上游），产品附加价值逐渐上升；在抛物线的右侧（价值链下游），随着产品的运作、销售渠道的建立，附加价值逐渐上升；而作为劳动密集型的制造、组装环节不但技术含量低、利润空间小，而且市场竞争激烈，容易被成本更低的同行所替代，因此成为整个价值链条中最不赚钱的部分，如图2－2所示。

由此可见，哪个国家能够吸引“微笑曲线”中实现价值增值最大化的创新人才，哪个国家就能永远保持自身的创新力。因此，在研发中，应注重以人为本的理念，尊重人们的创造性劳动特点。要吸引留住人才，一方面，给予员工优厚的工作条件、生活待遇，解除创新人员的后顾之

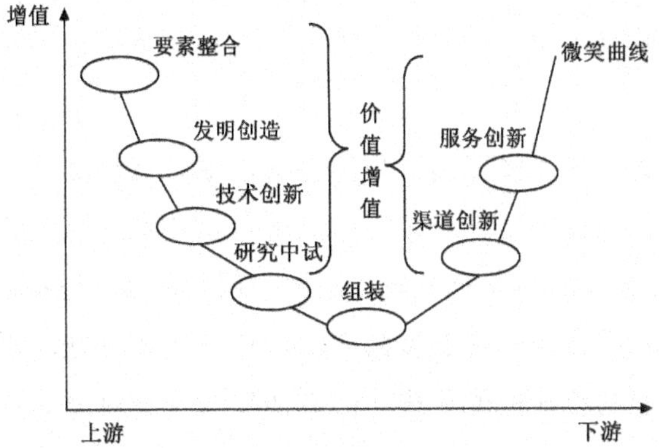

图2－2　“微笑曲线”中的创新增值

忧；另一方面，通过和谐宽松的创新文化环境感召人。培养全球化人才，建构虚拟团队。通过国际组织引进外国人才，实施全球化的研发人才引进战略。同时，建构覆盖全球市场渠道和市场服务网络，使企业随时掌握市场脉动，依据各通路客户需要，设计适当的产品，以满足其多变的需求，并就近服务客户。通过培养和引进国际化行销专业人才，布建全球行销通路据点，有效整合全球市场，提升企业创新产品的市场占有率与国际竞争力。

其次，应注重具有企业家精神的新型企业家的培养。根据M.波特的研究，生产要素可以分为初级生产要素和高级生产要素。当一个国家把竞争优势建立在初级生产要素时，这个国家通常是浮动不稳的，一旦有新的国家踏上发展相同的阶梯，也就是该国家经济优势结束之时。所以，在经济全球化竞争的背景下，创造高级生产要素显得尤其重要。企业家是与创新紧密联系在一起的。按照熊彼特的理论，企业家的职能就是创新，而创新需要“一种仅见于极少数人身上的足以说明企业家风格或企业家职能的那种资质”①。阿罗也认为，“有充分的理由相信，企业化的个人才能比企业作为一个组织的作用要大得多”②。从世界范围来

① 约瑟夫·熊彼特：《资本主义、社会主义与民主》，商务印书馆，1999年，第211页。
② K.J.阿罗：《信息经济学》，北京经济学院出版社，1989年，第157—174页。

看，企业家产生的过程本身就是一个创新的过程。自从企业家产生之后，企业家便与创新结下了不解之缘。纵观工业经济发展的历史，我们几乎很难找到不进行创新而真正获得成功的企业家。凡是真正取得成功、卓有成就的企业家，无不极富创新精神并不懈地开展创新活动。正如熊彼特指出的那样，企业家是市场经济的灵魂，企业家的职能是创造“新的组合”，实现生产资源的优化配置，因此，创新是其本质特征。企业家带着更加价廉、优质，且性能更多的产品和服务进入市场。事实上，正是这些企业家创新的特征造就了成功的企业家。社会对成功企业家的赞赏是企业家成长的“拉引”因素，其对潜在企业家具有巨大的示范和激励作用。诺斯也认为，“制度因素是企业家阶层形成的关键因素。私有产权的保障制度是极为重要的，这可以解释为什么从事长距离贸易的企业家在历史上常见于欧洲诸国，而文明程度较高的中国和印度却不多见。欧洲早年的制度安排，如私有产权的界定与保护、专利制度等对企业家的创新与财富的积聚有极大的激励”①。

第四节 构建社会普遍服务实现公共服务均等

提供公共服务是政府的基本职能，实现公共服务均等化是提升政府生产力的客观要求。而社会普遍服务就是要保障人们能够均等地享受公共服务，任何人对公共服务的可获得性以及任何人获得公共服务的公平性和可持续性。它是国家公共财政均等化、普遍化和公平化的具体体现。社会普遍服务体系的构建为社会的全面进步提供了安全底线，为社会的和谐发展提供了良好的平台，是社会复合转型顺利进行的保障，是经济

① D. 诺斯：《经济史中的结构与变迁》，上海三联书店、上海人民出版社，1994 年，第 162—177 页。

社会发展的蛙跳器。

一、政府公共服务供给的责任边界和制度安排

虽然不同的政治哲学理念划定的边界不同，政府的责任边界可以从两个层面理解，其一是政府与市场的责任边界；其二是中央政府与地方政府的责任边界。关于政府与市场的责任边界，政府在公共服务供给中的责任可以用三种模型来描述：一是“看不见的手”模型，主要主张经济自由主义，将政府职能局限于最小范围，仅充当“守夜人”角色。政府除了提供国防、治安、维持和执行合同这些最基本的公共物品外，国家不应该过多地干预社会经济活动。二是“扶持之手”模型。主要强调政府的干预作用，目的是为了纠正“市场失灵”。三是“掠夺之手”模型。该模型延续了布坎南和塔洛克等人开创的公共选择理论，认为政治家也是经济人，与普通私人没有区别。其目标都不是社会福利最大化，而是自己利益最大化。因此，政府所实行的政策和行为都可以视为政治家在追求个人利益约束下的最优选择。可以看出，“看不见的手”和“扶持之手”实际上都界定了政府的责任边界以及政府应该提供什么样的公共产品或服务，虽然各自描述的边界大小不同，但都集中在市场失灵的领域。

政府掌握着大量的公共资源，决定着政策导向与制度安排，但这并不意味着政府用全能的态度把所有事情都亲自做好。现代公共服务供给的一个重要特征是治理主体的多元化，它超越了以往政府单一主体模式，强调政府、非营利组织、营利组织等各种社会权力主体的的共同参与。公共服务供给中主要涉及两类职能：供给和生产职能。两者的区别是决定哪些公共服务可以取自市场、哪些必须由政府提供的前提，这也是进行制度安排的依据。政府的供给职能是通过提供公共物品实现的，供给职能包含生产职能。但供给职能并不必然等于生产职能由供给者本身完成。政府应该为公共服务承担必要的责任，而生产职能明确了政府可以

委托他人来替供给者具体执行服务。此外，政府的供给职能还可表现为他是公共服务的组织者、协调者与监管者。政府进行制度安排的核心就是把公共服务中供给职能与生产职能分离开，政府致力于公共服务的制度设计与安排，而把生产职能转移给专业服务生产者。

目前，政府公共服务供给的制度安排主要集中于以下模式：命令与控制模式、工商管理模式、社会化运行、市场化模式。命令与控制模式是各国供给公共服务的传统模式，主要是政府出资建立相应的机构直接生产公共服务。其管理模式主要是采用官僚制的组织体系与运行模式，中国目前的公共服务主要采用这一形式。工商管理模式是把企业的管理理念和方式借鉴到公共部门中来，吸收企业管理中的有效经验以实现政府的政策目标，目前它也是先发国家推行新公共管理运动的主要治理工具。社会化手段是指政府更多地利用社会资源，在一种互动的基础上实现公共服务目标，如社区治理、家庭自治、志愿者组织等。市场化主要是指政府利用市场这一资源有效配置手段，来达到提供公共物品和服务的目的，具体形式包括：用者付费、管制、合同外包、特许经营等。目前市场化是各国公共服务制度安排的最主要形式，它重塑了传统政府治理观点中服务供给与生产的认识理念。市场化强调公共服务是政府的“天职”，政府应该是一个供给者或称安排者，由它决定什么服务应该提供、为谁提供、提供多少以及由谁付费等。至于服务的生产完全可以通过合同承包、特许经营等市场化形式由私人部门或社会机构完成。可以说，市场化制度安排的核心是引入多种融资和供给模式，给消费者更多的选择创造竞争。但是，市场化并不是简单地将公共服务部门推向市场，追求盈利。我们在教育、医疗卫生等公共服务领域的市场化改革，实际上演变为在没有打破垄断格局下的公共服务提供部门的盈利化，反而弱化了政府责任，过分强化了公共服务提供部门的经济激励，从制度上将公共服务部门导向了追求自身利益最大化的经济理性人。哈罗德塞德曼就曾指出，“把公共目标和私人目标混在一个想要营利公司里，几乎不可能避免意味着公共责任要从属于公司目标。我们有可能制造出一种把利润私人化，而把损失社会化的体系”①。

二、深刻把握社会普遍服务体系的内涵

“‘普遍服务’一词诞生于20世纪初的美国电信领域。最初，大型电信企业的盈利目标与服务社会之间的矛盾导致政府要求电信企业在美国领土内共同承担为社会成员普及电话服务的责任；1934年，‘普遍服务’概念正式被引入政府的公共政策领域，写入立法，普遍服务目标被表述为，要使全体美国国民以合理的价格、足够的设施，不具有种族、肤色、宗教、出生地、性别歧视地享受快速、有效、遍布全国乃至全世界的有线与无线通信服务。美国政府提供电信普遍服务的目标在于保障公民参与社会交往和言论自由的基本权利，基本人权保障是普遍服务最核心的价值内涵，这一价值取向使之成为被纳入政府公共政策的基本条件。”② 社会普遍服务是指政府向公众提供具有均等性、全覆盖、公正性和可持续的公共服务。就是要使社会范围内的任何人都能够在任何地方、任何时候都平等享有人文基本权利，能以承担得起的价格享受基本公共服务，分享现代化的成果。

社会普遍服务体系的内涵主要表现在以下几方面：首先，保障全体国民的基本生存权与发展权。其次，社会普遍服务义务是由社会共同承担的，也就是说，社会普遍服务成本并非完全由政府依靠财政收入来提供，而是由政府、相关企业与社会成员以一定比例共同分担。政府应承担的最重要责任是法律制定、政策引导、制度设计、运行管理与监督方面的责任，否则，便陷入了“万能政府”的误区。当然，根据不同的普

① Harold Seidman, Politics, Position and Power: The Dynamics of Federal Organization, New York Oxford University Press, 1999 年，第 213 页。

② 李冬妍、沈雁寒、时雪燕：“社会普遍服务理念之于我国公共服务均等化的政策价值与建议”，《郑州大学学报》，第 44 卷，第 5 期，第 61—62 页。

遍服务项目的性质，成本的主要承担方及承担比率各有侧重。最后，社会普遍服务的基本目标是在不扭曲市场效率、进一步激励竞争的过程中，使社会全体成员能够共享经济发展成果，公平地获得基本的生存保障与均等的发展机会。

社会普遍服务体系有三个层次的内容：一是人文社会普遍服务体系；二是基础产业普遍服务体系；三是信息知识普遍服务体系。

人文社会普遍服务体系是构建社会普遍服务体系的落脚点，包括人的基本生存权、发展权与生产要素的自由流动权。人文社会普遍服务的主要内容包括最低生活保障体系、住房保障体系、基础教育保障体系、自由流动户籍制度等一系列旨在维护社会成员基本生存权、基础教育权、自由迁徙权的普惠制度体系。其中，人文社会普遍服务体系的核心内容是社会保障体系，因而构建人文社会普遍服务体系的核心内容就是要建立完善的社会保障体系。

产业社会普遍服务是分享人类技术和产业进步成果，推动产业升级的保障。产业社会普遍服务体系包括网络产业的社会普遍服务体系、产业网络化的社会普遍服务体系和企业社会责任体系。网络产业是指通讯、水、电等基础性的产业；产业网络化是产业升级的要求，要求产业的发展形成一个可以发挥联合作用的群体，产业集合效应；企业的社会责任要求企业根据社会的不同发展阶段在追求自身利益的同时，必须履行一定的社会责任。

构建信息与知识普遍服务体系是现代社会的要求，既包括信息的普遍服务，也包括知识的普遍服务。信息的普遍服务是指相关行为主体有权获取应该得到相关的公开信息。知识的普遍服务是指知识的扩散，知识虽然拥有产权，但是不能垄断，应该采取一定的补贴措施，扩散为社会所有。这种信息与知识的普遍服务可以减少经济活动的交易成本，形成社会资本积累机制。信息与知识的普遍服务是提升前两个普遍服务的重要途径。只有整个社会的信息与知识服务普遍了，各经济主体才能处在一个平等的地位上进行各种行为。

社会普遍服务体系的构建，是政府部门实施公共治理的发展趋向，因此，构建社会普遍服务将成为政府的最重要职能，政府自然是行动主体并发挥着主导功效。但从多年市场经济的实践来看，产品和服务的提供在竞争中的效率是最高的，能够形成量和质的双丰收，即公共领域也需要政府以外的多元主体的参与。这样既能防止垄断而造成的低效与腐败，又能最大限度地满足公众需求，从而真正实现社会普遍服务的目的。

三、制定公共服务标准　规范公共服务水平

新公共管理理论的主要特点是政府公共服务的社会化、企业化、市场化。社会化要求政府不再对公共服务具有垄断的权力，而是与企业、非政府组织，甚至公民个人在公共服务中组成新型伙伴关系，企业化、市场化就是将企业商品生产的一些做法引入公共服务领域，其中最主要的就是通过制定公共服务标准促进服务品质的标准化。任何一种公共服务，是否实现了均衡，是否满足了公众的需要，必须建立在某种衡量标准上。公共服务标准是财政理论和实践的基础和核心，是保证基本公共服务水平、范围、均等化程度的基本参照系。

公共服务标准是政府公共服务所要达到的水平、指标和要求。它的表现形式可以是一系列的行为规范，比如文明用语规范、义务教育的校车服务要求；也可以是一系列定量指标，比如养老金数额、公共服务期限、甚至公务人员电话应答时限；也可以是一系列公共责任，如公共服务承诺、公民宪章等。

（一）公共服务标准的特点

公共服务标准具有综合性、动态性以及一般性等特征。

首先，综合性。公共服务标准是一个综合性的指标体系。国外公共服务标准都是由规范化的指标、定性和定量的描述结合的完整体系。如欧洲等国的公共服务评价指标既包括投入、产出、结果、能力、效率和生产力等定量指标，也包括公平、民主、服务质量、公众的满意度等定

性指标。具体到教育公共服务均等化，不仅包括生均教育经费等财务指标，还应包括班容量、区域间教育均衡化程度，教授文化课、数学课的时间要求，单位面积接送学生的小车的数量等。

其次、动态性。公共服务标准不是一成不变的，它是一个动态的过程。公共服务均等化的实质是让每个公民在同一标准上实现机会均等。随着经济和社会发展条件的变化，公共服务标准也在不断调整。例如美国的义务教育，如果以每个孩子能入学接受教育为标准，美国早已实现义务教育均等化。如果以平等地实现学业成就为标准，那么，美国的义务教育离均等化目标还任重而道远。中国城乡区域差距较大，基本公共服务均等化的标准宜低不宜高，可以先考虑以解决弱势群体的最基本保障为标准。

再次，一般化、低水平。所有公共服务项目只提供最低水平的、标准化的服务，由政府付费的教育、医疗、保险等。公共服务都是一般化、保障性服务，特殊化、较高层次的需求只能通过市场或其他途径去获得。如在美国义务教育阶段，较高水平的教育、个性化的教育只能通过私立学校去实现。较高的医疗服务只能通过市场购买达到。

（二）公共服务标准对公共服务均等化的作用

政府公共服务标准与公共服务均等化是手段和目的的关系。制定公共服务标准的目的，除了提高政府效率的考虑之外，还需要通过标准的制定，规范政府公共管理作为公共服务均等化的标准，最终达到公共服务均等化。

第一，通过公共服务标准，促进公共服务能力的提高，为均等化创造条件。政府公共服务能力是政府在提供公共服务时所具备的内部条件和内在可能性，即地方政府在提供公共产品和服务时所拥有的能量、资源，包括地方政府所拥有的人力资源、财力资源、权力资源、权威资源等。同样的公共服务投入，不一定产生相同水平的公共服务。通过制定公共服务的标准，促进公共服务能力的提高，进而达到均等化的目的。

第二，增强公共服务的规范性。政府公共服务的提供与企业产品或服务的提供的共同之处在于，两者都将追求品质、改善品质、提高品质作为其改革和发展的目标。尽管全面质量管理在政府公共部门的实施有一定的困难和限制，但先发国家的经验表明，政府公共服务的全面质量管理，将全面质量管理的管理理念和原则与公共部门公共服务的精神相结合，成为大幅度提升政府绩效和政府公共服务品质的有效途径和工具。

第三，公共服务标准是财政转移支付的计算依据。财政转移支付的依据主要是政府基本公共服务的范围和标准、收入水平等，公共服务的标准是制定转移支付数额的基础。

四、设立社会普遍服务基金　实现公共服务均等化、同质化

社会普遍服务不仅需要法律与制度保障，而且需要有强大的资金支持，以对普遍服务的成本进行补偿，因此，需要设计切实可行的支持机制。在实施普遍服务的过程中，有多种筹资模式可以运用，如政府税收、交叉补贴、普遍服务基金等，各种方案都有其优势和不足。表 2－1 对各方案进行了比较。

表 2－1　　　　普遍服务筹资模式比较

筹资方式	优　点	缺　点
交叉补贴	旧体制下盛行的传统做法，有长期的国内外操作经验	阻碍竞争者进入被补贴市场，导致效率低下
重新平衡费率	增加高档次业务收费，降低低收入者费率等可直接使低收入用户受益，刺激普及率的提高	使价格背离价值规律，因为用户收入水平的高低与业务成本的高低之间并没有正相关关系
税收政策	依赖财政税收解决普遍服务基金，实行累进制的收入税或税率递减的销售税都有利于公平目标的实现	在目前的宏观预算条件下开发类似的新税种难度会非常大
许可证条款	管理简单易操作，透明度高，被广泛使用	对新运营商造成负担；只能保证一次性资金收入，缺乏稳定的现金流

续表

筹资方式	优　点	缺　点
政府补贴	针对性强，计划性强，可对最困难地区提供直接帮助	甄别困难，对促进竞争不利，缺乏公平性，易形成依赖倾向
普遍服务基金	透明度高，公平合理，有利于竞争，可以做到定向定量的补贴，被广泛使用，实践证明效果较好	需要专门的机构，基金运作成本较高，基金收缴额的计算和补贴额的确定较复杂

实现普遍服务并没有一种绝对好或差的方法，各国应根据不同时期国情，来选择对自身发展最有利的组合方式。在大部分国家普遍服务诞生之初，尤其对具有自然垄断特性的网络产业普遍服务而言，交叉补贴机制是最常用的支持机制。尽管有多种模式可供选择并交互使用，但以普遍服务基金为核心的普遍服务筹资体制已经被越来越多的国家所认可。

普遍服务基金是为支持普遍服务的实施而设立的政府性基金。普遍服务基金要求某行业内的所有企业都按照一定方式出资，同时，所有提供普遍服务的企业都有资格从普遍服务基金中获得成本补偿。从理论上讲，普遍服务基金提供了更广泛的税收基础，并且可以减少企业只从事营利项目的服务的可能性。

普遍服务基金的优势在于：一是普遍服务基金由所有服务业务经营者分担，体现了市场经济下的公平原则；二是普遍服务基金以服务收入为征收基础，符合普遍服务技术中立、竞争中立的原则，普遍服务基金的管理成本和管理难度相对较低，在运作上更符合 WTO 对普遍服务管理透明性要求；三是建立普遍服务基金可以用来鼓励承担普遍服务的公司向服务网络未覆盖的区域扩张网络，提高本国整体的普遍服务水平。

对社会普遍服务基金的征集就产生了对社会普遍服务基金管理的需要，政府作为普遍服务体系的建设者，理应成为普遍服务基金最重要的管理者。但由于普遍服务基金结构复杂，从效率角度考虑，由民间组织来参与管理也是必要的。依据政府在普遍服务基金管理中的地位和作用程度，普遍服务基金管理的模式分为以下两种：

第一种是政府集中型基金管理。政府通过财政部门、公共服务主管部门等来行使管理职责，并将基金的收支管理作为重点。政府对普遍服务基金管理的方式与内容主要有预算管理、财务监督、投资管理三种。

第一，预算管理。政府预算管理是普遍服务基金管理中最为重要的组成部分，普遍服务基金预算管理方式主要有两种。一是基金预算。基金预算有两种形式：一种是与国家财政保持相关联系的基金预算，以基金的形式来反映普遍服务的财务状况，并独立于政府公共预算之外单独编制；另一种是与国家财政完全独立的基金预算。二是政府公共预算，这是福利国家通常采取的基金管理模式，即将普遍服务基金全部纳入国家财政预算内，同政府其他收支混为一体，由政府直接控制着普遍服务事业的发展。

第二，财政监督。政府财政部门、审计部门与普遍服务主管部门对普遍服务基金的运行全过程都实行财务监督，确保基金的安全运行。这种管理主要通过日常监督与定期或者不定期审计来实施。

第三，投资管理。对于可供运营的普遍服务基金，为减少投资风险、政府应当对基金的投资实行较为严格的管理，包括制定相应的规则，严格挑选优质的投资机构，对投资过程进行严密监控。

第二种是私营竞争型基金管理。私人通过竞标方式取得对普遍服务基金的管理权，成立专门的基金管理公司，政府部门只起一般监督作用，或者委托已有的社会基金管理团体管理。这些都是政府集中管理之外的普遍基金管理方式。实践表明，私营竞争型基金管理是一种有效的管理手段，根据中国的具体国情，在设立普遍服务基金之后，中国可以由两个机构作为普遍服务的管理机构，即由社会保障部、信息产业部负责相应普遍服务项目在全国范围的政策制定和督导。具体的普遍服务项目管理和基金管理工作则由一个专门的非营利性公司——普遍服务管理公司来承担。

第五节　实施绩效预算改革提升政府治理绩效

预算方式的不断变革将不断推动政府绩效的提升，提高政府生产力，同时也提升了一个国家的竞争力。从国际实践来看，政府在国家竞争力的提升中起着至关重要的作用，这些作用是通过预算的资源配置作用来实现的。因此，整个社会改进政府绩效的要求是预算理论和预算方式不断变革的根本动力。

一、深刻剖析政府绩效的内涵

由于政府的公共部门性质，政府的绩效不是简单地体现为对于效率的追求，其业绩、成就和影响的核心问题应该是公共责任的实现程度与效果。因此，运用“绩效”概念衡量政府活动的效果，更应包括着政府成本、政府效率、政治稳定、社会进步、发展预期等。

根据政府部门自身特性与运行模式，政府绩效可以分为经济绩效、政治绩效和社会绩效。

第一，经济绩效。经济绩效表现在保障经济模式不同创新的可持续发展上，即国民经济不仅仅在量上扩张，而且在结构合理的前提下有质的提升，良好的经济绩效还包括经济可持续发展程度较高、政府能供应推进经济与社会协调发展的宏观经济政策。政府绩效体系中，经济绩效是政府绩效的主要内涵和外在表现，在整个体系中发挥着基础作用。没有经济绩效，社会绩效和政治绩效就会缺乏物质支撑，社会绩效和政治绩效也不会持续。

第二，政治绩效。在市场经济条件下，政治绩效表现为制度安排和制度创新。市场经济游戏规则或社会秩序的供应是一种政府制度安排和制度创新。市场经济游戏规则或社会秩序的供应是一种政府制度安排，这是政府的核心能力之一。政府制度安排的能力越强，政治绩效就越容易体现。政治绩效是整个政府绩效的中枢和核心，实现经济绩效和社会绩效需要政治绩效作为法律和制度的保证和保障。政治绩效也是政府决策、政府行政的直接结果。

第三，社会绩效。社会绩效是经济发展基础上的社会全面进步。社会全面进步内涵丰富，包括人们生活水平的改善和生活质量的提高；社会公共服务供应及时到位，社会治安状况良好，人们安居乐业；社会和谐有序，社会群体、民族之间没有明显的对抗和尖锐的冲突。社会绩效是政府绩效体系中的价值目标，没有社会绩效，经济绩效就没有实现的意义和价值，政治绩效会失去社会基础。

政府绩效体现在政府行政管理的每一个层面和领域。这种绩效既不是政府短期投入的回报，也不是政府终端产品的积累，而应该是较长时期经济发展、社会进步、政治文明的总成果。

二、建立衡量政府绩效指标体系

政府的多元价值目标决定了政府绩效评估的指标体系也必然是多元的。主要包括政治指标体系、经济指标体系、社会指标体系以及科教文卫指标体系四大类，在此基础上对每个指标进行细化，并根据不同的层级、不同行业、不同部门给予指标以不同的权重进行综合。

政治指标体系是公共行政部门绩效评估的一个重要方面，这是由公共行政部门的自身特性所决定的。主要包括以下四项内容：一是合法性，指大众对权威的自愿认可状况。公共行政部门的合法性是一个决定其存在与否的支点性问题。二是监督机制，要确保公共权力不异化为个人投机资本，建立科学的监督机制是不可或缺的。三是回应性，政府的回应性必须基于“代表性”、“政治回应”、“责任”等，政府需要及时了解公众的需求并努力提供应有的公共服务。四是程序公共规范性。对程序的把握主要从三个方面进行：程序的建构状况，程序的遵守状况，违反程序的责任追究机制。

经济指标体系是政府绩效评估的根本，经济是社会发展的基础，各方面事业都需要雄厚的财力支持。包括以下五个指标体系：一是国民经济指标，如GDP总量、人均值及其增长率指标，这些是综合性经济增长指标。二是产业结构，没有一个合理的产业结构同样不会有良好的经济发展基础。三是通货膨胀率，从经济发展的稳定增长而言，不仅要有一个稳定的增长率，同样要有一个稳定的发展环境，而通货膨胀率则很好地反映了经济发展的健康水平。四是就业率与失业率。就业率不仅关系到经济的繁荣，而且关系到社会和政治的稳定。

社会绩效指标体系是政府绩效体系的价值目标，社会稳定和全面进步是社会绩效的主要内容。没有社会绩效，经济绩效指标就没有实现的意义和价值，政治绩效指标会失去社会基础。社会绩效指标体系主要包括：一是人均收入及其增长率。人均收入直接反映一个地区居民生活水平，它的增长率则直接反映了该国居民生活水平改变的幅度。二是基尼系数。一个国家、一个社会的贫富差距程度是一个社会稳定程度的重要表征，而维持社会的稳定是一个政府不可推卸的责任。三是社会保障实施情况。社会保障的责任首先是国家和政府，可以用养老保险金、失业保险金和医疗保险金的筹集率、最低生活保障金的发放率等来评估政府的社会保障工作。四是社会治安情况。预防和控制违法犯罪，确保公共安全，把刑事案件发案率或犯罪率作为测量社会治安状况的主要指标，这几乎成为世界上的通例。五是生态环境。环境保护是中国的基础国情之一。衡量此方面的指标主要是森林和植被覆盖率、水土流失面积、温室气体排放量、垃圾回收利用率、污水处理率、城市环境指数等。

科教文卫指标体系主要考核政府维系社会不断发展的基础性条件，主要包括：一是科技发展水平与进度。推动科学技术的不断进步是各级政府的职责所在，可以用科研成果的数量和质量来评估政府科技工作的成就。二是教育发展水平。教育是提高国民素质的必要手段，对于促进人的全面发展、增强综合国力具有关键作用。教育发展的状况可以用教育经费占 GDP 或财政收入的比重、大学教育普及率、适龄儿童入学率、扫盲率或成人识字率等指标来衡量。三是文化事业。健康、积极的文化生活可以提高生活质量，提升一个地区的品位，可以用居民的文化消费比例、广播电视覆盖率、报刊发行量、公共图书馆和博物馆的数量等来衡量。四是卫生和防疫。卫生和防疫工作关系到人民的身体健康和生命安全。尤其对于当前突发性事件频发的状况，卫生与防疫工作更是政府的重要职能之一。可以用死亡率、平均预期寿命、医院数量（条件和等级）、乡村卫生院和医疗点的覆盖率、传染病、职业病、地方病和重要疾病的发病率等来衡量。

三、实施绩效预算　构建“效能型政府”

绩效预算作为一种全新的预算模式，直接将国家的战略目标和部门的具体目标结合起来，贯穿到预算编制和执行的全过程。这对提高资源的配置效率和政府绩效，进而对提高国家竞争力都有重要的战略意义。

绩效预算决定了一定时期内政府在经济管理活动中的角色和职能。在市场化条件下，根据社会发展要求和公众需要提供公共服务成为政府最重要、最广泛的职能和最根本的任务；政府公共部门的角色也就是公共服务的供给者。确定政府职能范围内管理活动的绩效目标，也就是确定政府提供公共服务的质量和价格标准，以保证政府无法利用提供公共服务的机会谋取不正当的利益，增加顾客选择的机会，更好地满足顾客需要，提高公共服务质量。这就需要打破原有政府对公共事务管理与公共服务供给的垄断，采用合同出租和非国有化等多种形式，把原先由政府垄断的部分职能市场化，由市场企业主体通过竞争来提供；或者通过合同与政府采购等形式，以竞争招标方式交由社会承担。

绩效预算所包含的重塑政府角色和界定政府职能为公共服务供给部

门（包括政府公共部门、私营部门和非营利部门）展开竞争、创造市场动力、利用市场机制解决政府管理低效率问题提供了有利的途径。绩效预算作为改善政府公共部门与公众的关系、加强公众对政府信任的措施，体现了服务和顾客至上的管理理念。政府角色和职能的重新界定，促使政府管理所隐含的政府部门的基本运行方式、政府与市场和公众之间关系基本定位发生改变。政府公共部门与公众之间的关系由治理者与被治理者之间的关系变为了公共服务的提供者与消费者、顾客之间的关系。政府公共部门行使公共权力主要是为了实现公共利益、有效提供公共服务和主动为公众谋福利。公众成为了政府管理活动服务的对象，是公共服务的消费者和顾客。这使得顾客、消费者、公众具有了同样的意义。“权力是对公共服务供给的直接控制”，使“根据公众的需要提供公共服务”成为了政府管理的应有之义。

跨年度预算是绩效预算的重要特征之一。欧美先发国家通过绩效预算，高度重视财政与经济的联系，谋求预算指标能与经济发展的形势和要求相一致。因此，其内容既包括财政收支，也包括宏观经济形势的分析预测及实现经济与财政协调发展的政策措施。如根据有关法律要求，德国的五年财政计划不仅要列明预计的各种支出的规模与构成，以及由整个经济能力的发展决定的抵偿各种支出的可能性，而且要测算出各计划年度的经济增长率、失业率、物价水平及消费、投资、进出口等一些重要的经济社会发展指标，以作为测算政府财政收支的依据和作为私人投资与消费决策的参考。法国在 1999 年到 2002 年的财政计划中，对经济运行前景分别按照乐观和谨慎两种可能性作出了详细的分析预测，测算出了主要经济变量的变动趋势，并据此制定出了减少财政赤字和减少税收的具体措施，从一定程度上减轻了经济的波动，为市场经济的微观主体创造了良好的运行环境，从而增强了国家的竞争力。

就美国的实践来看，绩效预算改革的确支持了 20 世纪 90 年代美国新经济的发展，遏制了支出扩张趋势，提高了公共部门的效率，有力地推动了以绩效和结果为本的重塑政府运动的开展。

第一，推行绩效预算是建立公共财政体制、强化绩效评估和构建效能政府的重要基础。为了适应财政支出规模日益扩大、公众对政府公共服务水平不断提高、财政资金更多地向公共服务倾斜的新形势，必须在增强财政保障能力的同时，更加科学地运用好财政资金，提高财政资金的使用效益。绩效预算作为结果导向型的预算，要求政府各部门获取财政资金应取决于其履行职能的结果和效益，通过绩效评估体系，从质和量两个方面评价政府及其部门履行职能的实现情况。这从根本上要求政府及其部门切实转变职能，实现权力与责任的对等，提高行政运行效能，从而有利于降低政府提供公共服务的成本，最大限度地满足公共需求和经济社会发展的需要，促进财政支出效益和政府公共管理水平的提高，也有利于建设效能政府。

第二，推行绩效预算是改进我国部门预算管理的必然要求。中国自2000 年开始推行部门预算改革，虽然取得了显著成绩，但仍存在不少问题。主要表现为：（1）编项目，争经费。各政府部门在编制年度预算时，为能争取到经费，在本位利益的驱动下，过分强调本部门工作的重要性，而不顾实际的财政能力，很少考虑到整个政府的可用财力情况以及经费的使用效益。（2）“批条子、拍脑袋”。由于地方政府财政供给能力十分有限，为提高财政资金使用效率，必须对已申报的项目进行合理选择与排序。但是，目前不同项目之间缺乏可比性，容易导致项目选择与安排的随意性。在实际项目排序过程中，真正考虑效率的项目不多，“批条子、拍脑袋”定项目的现象仍然比较普遍。（3）只支出，无评价。由于我国长期实行收入按类别、支出按功能汇总和编制的预算，在绩效评价方面的实践较少，对预算资金的绩效评价工作基本没有到位，预算支出中的追踪问效也不到位。而实施绩效预算改革，既可打破常规性分配框架，将财政资金分配与绩效紧密结合起来，运用更加科学的分配标准、方法和绩效评价来确定支出预算，根据工作绩效来执行预算。因此，推行绩效预算改革是完善部门预算管理的重要举措。

第三，推行绩效预算是改善中国预算支出不合理的有力措施。中国目前的财政预算在支出方面存在着诸多不合理的严重问题。第一个问题是预算支出膨胀，突出表现为：一是法定支出项目多，如有些专门法（农业法、教育法、科技法等）就规定该部门的财政投入应达到财政收入的某一比例或规定了一些部门的财政支出应达到的增长规模，而这些法律规定的比例加在一起，很可能超出财政支出的承受能力，使财政不堪重负；二是各部门热衷于搞建设，上项目，唯恐自己的项目标准低、投资少，不能引起领导的重视，于是无限扩大项目的规格和造价，以尽可能获得最大规模的财政拨款，从而增加了财政的负担；三是机构膨胀，冗员充塞，影响了政府机构的办事效率，造成大量资源的浪费。第二个问题是预算支出低效率。目前，重支出、轻管理，对财政资金的使用效益无考核制度，财政资金使用效益低下尤为突出。一方面，财政投资领域中存在大量的低效、浪费和腐败现象；另一方面，中国政府的一些重要公共支出领域包括医疗卫生、教育、扶贫、基础设施和环境保护等资金不足，而且资金在使用过程中被截留、挤占、挪用等现象也时有发生。绩效预算作为一种以追求效益为目的的公共支出预算模式，要求阐述和明确请求拨款所要达到的目标，为实现这些目标而预计所需的成本，以及用量化指标来衡量其在实施每项计划的过程中所取得的成绩和完成工作的情况。这也就强化了部门使用预算资金的责任，大大提高了资金的使用效益，有效避免了资金的流失以及资金使用的盲目性，抑制了财政支出的无限制膨胀，降低了公共产品及服务的成本。因此，要改变中国预算支出不合理的现状，提高财政支出效率，只有推行绩效预算改革。

第四，推行绩效预算是强化中国预算约束力的有效手段。目前，中国许多部门年度预算的约束力严重弱化，缺少权威性和严肃性，随意支出现象比较严重，究其原因就是不重视预算执行过程中的绩效评估。而绩效预算的核心，是建立起一套能够反映政府公共活动绩效的评估体系。在绩效预算制度下，一个单位的预算是根据其所要完成的任务而制定的，并通过一系列客观指标来衡量，并不是由各单位自己说了算。因此，绩效预算能有力增强国家对各政府部门预算的约束力。这样一来，既能理顺预算分配关系，又可以规范预算单位的各项活动，使预算从编制到执行，都有一种较强的机制来约束和维持，从而减少人为因素的影响。

第五，推行绩效预算是中国政府管理理念的一次革命。中国目前的财政预算体制与国际上先发国家的绩效预算还存在很大差距。绩效预算将政府预算建立在可衡量的绩效基础之上，强调结果导向，或者说强调责任和效率。绩效预算增强了预算资源分配与政府部门绩效之间的联系，有助于提高财政支出的有效性。绩效预算强调公众对政府提供公共服务的质量和成本的关注，也有助于促进政府决策程序的规范化和民主化。

第六，推行绩效预算有利于充分调动各部门工作积极性。传统预算是按经验标准进行资源分配的，也就是根据政府各部门的人员和承担的工作任务来分配预算。随着各项事业的不断发展，各部门业务量也随之变化。为完成工作任务，各部门只好通过不断地调整预算来解决经费的供需矛盾，而资金使用效果的好坏与其单位考评没有直接联系，这在很大程度上挫伤了部门工作的积极性。绩效预算可以通过将部门经费与工作绩效挂起钩来，有助于强化政府部门的责任。绩效预算还赋予了部门最大的预算执行权，有利于政府部门按照成本效益原则优化资源配置，提高财政资金的使用成效。所以，实施绩效预算，能有效地改进中国政府的管理模式，这是财政预算管理体制上的一场变革，更是行政管理理念上的一次革命。

第三章 构建政府会计体系 夯实绩效预算基础

绩效预算从提高资金使用效率、提高政府服务效率的目的出发，主张建立可以测量的绩效指标体系，用以考核政府资金的使用效率和效果。会计是对经济交易或事项进行连续、系统、综合地核算和监督的管理活动，其最主要的职能是为不同的信息需求者提供其经济信息。绩效预算与政府会计密不可分，前者是对政府经济活动效率和效果的考核，后者是经济活动信息的载体。政府会计信息是绩效预算考核的具体内容，有效的考核必须以获取真实、全面的信息为前提，而建立能够提供满足要求的经济活动信息的政府会计体系则是实施绩效预算的保障。20 世纪 80 年代以来，很多国家纷纷针对公共管理环境的重大变化进行了政府会计改革，取得了巨大成功。在这些改革实例中，发展较早的企业会计往往成为了政府会计的重要借鉴。

第一节 把握政府会计规律 促成政府会计体系

从作用的角度，会计可分为财务会计、管理会计两大类，其中管理会计包含预算和成本两方面。财务会计注重对外报告，管理会计的首要职责是协助主体进行内部管理。按照不同的会计主体，会计又可分为企业会计与政府会计，是两个平行的会计分支。不论是企业会计还是政府会计，其具体运用方式和方法都存在着大量变体。但作为一门科学，会计有其本质。尽管各国政府之间在性质上有很大区别，但政府的基本职能应是相同或相似的，对社会公众都负有广泛的受托责任，包括政治的、经济的和社会的，以及财务的和非财务的①。通过对政府会计目标、政府会计主体、政府会计基础等一般性问题的研究，把握政府会计的本质，即其内在规律性，能够促进科学合理的政府会计体系的形成与发展。

一、确定政府会计目标

政府会计目标是指政府会计所要达到的目的，是政府会计的根本任务和最高使命。确定政府会计目标是政府会计改革需要明确的首要问题，是构建政府会计体系的逻辑起点。只有合理确定政府会计目标并始终以之为运行原则，才能最大限度地释放府会计的正能量。

（一）政府的利益相关者理论

利益相关者理论是企业管理的研究成果。该理论认为，企业的经营管理者在从事管理活动时，应当综合平衡各个利益相关者的利益要求。

---

① 李建发："从中美政府会计的差异看我国预算会计改革"，《会计研究》，1997 年第 2 期，第 41—45 页。

传统的企业管理以股东价值最大化为目标。与之不同的是，利益相关者理论把公司的发展与全部利益相关者的利益联系起来，企业追求的是相关者的整体利益，而不仅仅是某些主体的利益。美国管理学家爱德华·弗里曼认为："经济价值是以改善所有人的状况为目的而自发地聚集在一起的团体和个人共同创造的。"[①] 利益相关者一方面受企业活动的影响，另一方面又共同影响着企业活动。

对于企业而言，利益相关者既包括股东、债权人、员工、顾客、供应商等交易伙伴，也包括政府部门、媒体、环境保护组织等社会团体以及当地居民。这些利益相关者有的是企业活动的经济来源，有的向企业提供生产资料或劳务，有的监督、管理和约束企业行为。企业的经营决策必须考虑他们的利益或接受他们的约束。

1981 年，美国学者将利益相关者理论引入政府会计和财务报告目标的制定中。在美国两个政府会计准则委员会的概念框架项目中，确定财务信息的使用者是第一步。1987 年美国政府会计准则委员会（Governmental Accounting Standards Board，简称 GASB）确立了州和地方政府外部财务报告的三大类使用者群体：选民和纳税人，立法机构和监督委员会，以及投资者和债权人。1993 年，联邦政府会计准则咨询委员会（Federal Accounting Standards Advisory Board，简称 FASAB）界定的联邦财务报告使用者包括管理层（高层官员）、项目经理以及人民和国会[②]。美国政府会计的上述界定主要针对外部财务报告，即针对政府外部信息需求者。会计信息的使用者不仅仅存在于外部，内部使用者为了作出正确的经济决策，对会计信息也有着强烈的需求。正如企业员工与企业利益息息相关一样，政府内部管理者与政府存在着紧密的利益相关关系。在研究政府会计的目标时，应当对利益相关者理论进行适当的发展，既

---

① R. Edward Freeman, Andrew C. Wicks and Bidhan Parmar. Stakeholder Theory and "The Corporate Objective Revisited" [J], Organization Science, Vol. 15, No. 3 (May - Jun., 2004), pp. 364 - 369.

② 陈立齐：《美国政府会计准则研究》，中国财政经济出版社，2009 年，第 26—27 页。

关注外部信息使用者的信息需求，也不能忽视内部管理者的地位。

利益相关者理论追求的是全部利益相关者整体利益的最大化。同样，政府是社会发展的调节者，其责任在于使社会公众利益最大化，“偏袒”任何一方都是不合适的。政府应当在全体利益相关者的博弈中寻求平衡，采取对整个社会最为有利的措施。一般而言，政府的利益相关者包括：经济收入来源：纳税人、债权人、捐赠者、有偿公共产品的消费者；政治权力来源：选民；政府生产要素提供者：政府雇员、承包商或供应商；政府权力制衡组织：立法、监察机构；社会监督力量之所以进行区分，是因为不同类别的利益相关者获取政府信息的出发点不同。

（二）政府会计的理论目标

会计作为经济活动信息的载体，应当满足信息使用者的信息需求，提供信息使用者所需的信息就是会计的目标。关于信息需求的观点分为决策有用观和受托责任观两种。决策有用观是美国财务会计准则委员会（Financial Accounting Standards Board，简称 FASB）的创新，“财务报告应该提供有利于现存的、可能的（潜在）投资者进行合理投资、信贷决策的有用信息”①。决策有用观认为，会计存在的目的是为信息使用者提供有用的信息，从而帮助他们做出经济决策。

受托责任观认为，会计应主要反映管理者对委托人委托其保管的资产的保值、增值责任的履行情况。针对企业会计，会计学家葛家澍将受托责任观的基本内涵概括如下：

第一，委托代理的存在是受托责任观的基石。在委托代理关系下，受托方接受资源投入方的委托，将承担起合理管理和运用受托资源，使之在保值基础上实现增值的责任。

第二，受托方承担如实向委托方报告和说明履行受托责任的过程及其结果的义务。

第三，随着公司治理内涵的丰富和外延的扩大，公司的受托者还承

① FASB，SFAC. No. 1 “Objective of Financial Reporting by Business Enterprise”，1978. 12.

担着向企业的利益相关者报告社会责任情况的信息[①]。

政府会计应具备双重目标：一方面满足决策有用的需求，另一方面反映受托责任的履行情况。从宏观角度看，决策需求和受托责任要求总是同时存在：政府经理人需要准确的经济活动信息以做出适当的决策；纳税人和债权人需要真实全面的财政收支信息来监督政府行为。从微观角度看，一个信息使用者可能同时存在不同的信息需求。例如，大多数选民都是纳税人，他们既关心缴纳的税金是否得到恰当的使用，也需要对政府执政能力形成判断。因而，会计信息决策有用的要求与反映政府受托责任的要求密不可分。政府会计作为财政活动信息的主要来源，担负着对政府利益相关者的决策有用责任和受托责任。

决策有用观要求政府会计为信息使用者提供有用的经济活动信息以有助于其决策。这里的信息使用者既包括政府外部利益相关者，也包括政府内部人员。受托责任观要求政府会计具有反映公共部门经济受托责任履行情况的能力。随着经济日益全球化和世界文化的持续融合，政府会计信息使用者呈现越来越多样化，涉及范围也越来越广泛的趋势。就像现代化企业更加重视社会责任一样，对政府受托责任的要求也不再仅仅来自于一国公民，国际社会对政府会计的优化和改革起着越来越大的推动作用。

政府绩效管理需要有全面的信息作为决策依据，其中最重要的就是反映财政资金（超出目前一般意义上的纯预算资金）运动的信息，以及与上述资金运动相关的非财务信息，如政府担保、政府对某些事项的承诺等[②]。因此，政府会计是政府绩效管理获取信息的重要渠道。

（三）政府会计的现实目标

决策有用和受托责任是政府会计的理论目标，也是最高目标。把理论目标现实化能使其具有更强的实际指导作用，也更易于理解。政府会

---

① 葛家澍、杜兴强等：《会计理论》，复旦大学出版社，2005 年，第 167 页。

② 戚艳霞、王鑫、赵建勇：“权责发生制、会计透明度和政府绩效管理”，《财政研究》，2008 年第 5 期，第 60—62 页。

计是公共财政管理的抓手，其目标与公共财政的特征密切相关。根据财政学者的研究，公共财政除“公共性”和“非营利性”两大基本特征以外，还应具有法制化、绩效化、透明化的特征①。一方面，建立在“社会契约论”与“经济人”假设上的公共财政要靠法律来约束；另一方面，有意义的经济活动通常需满足成本效益原则，即产出和投入的配比关系符合经济性、效率性和效果性；同时，透明化特征使得公共财政受到更多监督，反之又会促进法制化和绩效化进程。

政府会计的现实目标可以从三个方面来把握：

一是合规性目标。委托代理理论认为，由于委托人与代理人的目标不一定完全一致，代理人很可能会以牺牲委托人利益为代价来实现自身利益或效用最大化。政府与纳税人存在委托代理关系，纳税人是公共资源的委托人，政府是其代理人；上下级政府间也存在委托代理关系，一级政府将公共资源委托给下级政府，下级政府成为代理人。各国实践表明，政府下游代理人通常会利用公共权力而滥用、浪费公共资源，产生“道德风险”②。合规性目标意味着政府会计是财政资金控制的一部分，强调资源的取得和使用应当符合预算及其他控制标准的要求。

二是效率性目标。要建立科学、合理的绩效评价机制，离不开完善的政府会计体系。比如，评价某个财政项目的可持续性时必须由政府会计提供该项目成本和收益的信息；设定某种公共产品的价格时需要政府会计对相关费用进行核算、确定单位成本。政府会计的效率性目标旨在建立一个有效的政府会计体系，为实现财政绩效化目标提供实质性信息。传统的政府会计是以收付实现制（又称现金制）为基础的，该基础下的政府会计存在片面强调财政收支管理的缺陷。随着民众对公共部门绩效的诉求越来越大，政府会计应能提供更多的资产、负债、收入、费用以

---

① 路军伟：“公共财政视角下政府会计的目标与改革”，《当代经济管理》，2010年第1期，第93—96页。

② 路军伟：“我国政府会计改革取向定位与改革路径设计——基于多重理论视角”，《会计研究》，2010年第8期，第62—68页。

及产出、成本信息。因此，引入独立于预算管理之外的政府财务会计和成本会计，是政府会计改革中的关键动议。

三是报告目标。会计信息的报告是解除决策有用责任和受托责任，尤其是外部决策有用责任和受托责任的唯一途径。政府利益相关者判断政府是否履行了其责任的前提是获取信息。政府应当采取适当的形式进行报告。比如，作为理性“经济人”的选民，他们希望选出代表自己利益执政者，但投票要付出成本，特别是信息搜集成本。如果成本过大，选民就会放弃自己的选择权，政府的决策有用责任也得不到解除。报告目标还能反作用于前两个目标，即在更高的透明度压力下，政府有更大的动力规范自身行为，提高活动效率。

（四）建立三位一体的政府会计体系

政府预算从传统的投入预算转向绩效（产出）预算，其最大的变化就是突出了对更完整、更可靠的成本与绩效信息的需求。这就要求有相应的会计系统，能够保证绩效信息与财务信息的完整性和可靠性，实现预算与绩效的直接连接①。保证政府经济活动合规且有效率，不仅要关注财政资金收入和支出的过程，也要关注收支过程所形成的累积结果，还要关注某项产品或服务的具体成本。政府会计体系应当包含预算会计、政府财务会计和政府成本会计，形成三位一体的政府会计体系。

1. 预算会计

预算会计是对财政收支活动的确认、计量、记录和反映。完善的政府会计体系能够全面反映政府的财务状况、营运绩效和现金流量，但反映财政收支信息仍将是其中的一项重要内容。预算会计的作用是记录和反映财政收支信息，跟踪预算执行情况，防范舞弊贪污行为，保持财政资金的安全完整。绩效预算通过把预算与绩效挂钩的机制，将资金优先投入到效益高的项目上。理想的预算会计好比政府现金活动的“影子”，密切跟踪现金出入，防止道德风险等原因导致的资金流入流出与预算不

① 赵合云：“绩效预算改革引入权责发生制政府会计的有效性分析——基于制度关联性的视角”，《中央财经大学学报》，2009年第5期，第7—11页。

符情况的发生，从而更好地发挥“绩效”，优化预算配置的作用，维护政府终极委托人的利益。

2. 政府财务会计

政府财务会计是对政府全部活动的经济的、综合的核算和反映。政府财务会计信息以单笔事项的确认和记录为起点，经过有机的加工和整理，产生出高度综合的政府财务信息。政府财务会计系统应以满足政府财务管理需要为主要目标，充分揭示政府整体的财务状况、运营业绩和现金流量，全面地反映政府控制的经济资源、承担的债务和发生的成本。与预算会计关注现金流动的“短期视角”不同，财务会计更加关注经济活动的累积影响。

3. 政府成本会计

绩效预算改革尤其需要政府成本会计，这种需求主要源于两个方面：一是基于绩效管理和成本管理相结合的制度方面的需求；二是基于政府绩效测量的技术方面的需求。构建政府成本会计，一方面，使所有政府项目的成本长期保持清晰、连贯的会计记录；另一方面，为政府部门的项目管理者提供管理工具，通过强化领导者的会计责任，促使政府部门在成本核算基础上制定年度绩效目标，并将这些目标与年度预算资金的请求联系起来。成本管理控制的内容包括两个方面：基于具体项目的项目成本管理和基于政府部门（机构）的组织绩效管理①。政府成本会计是对政府各类活动所耗用资源的经济核算、反映、预测和监督。政府成本会计的核算对象是各类政府活动的经济耗费。完整的政府成本会计应具备核算、反映、预测与监督的作用，为绩效预算提供全面、可靠的成本信息。绩效预算的特点之一是将效益与成本挂钩，确定预算所依据的不仅仅是预算支出所能带来的效益，还要考虑获得效益所付出的成本高

① 常丽：“绩效预算改革与政府成本会计的构建”，《财政研究》，2009 年第 1 期，第 22—25 页。

低[1]。

在政府会计系统中，政府预算会计、政府财务会计和政府成本会计三个子系统既紧密联系，又相互独立，三者相互配合、协调并行。首先，预算会计与财务会计相互配合，预算会计的报告重点是政府预算资金的收、支、结余信息，财务会计的报告重点是政府整体的财务状况和运营业绩。预算会计本质上是对内认定和解除各级政府之间的受托责任；政府财务会计本质上是对外认定和解除各级政府间的受托责任[2]。二者的协调表现在预算会计的收支事项对政府财务状况的影响需要在财务会计系统中进行资产、负债等要素的确认、计量和报告。其次，预算会计与成本会计的协调表现为成本会计核算的信息能够为政府预算编制、控制、评价等提供参考依据。最后，成本会计与财务会计是相互协调的。成本会计是在财务会计的基础上建立起来的，并利用财务会计提供的信息进行成本核算等工作，成本会计生成的综合成本信息又成为财务会计反映内容的一部分，二者紧密联系，相互合作。政府在成本控制方面的努力和成就需要通过政府成本会计提供直接的数据支持。从预算角度看，成本预算是绩效预算不可分割的组成部分，正确的成本分配需要精确的数据，成本核算以及成本会计报告也是绩效预算不可或缺的技术支持[3]。

二、划分政府会计主体并厘清责任

会计主体是理论上的一种假设，用以界定会计管理活动的空间范围。政府会计主体应当采用包括“组织主体”和“基金主体”的“双主体”模式。

① 赵合云：“绩效预算改革引入权责发生制政府会计的有效性分析——基于制度关联性的视角”，《中央财经大学学报》，2009 年第 5 期，第 7—11 页。

② 赵西卜：《政府会计建设研究》，中国人民大学出版社，2012 年，第 26 页。

③ 常丽：“绩效预算改革与政府成本会计的构建”，《财政研究》，2009 年第 1 期，第 22—25 页。

（一）政府会计核算范围的划定

政府会计核算范围问题是指那些组织或机构应当接受政府会计规范、成为政府会计体系的组成部分。美国联邦政府会计准则适用于所有联邦实体及合并体，不仅包括政府整体和组成单位，还包括政府举办的学校、医院等公立非营利组织，国有企业以及基金主体；英国政府整体财务报告涵盖了中央政府、地方当局、国有企业三个层次。以上实体的共同点是占用公共资源，而不一定都承担政府管理职能或提供公共产品，尤其是国有企业。

政府会计主体应符合三个特性：第一，政府会计主体履行的是政府管理职能或受托履行政府管理职能；第二，政府会计主体支配的是政府公共资源；第三，政府会计主体提供的是满足社会公共需求的公共产品、公共服务等①。按照这种标准，国有企业显然不应包括在内。

理论上，政府会计的核算范围应当包括占用和使用财政资金的所有部门和单位。但企业与政府部门的最大区别在于，企业以经济利益最大化为经营目的。财政资金一旦转化为企业资产，就由企业独立运转、自负盈亏，政府不能随意干预。政府除了作为企业股东，享有一定的分红权以外，对企业资产没有直接所有权。因此，国有企业分红收入应包含在政府会计核算对象中，而整个国有企业则不在覆盖范围内。政府会计核算范围应当包括具有行政管理职能或公共服务职能的行政单位和公立非营利组织。

（二）在政府会计中引入基金主体

从政府会计角度来看，基金是指具有特定目的和用途的公共资金或账户，是一种特定的会计主体。政府的出资者一般不要求投资回报和投资收回，但要求按法律规定或出资者的意愿把资金用在指定用途上，基金就是应这种要求而产生的。美国政府会计准则委员会（GASB）给出了基金的权威定义：基金是指“按照特定的法规、限制条件或期限，为从

① 张国兴：“关于构建我国政府会计体系问题的研究”，《会计研究》，2008年第3期，第11—18页。

事某种活动或完成某种目的所分离形成的，依靠一套自身平衡的科目来记录现金及其他财务资源，以及相关负债和剩余权益或余额及其变动情况的一个财务与会计主体”。

GASB认为，政府的受托经济责任包含两个方面：财政受托责任和运营受托责任。其中，财政受托责任指政府证明其当期活动遵守了短期内（通常是一个预算周期或一年）有关公共资金收入和支出的公共决策的责任，即政府收入和支出活动是否与预算相符。为确保财政受托责任的实现，美国政府采用基金会计模式。基金最大的特点是“专款专用”，将某类基金作为会计主体，不仅能让信息使用者清楚地知道资金运作的来龙去脉，“专款是否得到专用”，还能单独反映出运用该笔资金的成果，便于开展绩效考核。形象地讲，基金就像一个“储藏罐账户”，罐中的各种资金和资源都被贴上了规定用途的标签。与通常的企业会计不同，在基金会计中，净收益的计量是次要的，最重要的是分别详细反映这一类资金的来源和运用情况。尽管基金会计的理论与现行的企业会计差别很大，但在政府机构和非营利组织中却运用得很广泛，因为在这些组织中，几乎每一项基金都有着特定目的。

（三）政府会计主体的划分

政府会计主体有记账主体和报告主体之分。记账主体是从会计核算的角度来界定会计主体，主要解决单位会计业务核算及确认入账的范围问题；报告主体是从财务报告的角度，对会计主体的具体界定，主要解决单位会计报表的业务资料范围问题①。不论是记账主体还是报告主体，区分不同主体的标准是会计核算的有效性和报告的相关性，这意味着确定会计主体时，需要评价对某主体进行会计核算和报告是否可行、有无必要。具体来说记账主体是为报告主体服务的，报告主体主要根据决策有用性和成本效益原则决定。编制政府层面的财务报

① 张国兴：“关于构建我国政府会计体系问题的研究”，《会计研究》，2008年第3期，第11—18页。

告时，要将基金主体的数据汇总成政府层面会计报表中的数据。因而实行基金核算时，需要在每一个基金内部按政府部门或行政单位设置明细账，然后可以依次按行政单位、部门、整个政府进行逐步汇总、合并①。

大体上，各国政府会计主体的划分有三种方法：一是以单位作为基本主体，就是按政府组成、控制的单位，作为基本主体，德国、法国采用了这种做法。二是以基金作为基本主体，就是把政府运营的资金“切块”，每“块”资金有固定的来源和限定的用途，分别设置账户核算、编制财务报表。每“块”基金独立运作，都作为基本主体。采用这种模式的典型代表是美国州和地方政府会计。三是单位主体和基金主体并存，就是对政府一般经济资源以单位作主体进行核算和报告，对有特定用途的资金以基金为主体进行核算和报告。这种做法可称为“双主体”模式。目前，英国、加拿大、澳大利亚等国家都采用这种模式②。以基金为主体进行核算发挥了基金的资金控制作用，但基金作为一个有特定用途的资金主体，难以涵盖全部的政府活动，其独立的属性也意味着不能从整体的角度综合反映政府财务状况，必须加以整合。基金是对资金按用途分类，单位则是对政府职能的分类，同一职能下存在多种资金用途。“双主体”模式从资金用途和政府职能的双重角度核算和反映政府经济活动，从而实现资金的双重控制。同时，引入基金主体使得政府会计核算更具灵活性和可操作性。因此，政府会计主体应当采用单位主体和基金主体并存的“双主体”模式。

“双主体”模式主要针对记账主体而言，报告主体和记账主体不一定相同。在提供单一层级报告时，记账主体即为报告主体；而在提供合并报告时，报告主体往往不同于记账主体。从报告形式上看，有单

---

① 张国兴：“关于构建我国政府会计体系问题的研究”，《会计研究》，2008 年第 3 期，第 11—18 页。

② 全国预算与会计研究会课题组：“政府会计主体界定研究”，《财务与会计》，2010 年第 10 期，第 59—61 页。

个报告主体与合并报告主体这两个不同层面。合并报告主体的界定是政府会计主体研究中的难点问题。报告主体应当由哪些个体构成，将这些个体纳入合并范围的基础和依据是什么，政府既要提供能够满足信息使用者需求的信息，又不能忽视成本效益原则。美国著名会计学家亨德里克森（Eldon S. Hendrickson）在其1965年版著作《会计理论》（Accounting Theory）中阐述了两种会计主体的界定方法：一是把控制各种资材、承担做出和执行各种承诺义务的实体作为会计主体；二是根据特定的个人、集体或组织的经济权益范围来解释会计主体。这可以理解为，会计主体的界定主要是基于主体的责任、权力及权益范围。亨德里克森的这一理念可引申至政府会计合并报告主体的界定，以责任、权力及权益范围对记账主体进行合并。责任、权力即政府部门的职能和作用，如财政部、交通运输部，权益范围是部门职能和作用的影响区域，如美国的州、市。

三、引入双重会计基础模式

政府会计基础选择是政府会计的最基本问题之一，也是政府会计改革的核心。在会计这样一个经济信息系统中，会计确认发挥着类似于“数据过滤器”的功能。

（一）政府会计基础的界定

国际会计师联合会（International Federation of Accountants，简称IFAC）认为，会计确认基础存在一个区间，这个区间的两个端点分别是收付实现制基础和权责发生制基础。两个端点中间可以有很多种变化，它们都是对收付实现制或权责发生制的修正，但修正程度各不相同。简单来说，可供选择的政府会计基础有四种：收付实现制、修正的收付实现制、权责发生制、修正的权责发生制。

1. 收付实现制

收付实现制，又称现金制，是指在现金收到或支付时确认交易和事项，并以某一期间的现金收支差额来计量财务结果的会计基础。在收付实现制政府会计下，会计要素只有收入、支出和现金余额，会计只确认与现金有关的事项，现金支出即为费用，收到的现金即为收入。由此一来，会计主体的资产只有现金，不存在非现金的资产，更不存在债务。现金制的计量焦点是现金余额及其变化。因此，收付实现制政府会计通常只编制收入支出表，用以说明政府活动的资金来源和去向以及现金状况。

2. 权责发生制

权责发生制，又称应计制，是与收付实现制相对的概念。权责发生制的基本特征是在交易和事项发生时，而不是在现金或现金等价物收到时确认其影响。交易和事项记入其发生的会计期间，并在该期间的财务报表中予以报告。权责发生制政府会计确认的要素有资产、负债、净资产、收入和费用。与收付实现制相比，权责发生制会计可以更好地呈报主体的财务状况和运营绩效。权责发生制会计的计量焦点是全部经济资源，包括现金流量信息。在该基础上编制的政府财务报表通常包括：财务状况表（也称为平衡表或资产负债表）、财务业绩表（亦可叫作收入费用表或损益表）、现金流量表。

3. 修正的收付实现制或权责发生制

收付实现制和权责发生制是两个基础性的会计基础，是各种修正性会计基础的本体。修正的收付实现制与修正的权责发生制有时并没有明显的界限，对同一主体采用了哪种会计基础的问题可能存在不同判断。修正的收付实现制与修正的权责发生制都是对两大基础性会计基础的改造，以使会计基础更加适应管理的需要。

（二）政府会计基础的选择

在政府会计中，收付实现制会计曾经是世界各国的传统做法。陈工在比较英、美、澳、新等国绩效预算改革后得出结论，即收付实现制基础在许多情况下会导致对政府成本和绩效信息的歪曲和误导，无法支持以绩效为导向的政府预算改革。而权责发生制能够在资源用于生产产品和服务时确认费用，把绩效与成本有效地联结起来[1]。无论是对于整个政府或机构的实际成本，还是对于所生产和提供的特定产品与服务的具体成本，收付实现制会计的计量都可能导致在某个期间（资产与存货购进期间）被高估，而在另几个期间被低估（资产与存货使用期间）。提高财政资金使用效益是绩效预算的重要目标。权责发生制政府会计能够帮助政府在公共支出决策中寻找出提供服务的最有效方法，发现高成本、低绩效或低成本、高绩效的地方，据此分析支出部门间和项目间的成本差异，进而采取降低成本提高效率的方法[2]。

权责发生制改革比较彻底的有英国、新西兰等国家，它们在政府预算和会计中采用了完全的权责发生制。值得注意的是，尽管英国在预算和政府会计领域均推行了权责发生制改革，其中央政府下属的统一基金财务报告仍是根据《国民贷款法案 1968》（the National Loans Act 1968）的规定按收付实现制基础编制的[3]。

美国在政务基金（州和地方政府主要基金的一种）采用修正的权责发生制。这种修正的权责发生制除了要满足权责发生制下的确认条件外，还要满足某项收入或支出在短期内即将收回或支付，即某经济事项必须符合收入或支出的确认条件，资源的要求权必须成立；该笔款项必须在短期内能够收回或需要支付。也就是说，在修正的权责发生制下，我们不仅关注资源的要求权，还关注财务资源流入的时间。所谓的“短期”，通常是一个确定的天数，如 30 天，由会计主体自行确定。另外，为了从整体的角度反映受托责任，州和地方政府还需编制权责发生制下的政府整体报表，为此要实现从修正的权责发生制到权责发生制的转换。

---

① 陈工：“英、美、澳、新等国家实施绩效预算的改革及其对我国的启示”，《财政研究》，2006 年第 1 期，第 74—76 页。

② 赵合云：“绩效预算改革引入权责发生制政府会计的有效性分析——基于制度关联性的视角”，《中央财经大学学报》，2009 年第 5 期，第 7—11 页。

③ 陈璐璐：“英国政府会计管理与改革情况及对我国的启示”，《会计研究》，2007 年第 10 期，第 24—30 页。

然而，政府会计基础的选用并不绝对，各国都是在实践的进程中不断摸索和改进，形成各具特色的具体运用方案，并且四种会计基础都有自己的优缺点，没有哪一种可以达到所有的政府财务报告的目标，四种会计基础是可以共生的①。对于政府会计基础的选择问题不能一概而论，完全否定某种基础或无条件支持另一种基础。不同的会计基础在不同的背景和不同种类的会计中使用，其效果往往有很大的差别。只有把会计基础与不同种类的会计进行适当的结合才能发挥出会计的最大作用，而且会计基础选择的最终形态是不同的会计基础互相协调和弥补的结果。

一般而言，预算是对政府可利用资源的前瞻性配置以及所担负义务的提前考虑，它更注重资源的可使用性和义务的现实程度。预算会计是对预算活动的追踪和反映，亦即对财政资金活动的跟踪。收付实现制的计量重点是现金收支，预算会计采用收付实现制基础能更好地实现资金的跟踪与反映目的。然而，在收付实现制下，政府已经承担尚未支付的债务和已发生但尚未支出的费用均未能在资产负债表中得到反映，已获得权利但尚未收到的收入也未包含在内，使得资产、负债、成本均被低估，不能反映政府实际占有的全部资源和应当履行的全部经济义务，也不足以合理评价投入与产出的配比性。收付实现制会计基础无法满足以综合反映政府财务状况为首要目的的政府财务会计的要求，以及全面成本核算的需要。在政府财务会计和成本会计方面，引入权责发生制成为必要举措。

另外，对政府会计的基金主体而言，不同类型的基金主体在计量重点上存在重要差异，因此不同类型的基金主体通常根据需要采用不同的会计确认基础。在美国各州和地方政府，政务基金采用修正的权责发生制，权益基金和信托基金均采用权责发生制。会计学者李建发指出，按照修正的权责发生制确认收入和支出，体现了政府会计分期

① 张国生：“改革预算会计和构建政府会计体系的思考”，《中南财经政法大学学报》，2005 年第 6 期，第 102—107 页。

的观念，有利于按权责关系和配比原则确定各个会计期间的政府基金收入和支出，使纳税人的税负比较公平合理。但政府单位通常又是按预算基础进行会计分期，在“当期财务资源流动”（Flow of Current Financial Resources）观念下，当期的收入必须能够用于支付当期的支出，如果过分地应用修正的权责发生制，将造成财务危机——应计收入在需要安排支出时无法收到①。由此可见，会计基础的选用和修正应当适度。

专栏 3－1

美国政府真实的财政赤字：10000 亿美元还是 4550 亿美元

中新网 2008 年 12 月 16 日发表题为《受金融危机拖累　美预算财政赤字或突破万亿美元》的报道，指出：“受金融危机影响，如果美国政府采纳私人机构的新会计方式去计算，美国在 2008 年财政年度全年的联邦财政预算赤字将突破 10000 亿美元大关，而不是公布的 4550 亿美元。其实，即使政府继续使用传统会计模式，专家也预计 2009 年联邦赤字会突破万亿。这是因为，2008 年未把布什政府 7000 亿美元的巨额救市方案计算在内，这笔支出将包含在 2009 财年内”。每一个财政年度，美国政府都会发布两个报告：（1）总统预算报告：以收付实现制为基础，以政府财务计划与控制为目标，披露政府如何使用与筹措资金；（2）政府年度财务报告：以权责发生制为基础，披露政府的运营成本、拥有的经济资源、承担的外部债务等信息。美国财政部在编制政府年度财务报告时遵循了公认会计原则（GAAP，即企业需依照的准则），但在某些方面进行了修正。

① 李建发：“从中美政府会计的差异看我国预算会计改革”，《会计研究》，1997 年第 2 期，第 41—45 页。

表 1　　两种不同报告的主要差别

总统预算报告	政府年度财务报告
编制基础：收付实现制	编制基础：权责发生制
立足未来：强调目前与未来计划的事项，并说明如何获取资源满足这些事项的要求	立足过去：反映能够用于项目实施的资源的现状及其已经发生的变化
收入强调现金的取得	收入强调取得的权利
支出强调现金的流出	支出强调付出的义务

解释一：如果美国政府采纳私人机构的新会计方式（即权责发生制）去计算，美国 2008 年联邦财政预算赤字将超过 10000 亿美元，而不是 4550 亿美元：

总预算报告通常以“预算结余”或“预算赤字”来反映年度财政状况，而年度财务报告关注的是“运营净收入”或“运营净成本”（见表 1）。

表 2　　“运营净成本”与“预算赤字”调节表　　单位：10 亿美元

项　　目	2008 财年
预算赤字	454.8
加减：	
应付联邦雇员与退伍军人福利	549.8
环境处置与恢复负债	0.8
资本化的固定资产净值	(46.6)
其他	50.3
运营净成本	1009.1

表 2 解释的是总统预算报告与政府年度财务报告间的差异，即收付实现制预算基础与权责发生制会计基础的差异。显然，在权责发生制下，美国财务负担显得更重。

解释二：即使政府继续使用传统会计模式（这里指收付实现制预算），专家也预计2009年联邦赤字会突破万亿，因为2008年未把7000亿美元救市方案计算在内。

收付实现制和权责发生制都是非常基础而宽泛的概念，对不同事项的具体确认方法可以千变万化，这取决与管理的需要和准则制定者对风险的度量。即使是权责发生制下的2008年政府财务报告，也没有将7000亿美元计算在内，而是在其他地方予以说明："美国政府资产负债表中披露的债务要比政府实际承担债务的范围窄，一些未来的社会福利、承诺与或有事项都未包括在资产负债表中，而是在报告的补充信息中予以披露。"

资料来源：张琦：《政府会计改革——系统重构与路径设计》，东北财经大学出版社，2011年，第62—71页。

四、明确会计要素和性质

会计要素是对政府会计核算对象的最基本分类，一般是按照其内在特征进行界定的，即按照相互独立的方式定义。政府会计要素是由基于会计目标要求的政府会计报表结构所决定的①。各国不同的政治体制和财政体制使得各国政府会计实务各有侧重，国际上尚无对政府会计要素的权威划分及定义。

表3－1对部分国家会计报表结构要素进行了总结，各国间差异较为明显。分析来看，政府会计要素至少应能反映某一会计期间，政府主体所占用的经济资源和承担的经济义务、这两者间的差额以及资源的耗费和取得。基本来讲，政府会计要素包括资产、负债和净资产三个静态要素以及反映政府主体经营活动的收入、支出两个动态要素。

① 赵西卜：《政府会计建设研究》，中国人民大学出版社，2012年，第133页。

表 3－1　　部分国家会计报表结构要素设置

<table>
<tr><th colspan="2">国　家</th><th>会计要素</th></tr>
<tr><td colspan="2">英国</td><td>资产、负债、所有者权益、利得、损失、所有者捐献、向所有者分配</td></tr>
<tr><td colspan="2">澳大利亚</td><td>资产、负债、净资产、收入、费用</td></tr>
<tr><td rowspan="2">加拿大</td><td>非营利组织</td><td>资产、负债、权益/净资产、收入、支出、利得、损失</td></tr>
<tr><td>政府</td><td>资产、负债、收入、费用、盈余</td></tr>
</table>

资料来源：赵西卜：《政府会计建设研究》，中国人民大学出版社，2012 年，第 135 页。

（一）政府会计资产要素的界定

FASB 在第 6 号《财务会计概念公报》中明确指出，资产是可能的未来经济利益，它是特定个体从已经发生的交易或事项取得或加以控制的。类似地，中国企业会计准则将资产定义为企业过去的交易或事项形成的、由企业拥有或者控制的、预期会给企业带来经济利益的资源。

政府资产具有经济资源的本质特征，但是并不把获得经济利益作为唯一目的，政府资产还具有提供服务潜能的作用。政府主体的资产要素可定义为：由过去的交易或事项形成的由政府主体拥有或控制的能带来未来服务潜能或经济利益的经济资源。总的来说政府资产要素的特征是：一是由过去的交易或事项形成；二是有明确控制主体，资产所可能带来的服务潜能或经济利益在报告日必须为报告主体所控制；三是具有未来服务潜能和经济利益。一般观点认为政府会计的资产要素强调未来服务潜能，而企业会计的资产要素则强调未来经济利益。服务潜能和经济利益应该并没有严格的界限，大致可以认为在政府主体中，服务潜能的表现应当以服务和业务为主，而不仅仅是产生现金流量①。

国际会计师联合会公立单位委员会（以下简称 PSC）在其研究报告中认为，政府资产可以分成金融资产、实物资产、无形资产三类。其中，

① 常丽："政府会计资产负债要素的界定及披露问题研究"，《东北财经大学学报》，2011 年第 1 期，第 55—59 页。

金融资产一般包括现金和临时性投资、应收收入（包括应收账款和应收税款和应计税款）、向其他政府的贷款和预付款、其他贷款和预付款、投资、衍生工具以及预付款。实物资产是指除金融资产和无形资产外的一类资产。实物资产通常指非流动资产或长期资产。存货通常作为流动实物资产分类。长期实物资产包括固定资产、基础设施资产、投资、遗产资产、国防或军用资产以及自然资源。政府通过发行许可证等方式给其他报告主体带来无形资产。但当这种权力已经正式得到确立并且还没有将其出售之前，就形成了政府的无形资产。

国际货币基金组织（IMF）在其发布的《财政透明度手册》中，将政府资产划分为金融资产和非金融资产。金融资产是可供政府用于清偿债务或承诺，或者为未来活动提供资金的资产，并且基于有关金融工具的流动性和法律特征可以分为金融债权、货币、黄金以及基金组织分配的特别提款权等。非金融资产则可以划分为固定资产、库存、贵重物品和非生产性资产。

（二）政府会计负债要素的界定

FASAB 和 GASB 都使用相似的标准来确认某些义务为负债：迫使未来现金流出或提供服务；不可避免并有一定的数额和时间；过去交易或事件的结果[①]。负债作为政府的现时义务，其结果必然导致政府资源流出，但政府所集中的公共财务资源既包含经济利益，也意味着服务潜能。政府负债的基本特征是：由过去的事项而引起的现有义务，也就是由于过去交易或事项而产生的对第三者还没有清偿的义务或责任。负债预期会导致资源流出政府或政府单位。负债对报告主体具有负面影响。

一般认为，在政府单位中，政府的负债所代表的义务只有在具有法律效力的情况下才会发生。但政府和企业不同，政府的义务又不仅限于法律责任，还要承担一些社会公众所期望的或迫于政治压力而必须承担的义务。政府如果履行这些义务的话，则政府的负债范围就会比企业更

① 陈立齐：《美国政府会计准则研究》，中国财政经济出版社，2009 年，第 93 页。

广，包含了更多的不确定性因素。而这些存在不确定性的或非现时的债务可能会对政府财务状况产生巨大影响，应当给予格外关注。

PSC 在其第 11 号研究报告中将政府负债分成三大类，即应付和预收类负债、借款类和其他类型负债。第一类主要包括诸如应付账款、应付利息、应付工资、雇员养老金责任或其他应计雇员利益、在有担保和赔偿物的情况下有足够证据表明很有可能需要支付的应付账款、与预收收入相关的负债以及应付转账等；第二类负债主要包括短期借款和长期债务；第三类负债则包括环境负债、发行的货币、与融资租赁相关的租赁负债以及意外补偿计划中的责任。

IMF 所定义的负债实际上是其他机构单位向政府出借其经济资源的债权。广义政府通过负债集中这些资源，用于执行财政公共政策和增进流动性管理。债务按照剩余期划分为短期、中期或长期，必要时应提供按居民划分的国内和国外债务。负债按照金融工具的特征又可以分为货币和存款、非股票证券、贷款、股票和其他权益、保险技术准备金、金融衍生工具和其他应收账款。按照 PSC 的界定，大多数负债类型与企业中的负债相似，因此，对于这些负债，政府不会产生独特的会计或报告问题。政府独特的负债主要包括发行的货币和应付转账。除此之外，在许多政府中，长期债务和借款可能会是数额最大的一笔负债。因此，在财务报告中，需要对长期债务和借款做重点说明，包括数额、性质和条件等，在这一点上，IMF 和 PSC 是一致的。

（三）政府会计净资产要素的界定

《则政透明度手册》中将资产总额减去负债总额的差额作为平衡项目，称为净值。净值是一个财富指标，净值的变化反映了政府的财富变化。不过净值的概念与政府净资产概念并不能等同。GASB 对净资产的定义是，净资产是在财务状况表中所列报所有其他要素的剩余。净资产是财务状况表的要素，并按以下两方面金额的差异来计量：资产和递延资源流出，负债和递延资源流入。

（四）政府会计收入要素的界定

《财政透明度手册》指出收入是由交易造成的净值增加，可分为交换性交易收入和非交换性交易收入。对于政府来说，主要有四种收入来源：税收和政府单位实行的其他强制性转移、从其他所有单位得到的自愿转移、来自资产所有权的财产收入、出售商品和服务取得的收入。GASB没有采用收入这一基本要素分类，而是采用了资源流入的概念。

（五）政府会计支出要素的界定

《财政透明度手册》认为，支出是由交易产生的净值减少。政府有两大经济责任：一是承担以非市场基础向社会提供部分商品和服务的责任，二是通过转移支付对收入和财富进行再分配。这些责任主要通过支出交易来完成。《政府财政统计手册》要求首先按照经济和职能分类，支出按经济分类可分为雇员补偿、商品和服务的使用、固定资本消耗、利息、补偿、赠与、社会福利、其他支出，按职能分类可分为一般公共服务支出、国防支出、公共秩序和安全支出、经济事务支出、环境保护支出、住房和社会福利设施支出、医疗保健支出、娱乐、文化和宗教支出、教育支出、社会保护支出等。GASB同样也没有采用支出这一基本要素分类，而是采用了资源流出的概念。资源流出是主体在报告期对净资源（资产减去负债后的净额）的消耗。

五、适当选择会计计量属性

所谓计量，就是“根据特定的规则把数额分配给物体或事项”的活动，会计计量即为对会计主体经济活动的量化表述的过程。计量属性是指被计量客体的特性或外在表现形式。具体到会计要素，就是指资产（负债）、收入（费用）等要素可以用货币进行量化表述的方面。美国财务会计准则委员会在第5号概念结构公告列举了5种可能的计量属性：历史成本/历史收入；现行成本；现行市价；可变现（清偿）净值；未来现金流量现值（或贴现值）。FASB在第7号概念公告中又增加了公允价值与现值的概念，未来现金流量现值不是一个独立的计量属性，它只是一种分配方式，可用于最终形成公允价值属性。由此，公允价值属性取代了上述五种属性中的未来现金流量现值[①]。历史成本和公允价值是会计实务中最常用的也是争议最大的两种计量属性。

历史成本也是市场价格或交换价格，只是在时间上属于交易或事项发生时所达成的价格，可以把它称为过去的价格；采用历史成本无需后续计量，从而节约会计信息加工成本，是一大特色。作为过去的市场价格，历史成本已经排除了市场价格的不确定性和风险，它具有可查核的原始凭证。历史成本的主要优点是具有可靠性，也有相关性。因为一项资产购置时的历史成本反映为取得该资产而付出的代价，代表会计主体的投入。历史成本也有不容忽视的局限性，它不能反映产出时预期的资本增值，或者说，它能量化主体在经营中所付出的努力，但不能量化经营后取得的成果。对于以结果为导向的绩效预算来说，单纯地采用历史成本为计量属性显然是不合适的。此外，历史成本不能够反映资产在持有过程中的不确定性。实际上，一项资产的不确定性在决定之前（如应收账款在收回之前）一直处于风险状态（有发生坏账的可能性）。

历史是预测的起点，历史信息也有信息反馈，从而具有证实或修正预测和计划的作用。但是，会计的目标除反映受托责任外，服务于投资人、债权人和其他类似使用者的投资决策、信贷和其他类似的决策，变得越来越重要。面向过去的历史成本终究不能预测未来和为进行正确的决策带来直接的帮助。为了提高决策的相关性，传统的会计模式也已逐步突破单一的历史成本计量属性，例如对存货，早已按成本与市价孰低的原则在财务报表中表述，对应收账款计提坏账准备，对固定资产提折旧，都是旨在修正历史成本的账面价值与实际价值的背离[②]。

随着政府资产和负债计价对象范围的扩大，采用单一的历史成本计

① 葛家澍、刘峰：《会计理论——关于财务会计概念结构的研究》，中国财政经济出版社，2002 年，第 158—168 页。

② 葛家澍、杜兴强等：《会计理论》，复旦大学出版社，2005 年，第 231—251 页。

量属性已不能满足现行政府会计计价要求。政府部门或公共部门许多资产的取得，通常没有发生实际成本。如果要完整反映政府部门或公共部门的资产状况，毫无疑问需要研究引入除实际成本之外的其他会计计量属性。公允价值反映的是在特定时点和特定经济环境下，市场对资产或负债的定价。公允价值具有动态性，能够比历史成本更及时、全面、真实地反映资产和负债的价值变动。政府资产采用公允价值计价能更好地反映政府资产的增值或减值情况，使政府管理资产的行为符合国家和人民的利益，便于监管和评价，使政府的行为和目标有利于达到政府资产管理、使用和配置的最优化。公允价值的引入还有利于解决由于政府资产计价对象范围扩大所造成的计价难题①。谢诗芬提出公允价值计量是中国引入绿色 GDP 与环境会计审计的重要前提。由于环境资产往往没有或只有较低的历史成本，其价值不断地变化，只有在交易的时候才能相对确定其价值，故采用历史成本计量不利于恰当计量环境资源。公允价值是一种全新复合型会计计量属性，并非特指某一种计量属性，而可以表现为多种形式。只要是用公允价值（包括现行成本、现行市价、可变现净值、未来现金流量的现值）作为资产和负债的主要计量属性的会计模式都应属于公允价值会计②。

我们评价所采取的计量属性在什么情况下才比较恰当，主要的标准应看它是否符合计量对象的特点。通常，金融资产以其公平市场价格或可实现净值计价，固定资产以经过折旧调整的历史成本计价，短期负债按合同价格计价，长期负债则按（未来现金流量的）现值计价。国际公共部门会计准则委员会（IPSASB）对会计要素的计量采用了不同的计量基础。GASB 采用了公允价值或可实现净值（金融资产）、历史成本（固定资产）、未来现金流量的现值计价（长期负债）。公允价值还可应用于

---

① 罗朝晖：“基于公允价值的政府资产与负债计价研究”，《财会通讯》，2007 年第 9 期，第 95—97 页。

② 谢诗芬：“公允价值计量：中国引入绿色 GDP 理念和环境会计审计的重要前提”，《财务与会计》，2004 年第 1 期，第 72—76 页。

如政府投资资产、政府遗产资产、政府权利资产这些价值变化频繁或非常的资产计量。对于政府负债计价，要完整反映政府负债内容，须在充分考虑未来不确定性因素的情况下，按照恰当的方法对或有负债金额进行估计。如各级地方政府的负债，由于地方政府所属的企业、区域性商业银行、信托投资机构都存在许多欠债问题，采用公允价值计价能及时揭示风险，罗朝晖提出可按一定时期内估计的应付金额预提准备金以备应急处理①。

六、及时有效披露会计信息

提高政府透明度要求向公众最大限度地公开政府职能、财政政策意向、公共部门账户和财政预测信息，并且这些信息是可靠的、详细的、及时的、容易理解且可以比较的，便于选民和市场准确估计政府活动的真实成本和收益。编制政府层面财务报告，可高度浓缩且全面完整地反映政府的财务状况和收支情况，以便使用者评估政府受托责任并作出决策②。

信息的传递是解除政府会计责任、达成政府会计目标的根本途径。绩效预算是公共管理改革的重要组成部分，随着社会观念的变化，人们越来越重视政府绩效问题，信息使用者对会计信息的要求逐步提高。在这种需求的刺激下，政府会计报告的内容得到了前所未有的丰富。为使信息得到有效传递，会计信息披露的内容和方式的选择尤为重要。全面的政府经济活动信息披露应包含以下几方面。

（一）政府财务状况

财务状况是指会计主体在某一时点所拥有或控制的资源、承担义

① 罗朝晖："基于公允价值的政府资产与负债计价研究"，《财会通讯》，2007年第9期，第95—97页。

② 张国生："改革预算会计和构建政府会计体系的思考"，《中南财经政法大学学报》，2005年第6期，第102—107页。

务的经济反映。财务会计是一种对外的会计，其主要作用是对外披露财务状况，解除受托责任。以报告时点为界，政府财务状况包含过去和未来两个层次。过去的全部经济活动形成了报告时点的财务状况，并成为预测未来经济活动的基础。政府会计信息除了反映当期预算资金运动情况外，还应全面、持续地反映预算资金的累积运动结果。政府对财政资源负有受托责任，该责任不局限于当期经济活动。因而政府的经济受托责任既要基于历史，也要立足现在，更要面向未来。因此，政府应当在提供历史性财务信息的同时，对未来的财务状况进行预测。

政府应当向其利益相关者报告长期内财务收支情况及财务运行结果，而不是仅仅局限于当期的影响。对长期内的价值运动过程进行追踪，可以更好地反映政府管理国家事务活动和履行受托责任的连续性，把预算资金运动的前因后果联系起来，提供全面、连续、系统、完整的财务信息，同时也可以分清各届政府任期内受托责任的履行情况，以及对下届政府造成的财务影响，抑制本届政府为表现政绩而大量举债、债务由下届政府偿还的短期行为。

从会计主体的角度而言，财务状况应当得到不同层面的反映。对某一政府部门而言，其下可能存在独立运作、承担不同职能的子部门以及有专门用途的基金。按不同职能或资金用途披露财务状况有利于准确把控资金的使用效果和明确揭示风险。单独反映子主体的财务状况还意味着，这些子主体有选择会计基础的空间。子主体可以选择更适合自身特点的会计基础进行核算，而不会被整体状况束缚。另一个层面是反映政府整体的财务状况。政府层面财务报告的优点有：一是恰当的政府层面财务报告构成了政府受托责任的范围，它可以防止政府逃避应承担的受托责任。二是形成这些报告所必需的数据收集、分析和汇总对于强制政府改善和提高财务信息的质量方面是有益的。三是合并财务报告与政府统一的总预算相配比，从而形成一个更加有效的反馈机制①。

反映政府财务状况的报表至少应当包括财务报表（资产负债表和运营报表）以及必要的补充信息。表外信息，即补充信息，是财务状况的重要组成部分，它既包含对报表事项的进一步解释细化，也可能包含在财务报表中看不到的重要经济信息，如或有事项。信息使用者通常给予表内信息更多的关注，甚至忽略表外信息，因此规定适当的表内披露标准十分重要。

（二）成本信息

成本信息是绩效预算信息体系的重要组成部分，政府会计报告应在披露财务状况的同时对成本信息进行披露。政府成本信息是以政府财务会计信息为基础，根据产出分类归集而成的各类项目、业务的经济耗费。政府会计报告披露的成本信息不仅仅局限于已发生成本，还应当包括：一是实际成本与预算的比较和分析。二是成本趋势信息。通过对成本信息的趋势性分析来预测未来成本，如某项目在完成前还将发生的成本、下一年度某公共产品的预期单位成本等。三是对于单个重大项目，有必要单独披露其成本信息，关注该项目实施成本的变化情况，及时分析异常情况。四是将类似项目的成本进行比较，有助于发现项目管理中存在的个别甚至普遍问题，亦可比较不同项目的优劣，在预算有限时保留优质项目。

（三）预算执行信息

政府会计作为一种约束机制，确保政府机构遵守有关财务的法律、法规和合约，并报告政府对法律、合约和预算的遵守情况，以反映其“忠实”受托责任。当预算基础和会计基础不一致时，披露符合性报告或预算比较信息可揭示：预算执行情况、预算基础上的实际财务业绩和财政问题的诊断信息（例如收入短缺或超支）等。GASB 规定：“以公认会计原则为基础的报告要求披露那些违反法律和合约规定的重要事

① 张国生：“改革预算会计和构建政府会计体系的思考”，《中南财经政法大学学报》，2005 年第 6 期，第 102—107 页。

项。……必要时应单独编制一份以法律为基础的专门报告。”国际公共部门会计准则要求政府提供表明资源的获得和使用是否与法定预算、法律和合同要求相一致的信息，包括是否遵守由立法机构或权威机构确定的财务限制条款①。

政府预算会计系统应与政府预算管理体制紧密衔接，以适应政府预算管理需要为目标，提供以下具体信息：一是政府预算资源的来源、分配和使用的信息以及预算与实际结果相比较的信息，满足预算管理的需要，提高预算透明度，便于公众监督，有助于信息使用者评价政府受托责任的履行情况。二是政府预算资源是否依据法定预算、是否按照相关法律与合同的要求和限制取得和运用的信息，以便于使用者进行经济、社会、政治的决策分析。

（四）绩效信息

政府绩效主要包括政府履责的整体能力、投入产出与效率，以及成果（或效果）三个方面。这三方面的绩效都需要通过政府会计系统进行确认、计量和报告。

政府履责的整体能力方面。政府整体能力的评价应以政府提供公共产品和服务的能力为核心，具体包括：政府向社会提供公共产品和服务的能力；政府因提供公共产品和服务而形成的各种债务、义务和承诺的规模与结构；政府用于履行这些债务、义务和承诺的资源存量及其补充；政府资源履行其债务、义务和承诺后的余额，该余额表示政府履责能力的可持续性；政府对所有可控资源的管理，并使其保值增值的状况，这是政府履责能力得以保证的基础。政府履责的整体能力得以正确评价的前提是政府会计能全面反映政府可控资源的总量与构成，以及所有义务、承诺和社会责任的规模与结构。

投入产出与效率方面。政府在行使法定职能时必然要耗费各种经济资源，由于一些政府官员的非完全理性施政，在资源的投入方面可能存

① 张国生：“改革预算会计和构建政府会计体系的思考”，《中南财经政法大学学报》，2005年第6期，第102—107页。

在无效或低效的情况，故有必要比较投入与产出，衡量政府资源投入的使用效率。政府投入—产出情况，以及资源使用效率的正确评价有赖于政府会计系统对项目投入（成本）和项目提供公共产品或服务（产出）的合理确认和准确计量。

成果（或效果）方面。成果与产出有密切关联，但又不等同于产出，它表明政府项目的效力，或对社会福利、经济发展和环境质量等方面的宏观影响。成果评价是政府绩效评价中的难点，其衡量需要结合财务指标和非财务指标，还需要考虑项目结果与预定目标的差异。成果可以通过产出与结果（政府项目的社会影响）的比较予以评价①。

经合组织（OECD）成员国的政府绩效报告改革大致可分为两大类：一是以英国和澳大利亚为代表的国家致力于政府整体层面的财务报告建设，将与政府绩效相关的财务信息作为广泛的政府财务信息的一部分，并鼓励在基本报表之外的其他部分报告非财务业绩指标，以帮助使用者评价政府部门的运营绩效。二是国家不仅注重在基本报表中反映政府绩效信息，还要求编制专门的绩效报告，如美国的服务提供与成就报告系统（SEA），芬兰的绩效目标和完成情况的责任报告。瑞典则将绩效报告列为政府所属机构年度报告的一个主要组成部分②。

（五）统计信息

统计信息是对政府财务状况、各项产出成本、产出的经济价值等信息的趋势分析。美国州和地方政府在年度综合财务报告（CAFR）中提供十年的统计信息，从中可以了解到各项经济信息的变化趋势，对政府的财政动向形成简单的判断。除上述五种信息之外，一个完整的政府会计报告体系还应当包括内部控制报告、审计报告等。

---

① 李建发、张曾莲："基于财务视角的政府绩效报告的构建"，《会计研究》，2009 年第 6 期，第 11—17 页。

② 常丽："新公共治理，政府绩效评价与我国政府财务报告的改进"，《会计研究》，2008 年第 4 期。

第二节　构造会计联动网络
推动政府治理创新

政府会计改革不是一项独立的技术尝试，而是整个政府管理创新的一部分，是政府与其所处的政治、经济环境相互作用的一部分。制度之间配套使用才有效是新制度经济学的一个命题①。政府会计改革只有在公共管理改革的整体氛围中各相关制度配合改革才能取得成功。

一、公开政府债务信息

政府债务数额庞大或债务结构不合理是许多国家正在面临的问题，欧债危机更是将这一问题推向公众的焦点。表面看来，财政支出过高是债务危机发生的原因。然而，仅仅把责任归咎于政府的“救市”之心或管理成本高、一味地强调减少开支，一方面会对经济发展产生不利影响，另一方面也是治标不治本。特别是在金融业全球化发展、信息网络四通八达的今天，各国家庭、金融机构、政府部门相互关联，形成了盘根错杂的资金关系网，任何一方都不能独善其身。政府减支措施或许能暂时缓解危机，但当金融网络中的一方出现问题时，危机仍会接踵而至。因此，避免财政危机的有效措施是建立起政府财务风险预警机制，这需要多方面的协调与配合。

对政府而言，资产和负债都具有与营利性组织不同的独特之处。负债项目主要包括基于公众对政府的期待而产生的隐性负债和或有负债，

① 诺斯：《制度、制度变迁与经济绩效》，上海三联书店，1994 年，第 176—223 页。

诸如社会保险项目负债、环境治理负债以及诸多的承诺事项等。这些特殊负债虽然存在确认和计量的困难，但揭示这些信息对于合理评价政府财务风险和持续服务能力具有重要意义。对于不能准确计量的项目，政府也要在财务报表附注中加以揭示和披露。

汉娜（Hana）在其财政风险矩阵中，将政府负债划分为直接显性负债、间接显性负债、直接隐性负债和间接隐性负债四类。其中，直接显性负债是由特定法律或和约规定的，在任何情况下都确定地会产生的政府义务。例如，政府举债，在任何情况下，它都由合约规定了政府必然有偿还义务。间接显性负债是由特定法律或合约规定的，由可能发生的某一具体事件而触发的政府义务。例如政府提供担保的债务，它由法律规定在被担保债务人到期无法清偿债务时，政府有义务清偿。这种义务以被担保人到期无法清偿债务为前提；直接隐性负债是法律或合约并未规定，而基于公众的期望、政治压力或社会对政府责任的理解确立的，在任何情况下都确定地会产生的政府义务。例如，政府对社会保障基金的支付义务等，并没有法律或合约制约政府，但公众会将其理解为政府应尽义务，这种期望会迫使政府必须承担义务；间接隐性负债是法律或合约并未规定，而基于公众的期望、政治压力或社会对政府责任的理解而确立的一种不确定性义务。例如，政府对自然灾害的赈灾义务等。

政府负债的全面披露，意味着政府财务报告不仅要反映政府的流动负债，还需要引入诸多长期负债项目，比如雇员福利准备、担保负债、环境负债以及社会保险项目负债等。日本政府在资产负债表中，将政府负债划分为流动负债和长期负债，尤其对于公共养老金负债也予以披露。政府负债的全面反映还必须借助于表外信息，如前瞻性的补充财务信息。前瞻性的财务信息主要是指有助于预测政府运营相关风险和不确定性的信息，诸如未来的大额支出和或有负债等。为了反映政府的综合财务境况，美国联邦政府财务报告提供了政府隐性负债和或有负债的规模及其分布状况的全景式信息，并在或有负债的注释中提出了或有负债的披露范围和披露标准，同时专门注释了承诺事项。不仅联邦政府资产负债表中专门列示了或有负债项目，财务报表注释中对可能存在或有负债的负债项目均予以说明，对项目整体数据中的或有负债部分的估计数也明确列示，同时说明了政府或有负债的披露标准。以社会保险负债项目为例，其解释说明不仅散见于多个报表注释中，同时在补充信息中对于一般社会保险、老年保健医疗以及退休职工和失业保险提供了集中性的解释、说明和相关数据①。新西兰还要求编制“政府借款表”、“承诺事项表”等反映政府债务和或有债务情况的报表。除此之外，我们还要规范各级政府债务发行标准，以此来保证政府债务发行的有序性。如表3－2所示。美国联邦政府就针对不同的或有负债制定了相应的披露标准。

表3－2　　美国联邦政府或有负债的披露标准

未来资源流出或损失的可能性	损失数额可以被合理估计	损失范围可以被合理估计	损失数额或范围不能被合理估计
可能性很大（发生的可能性远远大于不发生的可能性）	在资产负债表内予以反映	在附注中披露或有负债的性质和损失范围	在附注中披露或有负债的性质并说明不能合理估计的原因
应该会发生（合理判断）	在附注中披露或有负债的性质和估计的损失数额	在附注中披露或有负债的性质和估计的损失范围	在附注中披露或有负债的性质并说明不能合理估计的原因
可能性较小	不披露	不披露	不披露

① 常丽：“政府会计资产负债要素的界定及披露问题研究”，《东北财经大学学报》，2011年第1期，第55—59页。

二、拓宽政府审计思路

随着各国财政管理体制的不断优化，政府审计在公共资源配置中的作用日益重要。政府审计作为一项独立、客观的保证和咨询活动，旨在增加价值和改善管理，它通过一套系统的、规范的方法评价和提高政府活动中的风险管理、控制及其治理过程的有效性，帮助实现政府目标①。政府审计包含财务审计以及绩效审计两方面。在绩效预算等一系列以政府活动的效率和效果为导向的改革举措的推动下，绩效审计逐渐成为政府审计的主要内容。政府审计应形成独立的、社会化的评估机制和审计结果披露与问责机制，从而帮助引导政府行为、激励政府部门提升自身绩效，提高政府对公民的回应性。

（一）政府审计内容的绩效导向化

资金使用的合规性一直是政府财务问题的重点，这也是传统的政府财务审计的主要内容。资金使用的合规性固然重要，但它只是整个资金运用过程中很小的一部分，更重要的是对资金使用的效率和效果进行管理，即政府绩效管理。在持续改善政府绩效管理的过程中，政府绩效审计的作用不容忽视。政府绩效审计起着评价、反馈绩效信息，进而改善绩效管理的作用，开展政府绩效审计的目的是为了督促政府部门履行绩效责任。绩效审计最重要的特征是对变革的分析，这是绩效审计和传统审计的差别。财务审计通过对内部控制和实质性测试的复核，对项目或组织管理层编制的报告进行确认。绩效审计则寻求对被审计项目和组织的积极改进，成功的绩效审计的标准之一就是能够影响政府资源配置和决策②。

---

① 秦荣生："深化政府审计监督完善政府治理机制"，《审计研究》，2007 年第 1 期，第 3—9 页。

② Mark Funkhouser. The Spread of Performance Auditing Among American Cities. Kansas City. Dissertation in Public Affairs and Administrations, 2000.

1972年，美国审计总署在《政府机构、计划项目、活动和职责的审计标准》（Standard for Audit of Governmental Organizations, Programs, Activities and Functions）中明确提出了“绩效型”审计的要求：美国国家审计包括三大部分——财务和合法性审计、经济性和效率性审计、计划项目效果审计，其中后两者不属于传统的财务审计，而是绩效审计。此后，绩效审计成为了美国审计的主旋律。20世纪90年代后，在开放、负责、透明和民主的治理理念下，绝大多数先发国家的政府审计完成了从以财务、合规审计为中心向以绩效审计为中心的转变，形成了以绩效审计为主，绩效审计与财务审计并存的现代政府审计格局。例如，美国审计署（GAO）90%以上的审计工作是绩效审计[①]。美国审计总署发布的《政府审计准则》将政府绩效审计定义为“客观、系统地检查证据，以实现对政府组织、项目、活动和功能进行独立评价的目标，从而增强公共责任心，为实施监督和采取纠正措施的有关各方决策提供信息”。1983年公布的《英国国家审计法》将政府绩效审计定义为“检查某一组织为履行其职能而所掌握资源的经济性、效率性和效果性情况”[②]。

总的来说，先发国家政府审计存在如下特点：一是审计机构有独立性，独立于行政机关，但与司法机关和立法机关有很大联系。二是有法律依据。三是有完善的审计准则体系。如美国《政府审计准则》说明了审计报告的构成、审计目标、范围、方法、重大审计成果、纠正和改善经营活动的审计建议等十多项内容。四是隶属于立法机关的审计评估机构、政府内部评估、民间评估机构以及公民评议有机结合，形成360度的评估体系，确保评估质量，促进政府绩效的改善。

（二）政府审计主体的独立化和多元化

政府审计主体是指实施审计工作的组织或人员。独立性是审计主体

① 周亚荣：《政府治理视角下的中国政府绩效审计研究》，武汉大学出版社，2010年，第75—76页。

② 郝玉贵：《审计与政府绩效评估机制研究》，经济科学出版社，2010年，第60—61页。

必须具备的性质之一，这一点对于政府机构尤为重要。政府审计的实施者有必要在政治上和经济上同时独立于被审计机构。《利马宣言——审计规则指南》指出，“最高审计机关必须独立于被审单位之外并不受外来影响，才能客观有效地完成其工作任务”①。

使政府审计处于一种独立的地位，是世界各国政府审计中又一个内在的共同特征。英国国家审计署是国家审计机构，独立于政府之外，代表议会对政府公共开支进行审核，对议会负责并向议会报告工作。审计署可就政府所执行的项目、计划或任何其他工作活动及其结果进行审查并报告审计结果。它评估的对象不仅包括所有政府部门和政府机构，还包括逾半数使用公共拨款的社会团体。英国国家审计署为议会服务，每年向议会提交50多份报告，后者在此基础上，再向政府提交报告，就提高工作绩效给出各种建议。加拿大的政府绩效评估组织是国家审计公署，它是国会领导下的独立机构，主要侧重于对支出和决算的检查，在履职时具有充分的调查权，但没有直接的处理权②。

审计机关的聘用工作应当与传统的政府聘用和提升程序脱离，由审计机关根据自身的需要自行招聘与提升审计人员，并自行制定审计人员的工资标准。一定程度上也可采纳社会审计的一些做法，任免灵活，机关内部形成竞争机制，提高效率。这一政策在英国、加拿大审计公署的实行取得了良好的效果，他们自行制定工资标准，支付可以与私人企业相竞争的工资，激发了审计人员的工作兴趣并防止了人才的流失③。

政府审计主体的另一特征是多元化，即不仅仅由政府审计机关来实施。政府目标的多元性，必然带来政府内部的管理者以及政府外部的有关组织和人员对政府绩效所体现价值的不同认识，必然要求评估主体多

① 秦荣生：“公共受托经济责任理论与我国政府审计改革”，《审计研究》，2004年第6期，第16—20页。

② 郝玉贵：《审计与政府绩效评估机制研究》，经济科学出版社，2010年，第81—89页。

③ 周亚荣：《政府治理视角下的中国政府绩效审计研究》，武汉大学出版社，2010年，第131页。

元化[①]。这一观点可迁移至政府审计。尽管政府审计机关能够在一定程度上保持独立性，但这种独立性往往是有局限的，难以达到超然独立的状态。另一方面，不同的审计主体接受不同委托人的委托进行审计，其审计初衷和立足点难免存在差异，使得单一的审计主体模式无法顾及全部审计信息需求者的需要。政府审计机关与其他审计主体，如民间审计机构及其成员、独立咨询师等相互配合，可在审计资源、审计范围、具体审计目标等方面实现多方位互补。

三、借鉴企业财务管理来推动政府会计发展

政府活动的会计特点：一是更加重视社会监督和合法性问题；二是政府活动的价值、有效性、效率不能完全用货币单位予以衡量，必须兼而采用其他办法进行评价。政府会计概念框架的建立应尽量在政府会计的特殊性问题上加以强调的同时，与企业会计概念框架结构尽可能地保持一致。特别是，财务会计系统用来对中央政府的所有活动进行核算，要力求全面、真实地反映中央政府的净资产和财务状况。它的基础是权利和义务的确认，除中央政府特有的运行活动外，遵循私营企业权责发生制的会计原则[②]。诸如，目前英国的政府会计（包括中央政府层面与地方政府层面）与企业会计标准都共同遵循英国公认会计原则的要求。在地方政府层面，特许公共财务与会计协会与地方政府会计咨询委员会联合制定的地方政府会计标准，需要由主要制定企业会计标准的会计准则委员会（ASB）批准生效。而在中央政府层面，英国已经从 2008 年 4 月起直接引入国际财务报告准则（适用于企业），作为政府会计核算与报表编制的依据。中央政府对国际财务报告

① 彭国甫："对政府绩效评估几个基本问题的反思"，《湘潭大学学报》（哲学社会科学版），2004 年第 3 期，第 6—11 页。

② 财政部国库司《法国政府会计》考察团："法国的政府会计改革"，《预算管理与会计》，2007 年第 4 期，第 28—32 页。

准则的应用情况如下。

第一，直接采用大部分准则，并对政府部门应用这些准则的具体问题加以解释。《政府财务报告手册》就政府部门如何应用这些国际财务报告准则作出了解释。例如，要求政府部门遵循《国际财务报告准则第37号——准备、或有负债和或有资产》的规定，同时对政府部门应用该准则时的具体事项作出解释，如规定未来现金流量应采用英国财政部公布的实际折现率进行折现。

第二，《政府财务报告手册》对部分准则中不适合政府部门业务活动特点的规定进行调整，如存货、现金流量表、固定资产、雇员福利、退休福利计划等准则。

第三，《政府财务报告手册》对国际财务报告准则中未涉及的政府部门特有资产、特定事项等，就其会计处理作出专门规定。对国际财务报告准则未涉及的基础设施资产、继承性资产等政府部门特有资产、特定事项的会计处理，《政府财务报告手册》作了专门规定。如《政府财务报告手册》对基础设施资产进行了初步界定；对继承性资产进行了界定，并规定用于政府日常业务活动的继承性资产，参照其他同类非继承性资产确定价值，其他继承性资产按照成本或市价或扣除折旧后的重置成本来确定其价值。

第四，《政府财务报告手册》还对预算信息的披露作了专门规定，如规定了预算的定义、预算执行表的内容以及预算执行表的附注披露等[①]。

---

① 张娟："英国政府会计改革的回顾及启示"，《中南财经政法大学学报》，2010年第2期，第105—109页。

第三节 借鉴国际成功经验 探寻改革战略路线

政府会计改革模式可分为三种：以德法为代表的传统模式、以美国为代表的中庸模式和以英国为代表的激进模式。将三种变革路径加以比较可以发现，从德国、法国到英国，实现了政府会计由传统向“现代”的转变。政府会计改革方法并没有哪种更现代的区别，不同国家根据自身的实际情况选择适当的路径，以获取最佳效果。三种模式的最主要差别在于会计基础的运用。德法模式的传统在于更多地采用收付实现制基础，美国的中庸体现在将收付实现制基础与权责发生制基础巧妙结合，英国则在预算和会计领域同时进行了大刀阔斧的权责发生制改革。对不同改革过程的研究是探寻政府会计改革一般规律的必要步骤。

一、法国政府会计改革路径

法国政府实行集权型的预算管理体制，行政部门的预算力量超过议会。中央政府部门的支出以及地方政府的财政收支，全部纳入法国财政部国库进行集中管理。在预算执行中，法国注重对法规遵守，而并不强调预算资源的使用结果。随着欧洲一体化进程的深入以及新公共管理运动的影响，法国正推行以“绩效”为基础的预算改革，逐步从以资源为导向转变为以成果为导向。伴随着政府预算管理的改革，政府会计也正经历着重大的变革。

（一）法国政府会计改革路径

法国在总结世界各国的政府会计改革经验和详细分析本国实际情况的基础上，认为政府会计核算基础由收付实现制转向权责发生制将是时间跨度在8年至10年的一个漫长过程。因此，2003年法国政府总结了政府会计的改进过程并提出了一个改进的时间进度表采取了渐进式改革方案，如表3－3所示。

表3－3　　法国政府会计改进时间计划表

重要日期	重要事件
1982年	私人部门执行新的账户表
1999年	题为《应计制会计专门小组（accrual accounting taskforce）》的报告送交财政部，政府会计现代化的第一阶段开始
2001年6月28日	议会两院通过了宪法草案
2001年8月1日	《财政法组织法》（Organic Budget Law/Constitutional Bylaw on Budget Law）通过
2002年	公共会计准则委员会（CPAS）成立
2003年1月1日	预算导向讨论执行新的预算规则
2004年1月1日	除了要求地方政府将现金存入国库，其他规定都开始执行新的预算规则
2005年1月1日	引入修正收付实现制的新预算法
2006年1月1日	一般性账户（general accounts）采用权责发生制

2001年8月1日，该国议会通过一项新的法案——《财政法组织法》（Organic Budget Law/Constitutional Bylaw on Budget Law），对预算和会计系统作了新的规定，于2006年1月1日起正式实施。该法是法国预算和会计改革的法律保障，标志着法国朝新公共管理方向迈出了重要一步。新法案发布后，法国财政部正式启动了实施权责发生制会计的改革进程，主要从三个方面推进这一工作。一是组织设置。为研究和签署财政部提议的新公共部门会计准则，2002年法国财政部专门成立了中央政府公共会计准则委员会（CPAS）。新的政府会计准则的制定比较严谨。首先，对修订的准则和CPAS的注释进行初步评估；然后，将其送到私立部门会计准则制定机构——国家会计委员会（National Accounting Council），由它确定公共部门会计准则与公认会计准则（GAAP）的一致性；最后，新的会计准则经国家会计委员会批准才能对中央政府生效。

二是政府会计准则概念框架的构架。在这一过程中，政府会计准则起草稿首先由财政部预算与公共会计理事会的专门小组提出，然后交由 CPAS 审议，最后再送交国家会计委员会。新准则的执行则要由预算与公共会计理事会另一个专门小组来负责。三是新的信息系统的建立。法国为协调政府支出的说明、授权和设定，特意设计建立了新的政府预算与会计信息系统“ACCORD”。

此外，新法案还明确了政府会计核算的双重基础，即预算的执行采用修正的收付实现制，而政府会计报表则采用权责发生制。尽管进行权责发生制政府会计改革是大趋势，但对立即用权责发生制替代收付实现制来说，改革成本是巨大的，需要耗费大量的资源和人力。因此，法国政府实施的双重核算基础是适应法国实际情况的过渡性质的改革措施。它有利于对预算执行情况的及时反映，尽量回避了权责发生制为基础的预算的复杂性和可操纵性。权责发生制核算基础非常有利于对政府固定资产和各项成本费用进行客观反映，从而进一步提高政府财务信息的披露水平。

法国地方政府的预算和会计改革实际上是先于中央政府一步的。在由大区、省、市镇和市镇机关四类构成的法国地方政府中，市镇作为其中的主体，目前已经基本完成了预算和会计的权责发生制改革，下一步的改革将在省和大区中展开。在此基础上，法国未来还将着力提高市镇间报告信息的可比性，并对市镇间的预算和财务报告信息进行合并，以提高财务报告的编报效率。

（二）现行的法国政府会计模式

法国改革后的政府会计体系，包括预算会计、财务会计，以及成本会计三大组成部分。预算会计旨在全面反映和追踪预算执行，确保支出部门能够严格遵守预算拨款。预算会计的会计科目主要根据预算功能进行分类，采用了“现金 + 承诺”的会计基础，也即原有的收付实现制基础。财务会计旨在真实和公允地反映政府的财务状况，其会计科目主要根据经济性质进行分类，采用权责发生制基础。成本会计旨在有效进行成本分析，评估公共政策产出的成本；成本会计的成本分析项目按照产出进行分类；在会计基础方面，它采用权责发生制基础。三种类型的会计子系统构成了完整的政府会计体系，在功能上相辅相成。在整个支出过程（承诺—交货—付款—存货）中，预算会计负责追踪“承诺”到“付款”这一阶段，而财务会计负责追踪从交货开始以后的各个阶段。成本会计是在权责发生制财务会计基础上，根据产出分类建立起来的，负责成本的归集、计算与分析，因此财务会计和成本会计在各部门中相互合作，成本会计是以绩效为导向预算的一项重要的技术支撑①。

（三）法国政府会计准则制定和颁布

为建立一套政府会计准则体系，法国财政部专门成立了一个中央政府会计准则委员会，该委员会在 2002 年 5 月举行了第一次会议，截至 2009 年已经完成了 1 个中央政府会计概念框架和 15 个具体会计准则的制定工作②。概念框架提出了一些基本假设，并根据这些假设定义了一些主要概念，讨论了财务报表信息的范围和局限性。具体准则均是财务报告导向的，而且是在该概念框架的指导下制定的，主要用于规范财务会计行为。

（四）政府财务报告的主要内容

法国政府财务报告主要包括三个部分：一是主要介绍一些具有代表意义的事件，政府财务报告的范围、原则和方法；二是为政府财务报表及附注，是整个政府财务报告的核心；三是介绍其他相关重要信息。政府财务报表主要有三张：资产负债表、损益表和现金流量表。资产负债表反映政府控制的资产和承担的负债等财务状况，包括不动产、路桥资产、军用设施、存货、应收税款、金融负债、应付款项等资产和负债项目。但是政府征税的权力和养老金负债未在资产负债表中列示，养老金

① 路军伟、陈希晖：“法国政府预算与政府会计改革：评介与借鉴”，《审计与经济研究》，2009 年第 5 期，第 78—81 页。

② 殷红：“法国政府会计准则体系演进及其借鉴”，《财会通讯》，2010 年第 3 期，第 129—131 页。

负债是在报表附注中披露。损益表反映政府在一个财政年度发生的所有收入、支出及财务余额。损益表中收入分为主权收入、运营收入、转移收入和金融收入四大类。支出分为运营支出、转移支出和金融支出三大类。现金流量表反映政府现金流入和流出情况，包括日常活动产生的现金流量、投资活动产生的现金流量和融资活动产生的现金流量。附注是整个财务报告中篇幅最长的部分，主要提供有助于正确理解政府财务报表内容的信息，对一些表外承诺事项（如养老金负债）等进行详细分析解释，以进一步增强政府财务信息透明度。

此外，为保证政府财务报告信息的真实性、可靠性和准确性，法国从2006年首次编制政府财务报告开始，就一直对政府财务报告实行审计认证制度，由审计法院中有法官身份的人对政府财务报告出具审计意见。在法国，审计法院是一个独立司法机构①。

二、美国政府会计改革

美国政府会计历经漫长发展，形成了独特的政府会计体系。

（一）美国政府会计改革路径

美国政府会计有联邦政府会计和州与地方政府会计之分。相应的，美国政府会计规范的制定机构分为联邦政府会计准则咨询委员会（Federal Accounting Standards Advisory Board，简称FASAB）和美国政府会计准则委员会（Governmental Accounting Standards Board，简称GASB）。联邦政府会计和州与地方政府会计经历了各自发展，逐步趋同的过程。

1. 联邦政府会计改革

美国宪法规定："国库资财不能被提取，除非根据法律确定的拨款，所有公共资财的收入和支出的定期报告和账目应该及时发布。"宪法的这一规定事实上使国会在财务问题上在政府三大机构平等享有权利的同时

① 陈璐璐："法国、瑞士的政府会计管理体系及对我国的启示"，《财务与会计》，2011年第9期，第59—63页。

处于首位[①]。政府会计的规范权一直是各权力机构的主战场之一，国会也把会计作为其预算管理权的延伸，认为是自身权力的一部分。1921 年，《预算和会计法案》通过，审计署（原名 General Accounting Office，2004 年更名为政府责任署，General Accountability Office，简称 GAO）授命成立。此时的 GAO 集会计和审计职能于一身，有权制定会计规则和检查行政部门账簿。在很长一段时间内，联邦会计都是为预算服务的。

从联邦政府成立之初起，财政部就记录政府的现金余额、收入和支出，联邦会计的职责仅限于预算执行和监督。后来，经济萧条使得社会各界开始关注政府运营成本，部分研究者把目光转向权责发生制。19 世纪 50 年代，引入权责发生制会计的呼声越来越高，胡佛委员会（Hoover Commission）曾先后两次建议联邦政府会计采用权责发生制。1984 年，GAO 要求各部门采用权责发生制编制部门合并报告。1990 年，首席财务官法案通过，联邦政府会计准则咨询委员会（FASAB）于次年成立，成为联邦政府会计准则的制定者，但财政部、预算管理办公室（Office of Management and Budget，简称 OMB）和审计署对 FASAB 制定的准则享有一票否决权。尽管受到多方制约，独立的联邦会计准则指定机构还是成立了。

FASAB 成立至今，逐步建立了一套以权责发生制为基础的联邦政府会计准则体系。1996 年，《联邦管理改进法案》要求联邦机构按 FASAB 制定的联邦统一会计准则执行，从而获得立法支持[②]。2003 年，FASAB 获得了美国注册会计师协会对其准则权威性的认可，其准则成为一般会计原则（GAAP）的组成部分[③]。截至 2013 年 1 月，FASAB 共颁布了 7 则概念公告，44 个财务会计准则，7 则解释公告，8 项技术公告（Technical Bulletins）和 15 项技术布告（Technical Releases）。需要指出的是，

① 陈立齐：《美国政府会计准则研究》，中国财政经济出版社，2009 年，第 39 页。

② 余应敏："美国政府会计的发展及其对我国的启示"，《财政研究》，2008 年第 1 期，第 74—77 页。

③ 张琦、程晓佳："政府财务会计与预算会计的适度分离与协调：一种适合我国的改革路径"，《会计研究》，2008 年第 11 期，第 35—41 页。

尽管美国已建立起了权责发生制会计体系，能更加真实全面的反映受托责任履行情况，但预算方面仍采用收付实现制。收付实现制具有操作简便、不易篡改、更为客观的优点，但在一定程度上可能造成财政赤字的低估，尤其是对政府未来期间可能承担的债务的低估。

2. 州和地方政府会计改革

20 世纪初期，一些州和地方政府受到腐败和管理不善的指责。批评者认为，落后的财务体制是违法乱纪的根源，政府应当将其财务资源分离，以保证资金用于经批准的用途。在这种批评声中，许多政府开始尝试设立单独的资金账户，把不同用途的资金分开管理。单独设置现金账户的管理方法逐渐演变成了美国特有的基金会计。

在基金会计产生的同时，已有人提出将商业会计程序与方法引入地方政府的财务管理中，建议采用权责发生制，通过政府资产负债表对政府运行能力进行衡量，主要目标是防治腐败和提高政府效率。经济萧条同样对地方政府财务产生了很大影响，偿债风险不断出现，地方政府会计急需得到科学的统一规定。1934 年全国地方政府会计委员会（NCMA）成立，开始要求采用权责发生制会计。第二次世界大战后，政府会计全国委员会（NCGA）取代了 NCMA。19 世纪 70 年代，许多地方政府再次发生财政危机，引发了新一轮的政府会计改革，不同以往的是，此次改革的主要目标在于体现政府的受托责任。1968 年，NCGA 对一系列政府会计准则进行汇编，冠以“政府会计、审计和财务报告”的题目。1984 年，独立运行的美国政府会计准则委员会（GASB）宣告成立，负责制定和发布政府会计准则，其资金来源是财务会计基金会（简称 FAF）。1986 年，美国注册会计师协会承认了 GASB 制定准则的权威性，这意味着注册会计师审计必须遵循 GASB 准则的规定。1999 年，GASB 颁布的第 34 号公告《州和地方政府的基本财务报告以及管理讨论和分析》规定基本财务报表由政府整体层面财务报表和基金层面财务报表共同组成，允许州与地方政府保留基金会计，编制基金和政府层面双重财务报告。34 号公告是美国州和地方政府会计改革的一个里程碑，它以增强政府受托责任为指导思想，强调反映政府整体层面的财务状况，披露其综合运营信息。34号公告允许保留原有的基金形式的报告，这在一定程度上减少了改革的阻力，另外，基金会计在保障财政合规性方面有其特殊作用。截至2013年1月，GASB共公布了准则69项，5项概念公告，6项解释公告。

（二）美国政府会计原则概要

在政府会计的许多基础性问题上，FASAB和GASB分别给出了规范。

1. 联邦政府会计原则

与州和地方政府相比，联邦政府肩负着更大的经济受托责任、面临着来自国会的更强的预算干预，这要求联邦政府会计能够同时扮演财务管理者、预算协管者，以及财政信息发言人的角色。

（1）会计目标。FASAB对联邦政府财务报告提出了四项基本要求：一是促进政府收支遵循预算及相关法规；二是帮助报告使用者评估报告主体所提供的服务努力程度、成本及成果并说明提供服务有关的融资情况主体的资产和负债管理；三是帮助报告使用者评估政府当期投资及运营对国家的影响，并充分反映政府财务状况的变化及未来可能的变化；四是帮助报告使用者了解政府财务管理系统与会计管理控制的有用性①。目标一是对合规性的反映，目标二、三则体现了效率性的要求，目标四属于内部控制范畴，是实现前三个目标的保障。也就是说，FASAB是从合规和高效两个角度出发来定位政府会计目标的。

（2）会计主体。FASBA要求政府会计主体符合以下标准：有资源的控制及分配权，有产出或结果，有预算执行权，对自身绩效负责。FASAB准则适用于所有联邦实体及和合并体，不仅包括政府整体和组成单位，还包括政府举办的学校、医院等公立非营利组织、国有企业以及基金主体。

（3）会计基础。联邦政府会计经历了从收付实现制到收付实现制与

① 财政部国库司赴美政府会计培训班："美国政府会计改革及其对我国的启示"，《财务与会计》，2007年第17期，第53—55页。

权责发生制相结合，并在不同方面得到不同程度修正的过程。

（4）会计要素及其确认和计量。联邦政府会计要素主要分为资产、负债、净资产、收入、费用五大类。前三项是资产负债表要素。资产有现金及其他货币资产、存货、应收账款、房屋设备等，但不包括自然资源。负债包括公众持有的联邦债券、应计利息、应付联邦雇员和退伍军人福利、担保负债等。资产负债类要素以权责发生制为基础。联邦会计准则还对承诺和或有事项进行了规定：政府的契约性承诺会带来未来财务资源的耗用，如长期租赁义务、对国际自治金融实体的捐助义务等。社会保险项目的承诺在社会保险报表中单独报告①。

联邦政府会计准则对收入和支出的确认标准不同，但都介于收付实现制和权责发生制之间。收入分为非交易性收入和交易性收入。非交易性收入在收到价款时确认，如税收；交易性收入则在提供服务时确认。支出一般在发生时确认，但须计提折旧与摊销。

（5）报告。FASAB准则要求报告主体提供通用财务报告，至少包含三个部分，管理层讨论与分析、基本财务报表、财务报表附注及其他必要的补充信息。其中，管理层讨论与分析是对整体及重大财务活动的简要分析与说明，能为信息使用者提供有关主体财务的概况。基本财务报表由政府和基金两个层面构成：政府层面报表从主体的角度反映财务状况和经营成果，包含净资产表、净成本表以及业务活动情况表；在基金层面，对主要基金应当单独编制报表，非主要基金可以合并编制。第25号准则还将社会保险表加入基本财务报表的范畴。

报告主体的另一个义务是反映预算执行情况。反映预算执行情况的报表应当包含以收付实现制为基础的收入情况报表、支出情况报表、年度预算比较表。对于预算执行情况的符合性分析能帮助报表使用者了解预算基础和权责发生制会计基础之间的关系。美国联邦政府财务报告分为本级财务报告和合财务报并告。被确定为联邦报告主体的每个联邦机

① 赵西卜：《政府会计建设研究》，中国人民大学出版社，2012年，第150页。

构、项目和预算账户，均应提供本级财务报告。在编制本级财务报告的同时，还要编制以权责发生制为基础的整个联邦政府的合并财务报表。所有主要联邦机构都按照 FASAB 准则来编制并发布机构层面的财务报表。

2. 州和地方政府会计原则

州和地方政府会计经历了漫长的发展过程，由最初的各自为政逐渐互相靠拢，在 GASB 的带领下形成了覆盖广泛、内容详实、规范越来越严密的财务管理与报告系统。

（1）会计目标。GASB 在 1 号概念公告《财务报告目标》中将反映受托经济责任定义为财务报告的最高目标。受托经济责任包含两个方面：财政受托责任和运营受托责任。财政受托责任指政府证明其当期活动遵守了短期内（通常是一个预算周期或一年）有关公共资金收入和支出的公共决策的责任。运营受托责任指政府对其使用所有可得资源、有效和高效率地实现运营目标的程度，以及是否能够在可预见的将来继续实现目标进行报告的责任。简言之，财政受托责任关注的是合规性，运营受托责任关注的是政府整体的运营成果，即效率问题。

（2）会计主体。GASB 第 14 号公告规定，报告主体是基本政府和尽管在法律上独立但政府为其负有财务责任的构成单位。第 39 号公告规定，一个在经济上为了基本政府的直接了利益而建立和存在的组织应当被看作下属单位[①]。

（3）会计基础。州和政府会计的一大特点是运用了多种权责发生制。首先，它把修正的权责发生制运用于政务基金的核算。政务基金是第一大基金，它核算了大部分由税收支持的政府活动。第二大基金权益基金记录了政府从事的企业性质的活动，这些“企业”的收入通常可以弥补其成本，因此，在会计确认上，权益基金追求收入与费用的配比，这就决定了权益基金运用的会计基础是权责发生制。此外，政府整体财务报

① 陈立齐：《美国政府会计准则研究》，中国财政经济出版社，2009 年，第 81 页。

表同样运用权责发生制，从而更全面地反映政府整体的财务状况和运营成果。

（4）会计要素及其确认和计量。州和地方政府对会计要素的基本分类与联邦政府相同，即资产、负债、净资产、收入、费用五大类。会计学者李建发提出了“对权责发生制敏感”的概念：美国州和地方政府对政务基金收入按来源渠道选用不同的确认基础，那些“对权责发生制敏感”（Susceptible to Accrual）的收入项目通常采用修正的权责发生制确认，其他的项目则采用收付实现制或在最初确认为“递延收入”。“对权责发生制敏感”要求该笔收入能够可靠计量性且可为当期支出所支用。通常，财产税收入、政府间补助收入、基金间转移、或当纳税人负债已经成立或账款收回可以肯定，以及可以合理地估计的销售或所得税等项目采用应计制确认，其他收入项目则采用现金制确认①。

（5）报告。GASB 要求州和地方政府提供综合年度财务报告（Comprehensive Annual Financial Report，简称 CAFR）。该报告同样包含基金和政府两个层面。会计人员需要在不同的会计基础间进行转换，以生成统一会计基础的政府整体层面财务信息。CAFR 由管理讨论与分析（MD&A）、政府层面和基金层面的基本财务报表、财务报表附注和其他补充信息等组成。政府层面财务报表包括净资产表和业务活动表，全面采用权责发生制。2004 年，GASB 通过 44 号公告，要求 CAFR 加入统计部分数据，涵盖财务趋势、收入能力、债务能力、人口和经济、运营状况等信息，即对历史性财务与经济信息的综合列报和分析，从而反映出政府财务状况的变化及发展趋势。州和地方政府并不发布部门的财务报表。

为增强财务信息的完整性，报告中还增加了协调预算基础和会计基础的报表，即在收付实现制和权责发生制之间对账。公认会计原则（GAAP，GASB 准则属于 GAAP）和预算编制基础之间往往存在很大差异。如果在基本财务报表中列报预算比较，就要求对两者进行对账调整，对于在 CAFR

① 李建发：“从中美政府会计的差异看我国预算会计改革”，《会计研究》，1997 年第 2 期，第 41—45 页。

其他部分披露的预算比较没有类似的要求，然而，只要预算编制基础与GAAP不同，就应该在单个基金预算比较的标题中指出①。

专栏3－2

芝加哥市2011年CAFR结构

一、介绍部分（INTRODUCTORY SECTION）

提交函（Letter of Transmittal）

优秀财务报告成绩证书（Certificate of Achievement for Excellence in Financial Reporting）

组织机构图表（Organization Chart）

二、财务部分（FINANCIAL SECTION）

独立审计师报告（Independent Auditors Report）

管理讨论与分析（Management's Discussion and Analysis）

基本财务报表（Basic Financial Statements）

表一　政府整体的净资产表（Statement of Net Assets）

表二　政府整体的活动表（Statement of Activities）

表三　政务基金资产负债表（Balance Sheet，Governmental Funds）

表四　政务基金损益表（Statement of Revenues，Expenditures and Changes in Fund Balances － Governmental Funds）

表五　政务基金损益表和政府整体活动表的对账调整表（Reconciliation of the Statement of Revenues，Expenditures，and Changes in Fund Balances of Governmental Funds to the Statement of Activities）

① （美）政府财务官协会编：《政府会计、审计和财务报告》，财政部国库司译，经济科学出版社，2011年，第326页。

表六　普通基金损益表——预算与实际对比（Statement of Revenues and Expenditures - Budget and Actual, General Fund (Budgetary Basis))

表七　权益基金净资产表（Statement of Net Assets, Proprietary Funds)

表八　权益基金损益表（Statement of Revenues, Expenses and Changes in Net Assets, Proprietary Funds)

表九　权益基金现金流量表（Statement of Cash Flows, Proprietary Funds)

表十　信托基金报表（Statement of Fiduciary Funds)

表十一　养老信托基金的计划净资产变动表（Statement of Changes in Plan Net Assets, Pension Trust Funds)

基本财报报表附注（Notes to Basic Financial Statements)

其他退休后福利计划的筹资进程表（Schedule of Other Postemployment Benefits Funding Progress)

合并及单个基金报表（Combining and Individual Fund Statements)

普通基金（General Fund)

普通基金收入的预算与实际对比（Schedule of Revenues - Budget and Actual (Budgetary Basis))

非主要基金（Nonmajor Governmental Funds)

合并资产负债表（Combining Balance Sheet)

合并损益表（Combining Statement of Revenues, Expenditures, and Changes in Fund Balance)

非主要特种收入基金（Nonmajor Special Revenue Funds)

合并资产负债表（Combining Balance Sheet)

合并损益表（赤字）（Combining Statement of Revenues, Expenditures, and Changes in Fund Balance (Deficit))

合并收入的预算与实际对比（Combining Schedule of Revenues - Budget and Actual (Budgetary Basis)）

合并支出和负担的预算与实际对比（Combining Schedule of Expenditures and Encumbrances - Budget and Actual (Budgetary Basis)）

非主要资本项目基金（Nonmajor Capital Project Funds）

合并资产负债表（Combining Balance Sheet）

合并损益表（Combining Statement of Revenues, Expenditures, and Changes in Fund Balance）

信托基金（表略）（Fiduciary Funds）

三、统计部分(未审)(STATISTICAL SECTION(Unaudited))

表一　净资产构成表（十年）（Net Assets by Component, Last Ten Years）

（中间部分略）

表三十一　互换交易对手实体（SWAPS Counterparty Entities）

资料来源：根据 http://www.cityofchicago.org/city/en.html 资料整理。

GASB 在 1994 年公布的 2 号概念公告《服务绩效报告》（Service Efforts and Accomplishments Reporting，简称 SEA Reporting）中写道，“为使通用财务报告中的信息能够帮助报告使用者评价政府责任的履行情况和更好地作出决策，有必要根据信息使用者的需求变化扩大通用财务报告范围……考虑到报告使用者的信息需求以及财务报告对绩效评估的作用，GASB 认为服务绩效信息应当成为通用财务报告的一部分”①。2008 年，GASB 对 2 号概念公告进行了修订，发布了 5 号概念公告《服务绩效报告修订公告》，并强调 GASB 无法对州和地方政府服务的目的、具体非财务

① GASB, GASBCS No. 2 “Service Efforts and Accomplishments Reporting”, 1994. 4.

衡量方法或指标、衡量标准或基准作出规定，这应当是报告主体的任务[①]。GASB 没有对 SEA 报告作出详细的规定，但对报告的几大要素作出了定义，为州和地方政府实施该计划提供了指引。GASB 设立了 SEA Reporting 网站（http：//www. seagov. org/），用以进一步研究 SEA 准则的制定并提供了已公布绩效信息的州和地方政府网站的链接。

（三）美国政府会计的特点

尽管美国政府会计分为联邦政府会计与州和地方政府会计两个体系，但经过长期的发展，两者之间有着很大的共性，由此可以归纳出美国政府会计的几大特点。

1. 充分体现公众参与性

现行的美国政府会计主要是以外部信息使用者为导向的。为此，研究者不断改进和丰富政府会计报告体系的内容报告模式，以适应不断变化的信息需求。提升财政透明度是各国政府会计改革的重点之一，不仅要让信息公开，还要让信息可读，从而形成信息提供者与使用者间的互动。从信息传播学的角度看，政府财务信息传递有传播和反馈两个主要过程，且彼此影响，即反馈的前提是传播，而反馈可以促进更好地传播。所以关注外部信息使用者的需求也是关注政府自身的需求，因为公众的积极参与能使政府财务报告改革有的放矢，提高改革的效率和效果。

美国政府会计是“社会公认型”的典范。联邦会计准则制定机构 FASAB 以及州和地方政府会计准则制定机构 GASB 都属于民间非营利组织。美国联邦与州和地方政府在财政管理权和受托责任范围上各自为政的特点意味着难以形成一个统一的会计体系，但如果任由州和地方政府自设会计规则很容易造成混乱，不利于宏观信息的生成。美国的民间机构一直十分活跃，有较大的影响力，这就决定了可以借助强有力的民间机构的力量来规范州和地方政府会计。不仅如此，这些民间机构并不以财政为经济来源，得天独厚的独立性优势使其制定的准则更加客观、有

① GASB, GASBCS No. 5 “Service Efforts and Accomplishments Reporting_ an Amendment of GASB Concepts Statement No. 2”, 2008. 11.

说服力。

外部信息需求导向与"社会公认"从不同角度说明了美国政府会计具有公众参与性，国家的财政大权不仅仅由政府掌握，政府的根本职责是服务。

2. 采用特有的基金会计模式

基金会计是美国政府会计最具特殊性之处，美国政府会计系统是以基金为基础来组织和运行的。每个基金都是一个独立会计主体，拥有一套独立的会计账户，独立于其他基金和非基金账户而发挥作用，每个政府部门又是不同种类基金的组合体。联邦政府的基金一般分为"政府所有或联邦基金"（Government - owned or Federal Funds）和信托及保管基金（Trust or Custodian Funds）。前者包括普通基金（General Fund）、特别基金（Special Funds）、循环基金（Revolving Funds）和管理基金（Management Funds），后者主要有信托基金（Trust Funds）和存储基金（Deposit Funds）[①]。

美国州和地方政府使用基金的分类按照资源性质、用途以及管理特点分为政务、权益和信托基金三类。政务基金（Governmental Funds）主要是核算普通政府活动（例如消防、公安）中可以支用的流动资产、相关负债、净资产变动及余额，包括用于行政活动的普通基金（General Funds）。政务活动的两个主要收入来源分别是税收和政府间收入，绝大多数的州和地方政府的政务活动是靠税收来提供资金的。此外，从上一级政府获得补贴或补助也是州和地方政府的一项重要收入来源。政务基金会计的计量重点是当期财务资源，那些不会增加当期财务资源和运用当期财务资源的交易事项不在政府基金会计核算范围内。政务基金确认收支采用修正的权责发生制，即在付出现金和短期负债增加时确认支出，在政府的权利成立（如发生应税业务）时确认收入。权益基金（Proprietary Funds）主要是核算政府商业活动（例如，公用事业、公文系统）中

① 李建发："从中美政府会计的差异看我国预算会计改革"，《会计研究》，1997年第2期，第41—45页。

的收入、费用、资产、负债和权益。权益基金会计的计量重点是经济资源，采用的会计核算基础是权责发生制。信托基金（Fiduciary Funds）核算的内容是政府为其他方利益以信托或代理方式持有的资产。

在基金会计（Fund Accounting）模式下，政府基金和受托基金中的可支用信托基金（Expendable Trust Funds）只是当期可支用财务资源（Expendable Financial Resource）的概念，基金资产和基金负债一般只包括流动资产和流动负债，至于长期资产和长期负债则分别通过普通固定资产账户群（General Fixed Assets Account Group）和普通长期负债账户群（General Long - term Liability Account Group）来确认、记录和报告，这有利于区分政府在各财政年度的财务受托责任。最终，基金信息通过一定的转换与合并抵销，上升为政府整体层面的财务信息，更直观的反映政府整体的受托责任。特别是，美国不仅在政府部门内部实行基金会计模式，还将其推广到了一些政府部门举办的非营利组织当中，形成了比较完整的基金会计体系①。

3. 会计核算基础体现多元性

美国政府会计既没有完全接受权责发生制，也没有坚持传统的收付实现制，而是根据财务资源和业务活动的特点对不同基础进行了修正，从而形成了收付实现制与权责发生制混用的模式。从其财务报告来看，基金层面报告的基础大多是经过较大修正的，而政府层面的财务报告采用的是比较完全的权责发生制基础。这种混合编报基础的优点在于比较灵活，可以区别政府财务资源的特点和业务活动的性质灵活掌握。

4. 改革方式注意采取渐进式

美国政府会计改革方式实质上也融合了渐进式的特征。以政府财务报告改革为例，美国州和地方政府长期以来一直采用的是基金会计主体，在政府会计改革中，政府会计准则委员会希望新的财务报告系统可以反映政府整体的财务状况和运营成果，同时，为了减少改革的阻力，因而

① 白彦锋："基金会计理论与我国政府会计改革"，《中央财经大学学报》，2007 年第 9 期，第 93—96 页。

保留了原有的报告方式，即以原有基金报告为基础，合并形成政府层面的财务报告。

5. 政府会计与预算管理紧密结合

政府会计的一个重要功能是监控预算执行。GASB 规定，每个政府单位都应采用年度预算，会计系统应该提供适当的预算控制基础，提供预算比较报表。预算比较报表的内容要包括：初始预算、报告期的最终预算、以预算基础计量的财务资源的实际流入、流出和余额。美国政府会计系统除了按公认会计原则进行报告之外，还应在会计系统内实现预算控制，反映对相关法律和合同（如年度经营预算）的执行情况。美国在政务基金的总分类账中设置了预算账户，并要求预算账户包括“预计收入”和“拨款”两类账户，分别用于记录本年的所有预计收入和拨款实际情况，以提示政府避免无意超支，便于政府随时了解和掌握执行情况与预算的差别，更好地实施预算控制。

三、英国政府会计改革

英国财政部同时具备预算管理与财务管理的职能，这促进了预算与会计的同向发展，彻底打破了传统的政府预算和会计模式。

（一）英国政府会计改革路径

英国分为英格兰、苏格兰、威尔士及北爱尔兰四个地区和大伦敦市，地区下辖郡、县。地方政府隶属中央政府，中央政府拥有对地方政府的规范权和监督权，但地方政府也相对独立，在本辖区内拥有征税权和举债权，负责在本辖区内面向居民提供公共服务①。在政府会计管理与发展方面，英国中央政府与地方政府长期以来保持着相对独立的关系，英国财政部具体负责中央政府会计管理，制定发布相应的会计规范。地方政府会计实务操作则主要遵守特许公共财务与会计师执业协会（CIPFA，

① 张娟：“英国政府会计改革的回顾及启示”，《中南财经政法大学学报》，2010 年第 2 期，第 105—109 页。

the Chartered Institute of Public Finance and Accountancy）制定的会计准则[①]。中央政府会计和地方政府会计有着不同的发展路径。

1. 中央政府会计改革

传统的英国政府会计以收付实现制为基础。1921 年的《财政与审计部门法案》（Exchequer and Auditor Departments Act）可视为英国权责发生制政府会计的起点。法案要求中央政府在其所从事的商业活动中采用权责发生制，但其他活动仍采用收付实现制。权责发生制下的商业活动信息仅作为以收付实现制为基础的财务报告的补充资料。20 世纪 70 至 80 年代，英国中央政府陆续从政府中剥离并成立了一些专门的机构和基金（不仅限于商业范畴），并直接将权责发生制应用于其中，使得权责发生制在中央政府所属的机构和基金中率先得到了应用。

20 世纪 90 年代中期开始，英国中央政府开始尝试在政府部门采用资源会计，并逐步运用权责发生制进行会计核算和编制财务报告。1994 年，英国财政部在其发布的绿皮书《更好地核算纳税人的钱——政府资源会计与预算》中首次提出“资源会计与预算”的概念，并于次年正式声明准备在政府部门推行权责发生制会计和预算。之后的推行步骤分为：（1）制定会计制度、评估各部门资产等；（2）成立财务报告咨询委员会（Financial Reporting Advisory Board，简称 FRAB）；（3）部分政府部门试编权责发生制会计报告；（4）全部政府部门试编权责发生制会计报告；（5）公布第一版资源会计手册（Resource Accounting Manual，简称 RAM）；（6）接受审计总署的非正式审计。2000 年 7 月，英国议会通过了《政府资源与会计法案（2000）》（the Government Resources and Accounts Act 2000），为英国中央政府实行权责发生制预算与会计提供了法律依据。同年，英国各政府部门同时向议会提交两套经审计的报告，分别是收付实现制基础的拨款报告和权责发生制基础的资源报告。次年，英国首次在中央政府部门预算中采用权责发生制。

① 陈璐璐：“英国政府会计管理与改革情况及对我国的启示”，《会计研究》，2007 年第 10 期，第 24—30 页。

在整体合并报告方面，英国政府于1998年承诺编制以权责发生制为基础的政府整体财务报告，并以编制中央政府的整体财务报告为突破点，对编制包含地方政府和其他公共部门的总合并报表进行成本效益分析。2003至2004财年，英国首次公布了权责发生制基础的中央政府整体合并财报。目前，英国已开始编制政府整体财务报告（WGA，Whole of Government Accounts）。截至2013年1月，英国财政部已正式公布了2009至2010和2010至2011两个财年的政府整体财务报告。

2. 地方政府会计改革

与中央政府会计改革不同的是，地方政府会计改革是渐进式的，逐步从收付实现制基础过渡到修正的权责发生制基础，再到完全的权责发生制基础。而中央政府会计改革是从收付实现制直接到完全的权责发生制。英国地方政府会计采用权责发生制的历史远远早于中央政府会计。由于英国地方政府会计变化主要是靠会计职业团体力量推动向前发展的，是一种自下而上的缓慢变革，权责发生制的应用范围也是逐步扩展的，很难明确地划分改革阶段。时至今日，英国地方政府会计和预算已采用了完全的权责发生制①。

地方政府会计改革的过程中，会计与预算的关系也逐渐发生了变化。地方政府会计实现了由单纯的反映预算到同时披露政府整体财务信息的转变。1982年颁布的《地方政府财政法案》建立起了地方政府会计的框架。20世纪90年代中期，英国地方政府正式被要求编制政府整体的财务报告，并将会计系统与预算系统分离。1996年颁布的《会计审计规范（1996）》详细界定了地方政府财务报告的内容与组成部分。自20世纪90年代起，英国的特许公共财务与会计协会（CIPFA）与地方政府（苏格兰）会计咨询委员会（LASAAC）共同成立了一个联合委员会，并按年度发布《推荐实务公告》（SORP，Statement of Recommended Practice）。目前，英国地方政府会计标准基本以英国公认会计原则为基础，按照地

① 陈璐璐："英国政府会计管理与改革情况及对我国的启示"，《会计研究》，2007年第10期，第24—30页。

方政府的特殊环境通过适当修改后形成[1]。

（二）英国政府会计的特点

目前，世界上已有许多国家实行了权责发生制政府会计改革。相比之下，英国权责发生制改革进行的比较彻底，在会计和预算方面均实行了完全权责发生制，具有较为明显的特点。

1. 实行资源预算和现金预算双重控制

英国在反映权责发生制基础政府财务信息的同时，也很重视对现金信息的反映和控制，要求各部门同时提供权责发生制和收付实现制两种信息，但前者比后者更详细。比如，在部门资源报告中会反映一个部门中各项目对资源的需求额，但是只反映部门现金需求总额，不反映各项目的现金需求额。在财政年度开始前，部门都有两个预算限额经议会批准：一是现金需求限额，二是资源需求限额。如果任何一个限额被突破，该部门的财务报告会获得保留意见审计报告。这一做法既保证了议会现金控制权，又使部门在财务管理方面拥有了一定的灵活性，能更有效地运用获得的资源。

资源会计和预算是英国在改革中采用的独特概念。所谓资源会计与预算（RAB）是一种以权责发生制为核算基础的中央政府会计与预算，即采用权责发生制基础进行政府预算的编制、预算执行的会计处理和政府财务报告的编制，以更全面、系统地反映公共部门运行本或资源耗费的成本。它按部门目标对支出进行分析，反映议会的控制，并侧重于产出，而不是投入。采用“资源会计”这一术语主要是强调英国政府所倡导的变革并不仅仅限于权责发生制会计技术的应用，更重要的是将投入与部门的目标、产出相联系，因而能更正确地衡量政府公共事务的产出与成本，提高资源的使用效率[2]。

---

① 张琦：《政府会计改革——系统重构与路径设计》，东北财经大学出版社，2011年，第75页。

② 张娟：“英国政府会计改革的回顾及启示”，《中南财经政法大学学报》，2010年第2期，第105—109页。

2. 政府会计与预算协调发展

英国不仅在政府会计中采用了权责发生制，而且在政府预算中也采用权责发生制，从而使得会计数据和预算数据保持了一致性，能实现权责发生制基础上的实际发生数和预算数的比较，便于有效实施预算管理与执行控制。英国认为如果政府会计与预算的基础不一致，很可能会使预算执行失去有效控制，加大预算管理风险。

英国的财政部是中央政府会计准则制定的核心，国会和国家审计署不具有制定会计准则的职能。这与美国的情况不同。此外，英国的财政大臣同时拥有预算和财务管理的职能，使得预算管理系统与会计核算系统容易协调发展，互为支持。这种特殊的制度安排也意味着，英国的预算改革与政府会计改革往往是难以分离的，其最终产物必然是两者的结合物——政府预算与会计制度①。

3. 政府整体财务报告覆盖范围广

英国政府整体财务报告（WGA，Whole of Government Accounts）是一套以权责发生制为基础的包括所有公共部门（约 1500 个）的合并财务报告，也就是将所有公共部门当作一个主体编制的财务报告。英国政府整体财务报告与世界上其他已采用权责发生制会计的联邦制国家编制的政府整体财务报告不同，联邦制国家编制的政府整体财务报告范围仅限于本级政府，要么是联邦政府整体财务报告，要么是地方政府整体财务报告，分别属于不同的政府层次。而英国政府整体财务报告则是包括所有层次公共部门的合并财务报告。相比之下，英国政府整体财务报告编制更为复杂，它所包含的实体可分为以下几类：（1）中央政府。包括政府部门资源账户（government departmental resource accounts）、国家贷款基金账户等核心政府财政基金、非部门公共实体、养老金计划（包括中央政府养老金计划、国民保健服务、教师等其他非基金性的雇员养老金计划）、部门资源账户中未包括的国民保健服务实体等。（2）地方当局

① 张琦：《政府会计改革——系统重构与路径设计》，东北财经大学出版社，2011 年，第 84 页。

(local authorities)。包括四个地域的各类议会（单一制议会、郡议会、自治市镇议会、区议会等）；消防机构、警察机构、缓刑委员会、旅客运输机构；废物处理机构、资源保护局；地方教育当局及学校等。(3) 公营企业（public corporations)。包括国有行业、其他公营公司、营运基金等。

第四节 审视政府会计现状 勾勒改革战略路径

政府会计与社会政治经济环境密切相关。可以说，政府会计寓于特定的社会政治经济环境之中[①]。由于中国的经济改革走的是渐进式道路，政府会计改革势必将是循序渐进式的，在引入权责发生制会计上也将是渐进式的，不可能一蹴而就[②]。

一、认清中国政府会计现实

一直以来，中国并没有真正意义上的政府会计，而所谓的政府会计是建立在收付实现制基础上的预算会计体系。建立在收付实现制基础上的预算会计只反映了与当期预算执行相关的财务收支情况及财务状况，并没有连续、全面、系统、完整的反映预算收支对政府财务状况以及政府未来运作能力产生的累积影响。中国的预算会计体系由财政总预算会计、行政单位会计、事业单位会计以及参与预算执行的国库会计、税收

① 李建发："从中美政府会计的差异看我国预算会计改革"，《会计研究》，1997年第2期，第41—45页。

② 刘玉廷："我国政府会计改革的若干问题"，《会计研究》，2004年第9期，第3—6页。

征解会计和基本建设拨款会计等组成[①]。这种“三足鼎立”的会计模式将资金的配给与控制割裂开来，难以达到控制财政资金使用的目的。例如，财政总预算会计只能核算预算资金的“收”和“拨”，且核算重心在于“拨”。财政资金通过拨款进入支出单位账户后，拨款的效益往往不能在总预算会计的账面上得到充分的反映，财政部门与行政事业单位之间的有机联系被人为地切断，两者之间存在信息障碍，容易导致腐败的产生以及政府失灵[②]。

由于中国的预算会计主要侧重于财政资金的收支核算，对各单位占有的大量长期资产关注不够，致使行政事业单位长期资产的核算存在账目不实、资产虚增等问题，不能真正、全面地反映各单位占有的经济资源及其使用情况[③]。而在负债方面，近年来，随着中国地方政府投融资平台数量和融资规模的不断扩大，地方政府的负债规模也在急剧膨胀，大规模的投融资给地方政府带来了居高不下的债务[④]。据审计署《2009 年度中央预算执行和其他财政收支的审计工作报告》，截至 2009 年底，审计调查的 18 个省、16 个市和 36 个县本级政府性债务余额合计 2.79 万亿元。其中，2009 年以前形成的债务余额为 1.75 万亿元，占 62.72%；2009 年新增 1.04 万亿元，占 37.28%[⑤]。

近年来，为适应中国社会主义市场经济体制的不断完善和发展，中国实施了一系列财政预算管理制度改革，主要包括部门预算、政府收支分类、国库集中支付、收支两条线和政府采购等。财政预算管理正由片面的支出管理向全过程管理发展。首先，通过部门预算实现了事前管理；其次，通过政府采购与国库集中支付加强事中的管理；最后，通过对财

① 张国生：“改革预算会计和构建政府会计体系的思考”，《中南财经政法大学学报》，2005 年第 6 期，第 102—107 页。

② 张国兴：“关于构建我国政府会计体系问题的研究”，《会计研究》，2008 年第 3 期。

③ 白彦锋：“基金会计理论与我国政府会计改革”，《中央财经大学学报》，2007 年第 9 期，第 93—96 页。

④ 刘光忠：“关于推进我国政府会计改革的若干建议”，《会计研究》，2010 年第 12 期，第 11—16 页。

⑤ 审计署官方网站，http：//www. audit. gov. on/hi992130/hi992364/n2526505/。

政资金使用的监督与追踪又可以完善事后的管理。然而，在这一过程中，部门预算编制是否合理，执行效果如何，以及政府采购成本公允性的确定等无疑需要相关的政府财务信息提供数据支持。会计具有提供货币化信息的天然功能。财政精细化管理所需要的各级政府及预算单位的资产负债、收入、成本等运营成果方面的信息理应由政府会计提供。与此同时，政府出于向纳税人、国债购买者和投资者等政府资金的提供者提供有用信息的需要，人民群众和社会舆论对于政府财务状况、运营绩效和现金流量信息也日益关注，从而对政府无形中形成了一个强大的社会监督网。政府要提高自身的透明度，解脱其公共受托责任，满足社会监督的需要，也必须建立起一套完整的政府会计标准和政府财务报告制度①。可见，建立健全一套科学完整的政府会计系统与财务报告体系，对政府所拥有的资源、承担的债务等“家底”情况进行全面、准确地核算和报告，发挥会计系统在防范政府债务风险，加强政府财务管理与控制方面的功能与作用，是政府会计改革的当务之急②。

二、明确改革基本问题与方向

政府内部与外部的利益相关者都具有监督政府和了解政府的较强意愿，但内部利益相关者的“均值”要大于外部利益相关者③。由此观之，中国的政府会计改革应首先满足内部需求，但应“内外兼顾”，即在大力辅助财政资金精细化、效率化管理的同时，不断增大信对外息供给，以满足外部利益相关者需求。在此基础上，中国政府会计的改革步骤可分为：第一，完善预算会计系统，增强对预算执行的控制能力，逐步引入权责发生制；第二，逐渐形成以权责发生制为基础的政府财务会计和

---

① 刘玉廷：“我国政府会计改革的若干问题”，《会计研究》，2004 年第 9 期，第 3—6 页。

② 刘光忠：“关于推进我国政府会计改革的若干建议”，《会计研究》，2010 年第 12 期，第 11—16 页。

③ 张琦、张象至、程晓佳：“政府会计基础选择、利益相关者动机与制度环境的影响——来自中国的问卷数据检验”，《会计研究》，2009 年第 7 期。

成本会计体系，实现资源、成本与绩效的对接，并反馈于预算；第三，建立包括预算执行、财务状况、成本耗费、绩效考核信息在内的政府会计报告制度。

（一）整合政府会计主体

由于现有预算会计体系各个子系统之间相互割裂、独立，致使中国现行政府会计的管理体制过于分散，独立性、专业性不够，权威性也不强，不但政府会计人员难以充分发挥监督和控制的功能，而且我们也难以在如此零散且缺乏专业性的体制上推行现代意义上的政府会计改革①。为此，应当整合现有政府会计主体，打破“三足鼎立”局面。打破的关键在于整合，而非取消某会计主体的地位，因为保留作为独立运行的组织或机构的会计主体地位能使其财务状况等信息得到单独反映，便于明确划分经济责任。保留记账主体地位，在此基础上对报告主体进行整合。

全国预算与会计研究会课题组提出，中国政府会计主体应满足三个条件：一是公立性质，即机构设置经政府权威部门批准，占有、支配和使用的资产全部或大部分为国有资产；二是对政府负有财政、财务的责任，包括按规定使用财政性资金、提高资金及资产的使用效益、维护国有资产安全等方面的责任；三是履行政府公共管理和服务职能，即单位的经济业务活动属于公共管理或公共事业服务，不以营利为目的。同时具备上述三条标准的单位，可列作政府会计单位主体，纳入政府会计系列管理②。与此相适应，自负盈亏的国有企业不应纳入政府会计管理范围。中国国有企业数量庞大，也使得将它们纳入政府会计核算范围的可行性不高。

基金的首要特点是独立运营，目前财政治理上常用的“基金”、“专

① 路军伟：“我国政府会计改革取向定位与改革路径设计——基于多重理论视角”，《会计研究》，2010 年第 8 期。

② 全国预算与会计研究会课题组：“政府会计主体界定研究”，《财务与会计》，2010 年第 10 期。

项资金”，仅要求其收入与支出相对应，不要求单独运营，所以不属于政府会计的基金主体。对于专项重大资金使用，有必要对其进行独立核算，强化落实财政资金转款专用原则。政府会计可引入基金主体，形成政府单位与基金的“双主体”模式。全国预算与会计研究会课题组研究认为，采用“双元主体”模式符合中国国情。一是由于中国在部门预决算编制、部门预算执行、国库集中支付、政府采购、非税收入收缴等方面，一直坚持按单位治理。二是全面的基金制会计难以施行。基金会计的前提是预算治理和财务治理必须推行基金制，否则基金制会计的优势就不可能展示出来①。在前面改革形成的“双元主体”基础之上，在政府财务会计系统内循序渐进地引人权责发生制，然后尝试建立政府成本会计，甚至政府管理会计。

引入权责发生制，逐步扩展政府财务会计的核算范围，以期为有效的公共管理和公共财务管理提供更多相关信息。需要注意的是，如果我们前一阶段的改革采用了基金会计模式整合政府会计主体，那么，这一阶段必然面临这样一个矛盾：基金构建在财务资源流动观念之上，而权责发生制是经济资源流动观，如何协调两者之间的矛盾是需要重点予以关注的。

在引入权责发生制的基础之上，可以尝试建立政府成本会计系统，以期有效管控政府的行政成本，提高公共资源使用绩效。当然，这里的成本会计系统并不一定是传统意义上类似于企业的成本会计，它可以是根据一些支出和费用类账户对一些项目、部门和单位进行的成本统计。根据企业管理会计的“决策”和“控制”两大核心内容，政府管理会计可以在政府成本会计的基础上，发展一些诸如绩效预算、评价的方法，以及政府行政成本、项目成本的控制技术等。

推进报告取向改革。主要包括：建立政府财务报告制度，以及为完善这一制度而制定、颁布准则，并推行报告的审计鉴证制度。建立和完

① 全国预算与会计研究会课题组：《政府会计主体界定研究》，《财务与会计》，2010年第10期，第59—61页。

善政府财务报告制度，促进政府对社会公众的受托责任，提升政府的财政透明度，回应外部利益相关者监督政府的信息诉求，改革的重点是应首先迈出“公开”的第一步，然后根据使用者导向逐步完善。建立、健全和完善政府财务报告准则，用准则的方式对政府的会计行为加以规范。实践证明，准则是保障会计信息质量的有效制度安排，但它是一个渐进过程。在准则制定之前，我们可以借鉴我国企业会计改革的成功经验，先用“制度”对前面的改革加以规定和规范，然后再逐步过渡到“准则”形式。推行审计鉴证制度，尝试引入民间审计，不断提高政府财务报告的信息质量①。

（二）会计核算范围

政府会计主体，尤其是合并报告主体的界定上，关键问题在于确定报告主体应当由哪些个体构成，将这些个体纳入合并范围的基础和依据是什么。另一方面，根据事业单位、民办非企业单位、社会团体和各种基金会这类组织的非营利性的基本特征，构建“非营利组织会计”。中国政府会计应涵盖的内容包括四个方面：财政总预算会计制度涉及的内容；行政单位会计制度涉及的内容；未实行企业化管理以及在可预见的未来不会实行企业化管理的国有事业单位的核算内容；国有企业的资本金。事业单位（已经或即将实行企业化管理的除外）应当包含在政府会计核算范围内。政府会计范围应包括政府机构、不实行企业化管理的国有事业单位，并涵盖国库会计、税收征解会计等执行预算的辅助单位以及政府单位代理的基金等。

需要注意的是，中国的事业单位数量庞大，不仅区分成公立和私立，而且还区分成企业化管理和非企业化管理。但随着事业单位管理体制的改革，除教育事业单位和极少数需要由财政拨款的事业单位如基础型科研单位、公共卫生单位外，大部分事业单位将进一步走向市场。因此，中国的事业单位会计将区分情况向两个方向发展。具体地讲，将依靠财

---

① 路军伟：“我国政府会计改革取向定位与改革路径设计——基于多重理论视角”，《会计研究》，2010年第8期。

政补助的教育单位和极少数事业单位会计纳入政府会计体系，而将进一步走向市场、与财政脱钩的事业单位会计的发展方向是向非、营利组织会计，甚至是企业会计方向靠拢①。

（三）会计基础的选择

随着政府单位活动的多样性和复杂性，政府会计确认基础应能够真实反映政府财务活动情况和财务状况。分析政府会计环境，尽快实现由收付实现制向权责发生制的转变，防止出现责任和效果不匹配现象，导致绩效管理失真。与收付实现制相比，权责发生制能够更为广泛地反映政府经济资源和政府经济行为的价值运动过程，对政府理财行为的全过程进行反映，能够客观反映政府受托理财的努力程度和运营绩效。考虑到中国正处于经济转型时期，法律体系建设还不健全，现有专业人员的技能有待提高，因此，应结合中国的实际条件，在现行的收付实现制基础上，先部分引入权责发生制，再逐步向较高程度的权责发生制过渡②。

但是，一些国家在绩效预算改革中引入权责发生制政府会计的效果不理想，其中一个重要原因就在于社会整体是相互依赖的制度之间的稳固而连贯的整体性安排，这种制度关联性的存在使得政府会计基础只有在与现存制度相互耦合的情况下才可能得到有效的实施和维系，如果与现存制度之间缺乏必要的耦合，则难以达到理想的效果。具体来说，以预算治理为目标的政府预算会计系统采用收付实现制基础进行核算，以财务成本治理为目标的政府财务会计、成本会计系统，则需要引入权责发生制基础进行核算。政府会计目标应渐进式发展，在合规受托责任的目标实现的基础上，逐步实现财务受托责任目标，进而向更高层次发展，即向绩效性受托责任目标的实现而努力。政府预算会计要素确认基础的

① 张国生："改革预算会计和构建政府会计体系的思考"，《中南财经政法大学学报》，2005年第6期。

② 戚艳霞、王鑫、赵建勇："权责发生制、会计透明度和政府绩效管理"，《财政研究》，2008年第5期。

选择应与预算编制基础保持一致，当前应采用收付实现制基础。收付实现制根据现金的实际收付来确认交易和事项，向使用者提供报告期内现金流入、现金流出以及期末现金净额的信息，有助于评价预算的遵循情况，与政府预算管理的合规性目标相一致[①]。

就中国而言，在推进绩效预算改革的过程中引入权益发生制政府会计是一项长期而艰巨的任务，需密切关注国际上的改革动态，借鉴其先进经验。中国在政府会计构建时，应根据政府业务活动的特点，区分政务型活动、商业型活动和受托责任活动，实施不同的会计基础，综合应用各种会计基础来提供全面反映政府经济资源、现时义务和业务活动全貌的信息。也就是说，我国政府会计在实施应计制过程中，应根据政府业务活动特点和各种会计要素的属性，根据对称原则（同等对待性质和期限相同的资产和负债），有步骤分层次地对不同会计要素实施不同程度的应计制[②]。

（四）政府财务报告体系

财政治理需要政府财务报告全面、连续、系统地反映公共资金的来龙去脉、预算收支的前因后果以及前后期间财务状况的变动情况，全方位披露政府公共部门各个方面、各种类型的财务活动信息。对公共财政执行过程和结果进行反映的政府会计报告，应提供信息的垂直汇总、分析，形成一个综合的查询分析和决策支持系统。为此，应在现行反映预算收支情况及结果的预算会计报表或财政收支决策报告的基础上，构建能够全面反映公共部门财务状况、公共资金使用情况和政府性受托情况的综合财务报告[③]。

中国也可借鉴美国的做法在日常核算中以收付实现制为基础，年末对外提供财务报告时适度调整为权责发生制基础比如对政府的产权、债

---

① 张国兴："关于构建我国政府会计体系问题的研究"，《会计研究》，2008 年第 3 期。

② 张国生："改革预算会计和构建政府会计体系的思考"，《中南财经政法大学学报》，2005 年第 6 期。

③ 戚艳霞、王鑫、赵建勇："权责发生制、会计透明度和政府绩效管理"，《财政研究》，2008 年第 5 期。

权、债务等事项采用权责发生制基础报告①。另外，政府预算会计报表可以借鉴美国的经验，编制预算与实际比较报表。根据政府预算会计系统提供的数据，采用收付实现制基础、按照政府收支分类科目进行编报，并将预算金额、实际金额、预算与实际的差异分栏列报，反映报告期内预算收支的执行情况和预算与实际的比较情况，既有利于反映预算执行的合法性、合规性，又利于提高财政透明度②。

编制政府层面财务报告，可高度浓缩且全面完整地反映政府的财务状况和收支情况，以便使用者评估政府受托责任并作出决策。根据中国实际情况，除了在现金制基础上继续编制政府预算报告外，还应按应计制基础增设资产负债表和业务活动表（或称运营表）。然而，政府层面财务报告无法反映财务诚信和财务管理目标，因此其应区分政务型活动和商业型活动分开列示，并提供基金财务报表、预算比较信息及统计资料等。在纵向上，财务报告体系要在政府财政信息系统基础上，按项目细化以上三张表；同时，配合部门预算、单位预算的逐步实行，按政府层面、职能部门和（支出）单位依次编制这三张表。此外，政府运营表往往只反映资源流动情况，且附带地计量政府的服务努力与成就。因为项目受托责任和业绩受托责任是政府受托责任的重要组成部门，也是业绩计量的核心，因此政府还要专门提供业绩报告。业绩信息有助于改进决策、加强项目监督及合约监督。政府业绩报告的要素由投入、产出、成果、效率和效能等五类指标和某些解释性信息组成，通常也包括对公民满意度调查而收集到的业绩信息。业绩报告还经常包括三种形式的标杆比较：一是同预算和其他文件确定的目标比较；二是同一辖区不同时点的业绩比较；三是与相似和可比辖区政府业绩的比较③。

---

① 财政部国库司赴美政府会计培训班："美国政府会计改革及其对我国的启示"，《财务与会计》，2007 年第 17 期。

② 张国兴："关于构建我国政府会计体系问题的研究"，《会计研究》，2008 年第 3 期。

③ 张国生："改革预算会计和构建政府会计体系的思考"，《中南财经政法大学学报》，2005 年第 6 期。

当前，中国应增加相关信息的披露，按照公平、规范、统一的原则，建立健全全面的政府会计财务报告制度，主要应从以下几方面入手：

第一，选择适当的政府财务报告模式，以政府为报告主体编制合并财务报告。合并财务报告包括两个报表体系和综合文字说明。一是财务报表体系，包括资产负债表，运营报表（绩效表）和现金流量表；二是预算报表体系，包括预算收入报表，预算支出报表和预算收支执行情况报表。为了保证两个报表体系的协调和相互衔接，对一些既引起预算收支变动，又引起政府股权资产、债权资产、固定资产等变动的业务，进行"双分录"核算，即对一项业务同时进行预算报表要求的复式记账和财务报表要求的复式记账。综合文字说明部分包含宏观经济环境分析、政府财务状况和管理绩效分析、经济发展趋势分析、财务报表以外应予披露的附加信息等。

第二，建立充分、规范、定期的政府财务信息披露机制。政府应通过固定渠道（网站、刊物、报纸）向信息使用者公布政府财务信息，定期、及时向信息使用者公布政府财务中期报告、决算报告和历史资料，提供预算解释性文件和预算手册，帮助信息使用者更好地理解政府财务报告。

第三，完善政府会计监督机制。为保证政府财务报告信息的真实性和可靠性，需要建立与之配套的审计制度。目前中国政府审计还只停留在财务收支审计的层面上，未来政府审计应逐步向财务审计和绩效审计兼顾的方向发展。同时应建立有制约力的独立审计监督制度，审计机构以其公正、中立的身份，对政府财务报告进行不偏不倚的审计，提供客观、公允的鉴证报告，使政府财务报告取信于使用者，以解除其受托责任①。

① 张国兴："关于构建我国政府会计体系问题的研究"，《会计研究》，2008 年第 3 期。

三、完善政府会计体系

中国以国库为中心建立真正意义上的政府预算会计，有效地监督和控制政府收支预算的执行，防止预算超支等。新收支分类改革中只改变了资金反映渠道和统计口径，并没有改变政务信息的披露基础和信息含量，不能从根本上提高政府绩效管理。中国的政府会计应完善当前的预算会计系统，建立财务会计系统与成本会计系统，最后形成三套子系统，从而满足政府预算管理、财政管理和绩效管理的需要。①

（一）建立独立的成本会计体系 实现绩效与成本的对接

管理取向政府会计系统的基本目标是为公共管理决策提供更多相关的定量信息，具体与政府绩效预算相关的信息则包括政府投入、产出、结果以及效率和效果方面的信息。在这些信息中，精确的成本计量和成本分析报告是核心内容之一。显然，依靠控制取向下的预算会计或财务会计可能提供投入和产出信息，但无法提供完整而精确的成本信息。政府成本会计可以为政府绩效评价体系的建设提供定量的成本信息支持。政府成本会计信息是政府部门设定公共产品和服务的价格或收费、进行相关经济决策的重要参考依据。虽然政府运作不以营利为目的，但有必要通过建立政府成本会计系统对政府的各类项目、业务进行成本核算、分析、报告等工作，从而实现控制、降低政府成本的目的。所以，构建有效的成本会计和管理会计将是构建管理取向政府会计的关键。为了实现绩效预算与成本预算、绩效管理与成本管理的对接，则需要构建独立的政府成本会计。政府成本会计将以政府成本管理和成本控制为目标，采取专门的成本核算方法来反映政府服务成本和项目成本并编制独立的

① 丁鑫、荆新："政府会计三元系统初探"，《财务与会计》，2011 年第 10 期。

成本会计报告[1]。

（二）预算会计

政府预算会计规范模式的选择。政府预算会计系统与政府预算管理制度相匹配，因此，适宜采用“制度”模式，建立统一的并适用于所有预算会计主体的预算会计制度。应改革中国当前按照组织类别设立的财政总预算会计制度、行政单位会计制度、事业单位会计制度、事业单位会计准则等规范，以《预算法》、政府预算拨款等有关规定为依据，与国库集中支付和政府采购制度相结合，按照统一的政府收支分类科目，制定统一制式的科目类别和报表格式，最终建立一套自我平衡的账户和报表体系[2]。

（三）财务会计

从国外政府会计系统结构的选择上看，均建有政府财务会计子系统，而且重点强调对政府债务的确认与披露，以防范财政风险[3]。中国也应建立完善财务会计制度。这是由于：第一，在收付实现制基础上，当期已经发生，但尚未用现金支付的政府债务不确认，形成“隐性债务”（政府欠发工资、社会保险基金缺口等）和“或有隐性债务”（政府担保的各种借款、政府未决诉讼等），这可能夸大政府真正可支配的财政资源，掩盖当前财政困难，加大政府未来的财政风险[4]。第二，对固定资产核算和反映不全面。一方面，现行的财政总预算会计没有规定核算和反映固定资产的内容，虽然行政事业单位会计要求对其拥有的固定资产进行核算，但是国家的财政预、决算并不要求反映固定资产方面的信息，这意味着用于购置政府固定资产方面的财政资金，一旦支出以后就退出了政府和公众的视野，不再对其进行有效的追踪和监管。另一方面，行政事业单位对固定

① 常丽：“绩效预算改革与政府成本会计的构建”，《财政研究》，2009 年第 1 期。
② 张国兴：“关于构建我国政府会计体系问题的研究”，《会计研究》，2008 年第 3 期。
③ 丁鑫、荆新：“政府会计三元系统初探”，《财务与会计》，2011 年第 10 期。
④ 张国兴：“关于构建我国政府会计体系问题的研究”，《会计研究》，2008 年第 3 期。

资产核算，不计提折旧，随着时间推移，固定资产账面价值与实际价值背离越来越远。因此，各级政府使用和管理固定资产的具体情况，就不能通过预算会计信息全面准确地反映和披露，不利于加强财政管理和监督，不利于对政府部门使用公共资源的效率、效果和经济性进行评估①。

① 张国兴："关于构建我国政府会计体系问题的研究"，《会计研究》，2008 年第 3 期。

第四章
开发绩效预算工具
推动绩效预算改革

政府绩效预算评估作为政府再造的主要内容和根本性措施，已经成为改进政府管理的有效工具。它不仅开创了当代政府吸收、借鉴企业管理方法与经验的先河，为政府改革实践和公共行政理论研究提供了新的视角，而且在欧美的新公共管理运动中对先发国家政府的管理效率和管理能力的提高和公共服务水平的改善起了极其重要的作用。相对于比较成熟的企业绩效评估来说，政府的绩效评估还停留在探索和借鉴阶段。由于政府的目标多元化，政府的投入难衡量，政府的产出难量化，绩效指标难明确，政府工作的效果难评估，加之政府产出具有垄断性、非营利性和不可分割性的特点造成对其进行准确测量的技术上的难度，使得政府开展绩效评估的难度更大。因此，建立一套科学的绩效预算评估体系来衡量政府的绩效预算也就显得更为迫切和必要，这是促进有序社会发展不可或缺的手段。

第一节　创新绩效预算工具助推预算制度变革

预算分析工具的创新是政府预算绩效评估体系发展的必然要求。人们对绩效测量采用多种工具，这些工具在相应的预算制度中产生的巨大的作用，同时也促进了公共预算的改革。当然，新工具引致的发展并不是孤立的，而是和人类社会的其他方面紧密地结合在一起的，特别是新工具的出现又导致绩效预算衍生分析工具的发展，从而推动预算制度的变革，进而又加快了经济社会的秩序演进。

一、以预算分析工具引领预算制度变革

预算分析工具的创新是政府预算绩效评估体系发展的必然要求。绩效预算作为政府绩效评估的工具之一，在美国得到了长足发展。

（一）1949 年美国引进绩效预算

1949 年胡佛委员会提出绩效预算（performance budgeting）的概念，其关键特征是要在预算过程中描述每个政府组织运行的各种活动，把总的支出分配到各种不同的活动上，并对政府部门的活动进行测量。1951 年美国政府通过预算账户和叙述式计划与业绩报表将计划和活动清单纳入预算，其中一些报表用于说明计划工作量和根据权责发生制计算出的成本。在美国政府之后，1954 年菲律宾政府开始绩效预算编制试验，在 1956 财政年度内，十二家政府部门采用了绩效预算模型，同时放弃了详细的预算分享，将支出按照计划和项目大类列入预算。由此，绩效预算改革取得了很大的成绩，提高了人们对成本和效率问题的关注度。

（二）规划项目预算系统（PPBS）

规划—项目—预算制度（PPBS）的雏形是 1924 年的通用汽车公司

的一种管理制度。20 世纪 60 年代，美国推行“计划—规划—预算”（planning - programming - budgetary system，PPBS）改革，试图在部门活动目标与财政资源分配之间建立起联系，在预算过程中强调理性分析工具在政府部门的运用。规划—项目预算制度的基本内涵是：在规划阶段，预算编制者寻求的是确认目前与未来组织之目标，以及对达成这些目标的各种可能途径作出评估；在项目阶段，预算编制人员将设计阶段所提之建议加以整合，并根据优先顺序形成各种计划，以备组织中不同政治层级进行决策制定时用；在最后一个阶段即预算阶段，通过工作分配和相应的资源分配，将每一个年度计划转化为一系列具体的年度活动。推动 PPBS 应用与公共预算主要有三个原因：经济学中的多年度分析以及成本和收益分析概念及工具的盛行；数据科学，即新的数据处理技术的应用；管理规划技术，兰德公司规划技术工具的发展促进了 PPBS 的开发应用。这种预算制度是在投入—产出工具的推动下产生的，受到了公共部门的重视。

（三）零基预算

20 世纪 60 年代，德州仪器公司的职能部门和研究部门面临预算削减的任务，在决策分析技术的影响下，对决策单元和决策包进行研究并结合实际需求，德州仪器公司提出了“零基预算”的制度。由于决策技术的发展使得零基预算在个人决策时显得简单和有效，因此零基预算非常使用于小规模的组织决策，在地方政府层面上零基预算得到了发展和广泛应用。所谓零基预算是指将每年的预算以“零”为基准，不局限于上年度或以前年度预算数字的高低，重新审视其业务活动，决定其优先级，并根据成本—效益的分析，就下年度预算作出最适当的安排。在纯粹零基预算编制制度下，所有计划必须每年进行重新评估，并重新开始分析计划是否符合要求。但是，由于时间限制以及零基预算运作所需要的技能，每年都重新编制预算根本不可能。

（四）产出预算

自 20 世纪 80 年代中期以来，以新西兰和澳大利亚等为代表的一批

OECD 国家以政府预算管理改革为核心，进行了一系列被誉为“新公共管理”的影响深远的改革。这次改革在预算管理中引入全新的理念、权责发生制的政府会计、绩效导向的管理，以及将传统的投入预算转向产出预算。产出预算的重点由投入转向产出，通过将管理和运作财政资源的权利下放给各部门和支出单位来提高运作效率，其中以新西兰对产出预算的研究和实施最为深入。相对于投入预算而言，产出预算有三个基本特征：以产出指标作为预算编制的基础；对各支出部门的预算拨款以特定产出的成本费用为基础；部门负责人在议会批准的拨款限额内可以自由地分配财力。

实行产出预算需要一定的条件，包括明确测量财政绩效、在预算程序中培养“遵守规则文化”、公共支出管理权限的下放、良好的政府会计和成本计量系统。如果实施的条件尚不成熟，那么在预算体系中引入绩效管理因素也是非常有意义的。美国是在预算体系中引入绩效预算管理的国家。1993 年，美国通过的《美国政府绩效与成果法案》要求每个支出机构都必须制定详细的绩效计划，并将这些计划与业务活动和预算程序联接起来。

（五）新绩效预算

新绩效预算是当前世界各国预算改革的最大热门。据统计，从 20 世纪 90 年代以来世界上 50 多个国家已经采用了新绩效预算。新绩效预算至少具有以下三个基本特征：

第一，新绩效预算构建“目标—结果—产出—预算”的逻辑关系，明确各项预算支出的绩效目标，有利于提高公共资金的使用效益。传统预算招致最大的批评在于预算支出缺乏明确的目标与结果指标，导致公共资金使用效益低下。新绩效预算的逻辑起点是政府意欲实现的某一方面的公共利益目标，该目标实现需要由若干量化的公共服务结果加以支持，而公共服务结果的实现则需要政府部门提供若干公共服务产出，并提供相应的公共资金支持。由此可见，新绩效预算不仅阐述了传统预算所描述的“花了多少钱”、“钱花在何处”，而且更明确了纳税人最为关心的“政府花钱所产生的结果如何”问题。

第二，新绩效预算以“成本”作为预算分配与考核的基础。传统预算管理中预算分配与考核以“支出”为基础。从会计专业角度而言，成本属于权责发生制信息，而支出属于现金收付制信息。客观地说，权责发生制与现金收付制各有千秋。但是权责发生制下的成本信息是通过成本归集、成本分配包括支出资本化与摊销、折旧等一系列较为科学的程序而生成的，更有利于界定实现绩效目标所耗费的代价。相较于现金收付制，权责发生制的优点在于它更有利于分清各届政府、政府部门、政府项目、政府所提供的产品或服务的绩效。

第三，新绩效预算是产出型预算。传统预算多属于投入型预算。顾名思义，产出型预算与投入型预算的最大差异在于预算管理的关注点不同：产出型预算的关注点是预算产出/结果，要求部门单位管理者按照绩效合同对预算产出/结果负责，不再继续管理、控制预算投入。然而，投入型预算的关注点是预算投入，要求部门单位管理者按照法律法规以及预算的要求加强预算投入管理、控制，忽视对预算产出/结果管理。

投入型预算与产出型预算之间的差异也导致对预算本质认识的不同：投入型预算的理论基础是费用论，即“政府部门办事花钱”——政府部门维持运转并办事需要花钱；产出型预算的理论基础系购买论，“政府花钱向政府部门购买公共服务结果”。所以，投入型预算主要是罗列政府部门运转、办事所要花费的费用项目如人员经费、办公经费、设备购置费等，并且尽量细化费用项目以便预算执行与预算考核。产出型预算主要是阐述政府意欲实现公共目标以及所要购买的公共服务结果并详细地说明这些结果的质量标准，其中包括这些公共服务的单位成本。投入型预算有利于控制预算资金的使用，但是极易陷入一种“花了钱等于办了事”陷阱，无法掌握“花了钱到底事办得怎么样”。在基于购买论的产出型预算下，政府花钱向政府部门购买公共服务有着严格的“价廉物美”的要求，从而提高了公共资金的使用效益。

不可否认的是，信息技术和管理分析工具的发展促进了公共部门预算制度的改革和发展，其对绩效预算的促进作用也是显而易见的。绩效预算的分析工具促进绩效预算制度的发展，同时绩效预算制度也要求分析工具的创新，要求私营管理部门的新工具在绩效预算中得到应用。

专栏4-1

新绩效预算对中国政府绩效预算改革的启示

就现实国情而言，由于我们目前没有做到把政府的全部资源特别是公共资产方面的资源都纳入预算管理的范围，也缺乏准确地把握完成绩效目标需耗费的成本的完备的预算信息和预算分析能力，财经纪律弱化仍然没有从根本上得到遏制，并且实行新绩效预算需要一个支持和强调预算的公共责任与追求结果绩效的氛围与机制，需要发展出一套成熟而且运行成本比较低、达成一致的绩效测量体系。因此简单和盲目移植西方国家预算管理经验，难免出现"淮橘成枳"的结果。当前应在部门预算改革、国库集中收付、政府采购的支出管理改革的基础上，为实施成功的绩效预算积极创造条件。

（1）加快构建完整统一的公共预算体系。中国公共财政框架的构建，无疑需要建立在全部政府收支纳入预算的基础之上。只有全部政府收支纳入预算，在建立完整统一的公共预算体系的前提下，人民代表大会以及广大人民群众才能谈得上真正监督政府支出的绩效提升。因此，应当以建立完整统一的公共预算作为一项重要的改革议程。以着眼于规范政府运行机制的"费改税"为契机，逐步将预算外收支纳入预算管理。在此基础上，形成一个覆盖政府所有收支、不存在任何游离于预算之外的政府收支项目的公共预算体系。

（2）以法律规范推进绩效管理改革，逐步提升预算管理的透明度。绩效管理涉及职责与权能的重新分配，利益结构也会重新整合，在使一些部门受益的同时，也会影响另一些部门的既得利益。由于法律所具有的相对稳定性和权威性，为了降低改革的阻力，顺利推进绩效预算改革，市场经济国家通常借助于立法手段，以法律的形式将各方的权利和义务固定下来。就公共预算管理的立法修订与完善而言，需要在各方面的支持配合下，立足于我国基本国情和市场经济的客观需要，吸取国际上的成功经验，深入开展调查研究，广泛听取各方面意见，在公共预算绩效评估与绩效管理、财政支出透明度方面，进一步完善相关的立法规范。

（3）推进权责发生制政府会计与预算改革，真实、完整、全面地反映政府绩效。权责发生制的政府会计制度，能够比较全面、准确地反映一些长期项目和或有债务的信息，有助于增加预算信息的完整性、可信度和透明度，加强预算成本计量与政府业绩考核。目前，澳大利亚、新西兰及英国、瑞典、美国等国家已经在政府预算会计中使用权责发生制，或部分采用权责发生制。为了真实、完整地反映政府活动的成本和绩效，应在政府会计及预算中引进权责发生制，更为准确、全面地反映政府部门的真实绩效。

（4）创新预算编制方法与编制过程，逐步引入绩效评估内容，建立起绩效评估结果与预算编制紧密结合的预算约束机制。建立这种新的预算分配和考评机制，首先，要建立起体现部门战略规划的滚动预算制度，增强预算的前瞻性和连续性，为编制部门年度预算和实施绩效考评创造条件。其次，建立体现部门年度绩效计划的部门年度预算制度，提出明确的绩效目标，并将年度预算置于滚动预算的约束之下，真正形成滚动预算计划的分年度实施预算。最后，运用绩效指标对年度预算进行绩效评估，并根据考评结果，安排、调整下一年度预算，强化绩效评估结果对预算的约束。

资料来源：吴妍妍：“新绩效预算及对我国政府预算制度改革的启示”，《宿州学院学报》，2008 年第 6 期。

二、发展现代信息技术　改变预算管理模式

20世纪后半叶以来，人类在电子计算机、微电子技术等领域取得重大突破，标志着新的科学技术革命的到来。从信息管理的角度，现代信息技术（主要包括计算机技术和通讯技术）在社会各行业中广泛应用，可以大大地改变我们的工作和生活方式，也对现代企业和公共部门的管理有着全面和深远的影响。信息技术进步和管理工具的发展也促进了绩效预算制度的变革。

首先在绩效预算的理念方面，现代信息技术真正实现了命令快速传达，缩短执行命令的时间，使得管理手段可以同步进行，进而从观念上转变了人的思想，树立了以公务员等工作人员为主体，决策者为主导的现代管理理念。信息技术手段使得决策者从单纯地传达和控制转变为主要设计流程，工作人员从单纯地接受转变为主要依靠自律和自制，更好地进行反馈。信息技术和网络改变了传统的管理思想，使得网络和电子政务成为公共部门的重要管理要素，电子政务系统和财政管理信息系统的应用，替代或减少了各种物质资源和能源的投入，改变了政府公共管理的传统模式，优化了管理要素的配置和运行效率，提高了公共财政部门管理人员的工作效率，从而提高了预算效率和为公民提供产品和服务的价值。

其次，信息技术对绩效预算的评估和管理进行了更好的约束。电子财政系统和绩效预算管理系统对财政拨款有良好的约束，而且能够提高效率。特别是，管理信息系统的一个重要的作用就是为资金批拨和使用提供风险防范的技术支持。通过这个系统，政府可以及时制定工作方案，提前建立风险防范预案，明确拨款方向，不断提高决策质量。另外，在绩效预算管理模式方面，计算机网络和电子政务技术革新了信息收集、综合、整理、监督和传播的方式，极大地改变了信息的数量与质量，以及提高信息传递的速度，能为公共预算决策者提供详尽、全面的信息，

使管理人员有可能及时掌握、控制公共资源的分配和优化。

三、顺畅新公共管理运行机制　实现预算制度变革

20世纪80年代后期和90年代初期，作为应对政府财政危机解决工具的新公共管理运动，席卷先发国家和后发国家的公共部门。新公共管理追求的是现实的“结果导向”（orientation for results）而非程序和规则。“程序和规则固然重要，但能否产生好的结果，是否符合服务、市场和社会三种取向则更为重要。”[①] 作为一种评估和改进政府行为结果的管理机制，绩效管理逐渐得到普遍应用，并成为新公共管理运动的重要内容和核心取向。在改革实践中，新公共管理运动也始终将绩效管理视为整合组织资源、达成组织目标，并能够代表组织全方位管理工作的关键环节。因此，在各国新公共管理的改革过程中，对绩效管理的核心地位始终表现出持续的认同和支持。

如果将传统的行政管理归于政治价值、制度和政策以及结构方面的变迁，那么新公共管理更加凸显管理主义的色彩，更加重视运作机制方面的管理技术，讲求工具与目标的统一，积极寻求和开发可操作性的管理方法，提高管理绩效。其在本质上是通过对运行机制的探索与变革，实现制度的高绩效以及特定的价值取向，即关注管理技术与工具等机制层面而非制度和价值层面。在这种情形之下，新公共管理就完全不是由于它在意识形态领域拥有至高无上的地位才被接纳，而是由于其自身具有的工具效应和技术效率才被启用。事实上，公共管理改革的轨迹和趋势理应是从宏观的体制结构逐渐过渡到微观的运行机制。所以当宏观改革已经深入到一定程度，而具体的管理工具与技术系统又相对缺乏时，改革就会陷入僵局。在这个意义上，新公共管理运动虽然是一种政治风险和成本都相对较小的“宁静革命”，但其意义却可以与以“自由、平

---

① 卓越：《政府绩效管理导论》，清华大学出版社，2006年。

等、博爱”为口号的法国大革命相媲美。

绩效预算产生的背景，就是政府改革，或者说是新公共管理运动的兴起，预算绩效的产生是公众压力和化解财政资源需求的无限性与供给的有限性之间尖锐矛盾的结果。新公共管理中的流程再造促进公共预算改革。流程再造的思想最早应用于企业的改革，其源于对传统的劳动分工理论的思考，是指企业在信息时代激烈竞争的形势下对其业务流程进行彻底的重新设计，以取得经营业绩的质的飞跃。公共预算部门也面临组织流程的再造，包括组织结构变化、新管理系统设计、组织价值与文化重构在内的一整套组织变革的理论框架。通过组织流程再造，实现预算制度的变革。

四、把握国内外绩效预算管理现状　开辟预算工具开发空间

我国政府绩效评估研究起步较晚，处于探索阶段。先发国家政府绩效评估经历了一个较长的发展过程，相对较为成熟。目前，国内外学者真正对政府绩效预算理论的发展和研究都集中在宏观层面，侧重于政治和经济分析的角度，这部分研究正是研究微观技术分析工具和管理科学方法如何运用的前提和基础。

（一）国外研究现状

英美等先发国家实行绩效预算的时间比较早，对于绩效预算的相关研究也比较完善。经过众多学者多年来的研究，各国已经大致形成了较为完善的绩效预算制度。自美国在 1949 年首次提出了绩效预算以来，众多学者对绩效预算理论进行了研究，并且以美国为首的 OECD 国家进行了实践。在改革的过程中也形成了许多推动绩效预算进程的研究成果。

先发国家从 20 世纪 90 年代以来，开始广泛推行绩效预算改革。通过来自不同领域的专家学者共同撰写而成的《公共预算经典第一卷——面向绩效的新发展》是先发国家公共预算特别是绩效预算领域中理论与

实践的集大成之作[①]。这本书在美国政府部门、各大专院校以及希望了解政府预算运作的公众中享有广泛赞誉。本书撰写初衷是希望可以通过对预算提供综合性的介绍，成为有关人士了解预算的知识手册。其突出贡献在于它将美国本土的预算编制同澳大利亚以及新西兰进行了对比分析，从而为以后广泛地开展对不同国家的新绩效预算的比较埋下了伏笔。而阿尔伯特·C. 海迪通过将四十多篇经典的文献相融合而撰写了《公共预算经典第二卷——现代预算之路》[②]。阿尔伯特·C. 海迪从历史的角度，把自始于1915年的现代公共预算的发展过程予以完整和全面的呈现，首次提出了要把绩效预算的评估运用到美国政府的联邦预算中去，并运用调查问卷的形式，获取了许多预算制定者，诸如法律和行政管理者对其所在州新绩效预算系统的评估。

政府绩效评估研究最早可追溯至第二次世界大战，最具有代表性的任务是克莱伦斯·雷德和赫伯特·西蒙的《市政工作衡量·行政管理评估标准的调查》一书。大规模的绩效评估始于20世纪70年代初期，1973年，尼克松政府颁布了“联邦政府生产率测定方案”（The Federal Government Productivity Measurement），力图使政府绩效评估系统化、规范化。一些理论，如奥斯本和盖布勒的企业化理论，已成为许多先发国家绩效预算改革的一盏明灯，而国内专家学者更注重于绩效预算的比较研究，即通过先发国家绩效预算的比较，国外学者主要研究绩效预算的特点和实施条件，重点则在于实施绩效预算的方法和途径。

国外学者研究和先发国家实施绩效预算表明他们对实施绩效预算制度的社会背景和理论基础进行充分、客观、科学的认识[③]。绩效预算的改革是一个循序渐进的而不是跳跃的发展过程。绩效预算的推行需要获

① 罗伊·T. 梅耶斯著：《公共预算经典第一卷——面向绩效的新发展》苟燕楠译，上海财经大学出版社，2005年。

② 阿尔伯特·C. 海迪著：《公共预算经典第二卷——现代预算之路》苟燕楠译，上海财经大学出版社，2006年。

③ 陈工：“英、美、澳、新等国家实施绩效预算的改革及其对我国的启示”，《财政研究》，2006年第1期。

得共识和领导的强力推行，完善健全的预算基础设施以及其他相关的基础设施需要配套，例如，只有信息系统的现代化，才能保证容纳绩效预算所带来的大量数据收集和分析；会计系统要按照项目来结算成本，从而能提供准确的成本数据。

（二）国内研究现状

中国的绩效预算改革是从对财政支出进行绩效评估开始的。1998年，中国建立了关于财政投资的评审体系，开始对投资项目进行事后评估。然而，直到2002年中国才在广东、上海等地成立了关于绩效评估的专门机构，开始在一些支出项目上进行探索研究。从2006年以来，中央部门开始在《预算编制指南》中提出通过绩效评估，探索科学的绩效预算评估体系。这些措施都为中国的绩效预算改革奠定了基础。2012年，为深入贯彻落实科学发展观，建立健全符合中国国情的预算绩效管理体制，进一步完善公共财政体系，优化财政资源配置，提高财政科学化精细化管理水平，促进高效、责任、透明政府建设，根据党中央、国务院有关加强绩效预算管理的指示精神和提升政府绩效的总体要求，结合绩效预算管理工作发展需要，政府制定了《预算绩效管理工作规划（2012—2015年）》。

目前，中国正在试点推行绩效预算的过程之中，国内绩效预算的研究尚处于探索阶段。主要集中在下面几个方面：

第一是在绩效预算的产生、含义和特征方面。一些学者根据绩效预算的起因以及先发国家对绩效预算所作的相关定义，对绩效预算的确切含义作了探讨，并着重分析了绩效预算与政府绩效评估体系的关系，如白景明、高小萍的《绩效预算与政府绩效评价体系的要点》。也有学者从公共选择理论的角度探讨了绩效预算，如陈旭东的《公共选择视角下的公共预算理念》。

第二是侧重于介绍欧美各国尤其是经济合作与发展组织（OECD）成员国开展绩效预算改革的先进经验，并对中国绩效预算改革提出可行性建议。例如刘继东的《美国联邦政府推行绩效预算的历程及启示》、刑天添的《绩效预算改革的现状及其方向》、王德祥的《美国新绩效预算改革及其对我国公共财政建设的启示》、傅道忠的《绩效预算与绩效评估制度及其借鉴》等。

第三是着重于绩效预算改革的理论探讨。主要有韩锟的《实行绩效预算的影响因素分析》、张晓岚和吴勋的《预算功能取向与部门预算绩效评估理论导向》、徐曙娜的《财政受托责任的理论分析》。

总之，就目前研究国内绩效预算改革的相关著述而言，大体是强调宏观的观察视角，延续总体分析的研究思路，并以绩效评估技术为关注重点，但加强人大对政府预算的监督这一预算制度改革的核心问题尚未受到应有的重视。

五、借助现代企业管理方法　创新绩效预算评估工具

绩效预算分析工具的创新是结合现代企业管理工具管理科学的方法融合到财政预算制度中去。主要讨论现代企业管理工具平衡计分卡法（BSC）、绩效棱柱法、360度评估法、层次分析法（AHP）、数据包络分析（DEA）、标杆管理、目标管理法及各种方法之间的融合。

（一）平衡计分卡法（BSC）

平衡计分卡（Basic Standard Card）是美国学者开普兰和诺顿在1992年提出来的一种企业绩效评价工具。这是一种特定化的目标考核法，其目标定位于四个方面：财务、客户、内部经营过程、学习和成长四个维度，并通过这四个方面的平衡来发挥作用，将企业制定的战略与实际运营整合起来。平衡计分卡以组织战略为导向，寻找能够驱动战略成功的关键因素，并建立与之密切相关的指标体系来衡量战略实施状态，并根据衡量结果采取措施以维持战略的成功实施。经过多年的发展，平衡计分卡已经发展为集团战略管理的工具，在集团战略规划与执行管理方面发挥非常重要的作用。根据解释，平衡计分卡主要是通过图、卡、表来实现战略的规划。

（二）绩效棱柱法

绩效棱柱法（Performance Prism）是由英国克兰菲尔德学院教授安迪尼利（Andy Neely）与克里斯亚当斯（Chris Adams）联合开发的三维绩效框架模型，用棱柱的五个方面分别代表组织绩效存在内在因果关系的五个关键要素：利益相关者的满意、利益相关者的贡献、组织战略、业务流程和组织能力。与平衡计分卡相比，绩效棱柱模型从只关心一个或两个利益相关主体的观念中转变过来，逐步关心自制所有重要的利益相关主体，在从利益相关主体那里得到贡献的同时，还关注利益相关主体的满意。该模型创新之处在于既强调了利益相关主体简直的取向，又测量了利益相关主体对组织所做的贡献。如图 4－1 所示。

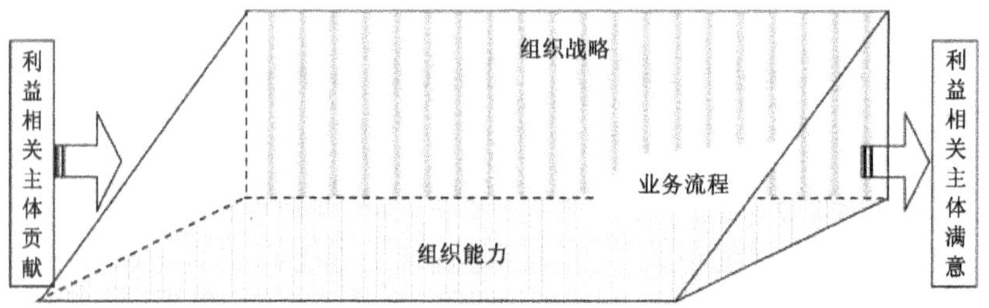

图 4－1　绩效棱柱模型图

绩效棱柱最早是应用于私营企业，其模型的建立是基于下述逻辑：私营公司要取得长远的成功，首先必须清楚地知道，公司重要的利益相关方是谁，他们想得到什么；然后据此制定战略，以通过实施战略将价值传递给相关方；再者，在执行战略时必需要有能够有效地发出命令和执行命令的过程；而且，在过程中必须有能力保证流程的顺畅。最后，也必须获取利益相关方对公司的贡献，才能使公司得以保持该种能力。该模型目前仍然处在理论上的进一步完善和在公司绩效管理实践应用效果的检验之中。

将绩效棱柱引入绩效预算的战略管理和绩效评估可以促使政府的绩效预算以各利益相关者为中心，从利益相关者的满意、利益相关者的贡献、战略、流程以及能力 5 个方面展开，每个方面包含若干期望达到总体目标、由各总体目标引出的若干具体目标、各具体目标执行情况的若干衡量指标3个层次，因而能够将公共部门的宏观战略目标转化成阶段性、可操作性、具体的目标。

（三）360度评估法

360度评估法又称全方位绩效考核，最早由被誉为“美国力量象征”的典范企业英特尔首先提出并加以实施的。360度评估法最初源于人力资源管理领域对员工绩效评估的多角度设想的绩效棱柱，后逐步扩展到其他领域。它是指由员工自己、上司、直接部属、同仁同事甚至顾客等从全方位、各个角度来评估个人的沟通技巧、人际关系、领导能力、行政能力等。通过这种理想的绩效评估，被评估者不仅可以从自己、上司、部属、同事甚至顾客处获得多种角度的反馈，也可从这些不同的反馈清楚地知道自己的不足、长处与发展需求，使以后的职业发展更为顺畅。

在政府绩效评估中，多角度的评估意味着来自政府的各个关键利益相关者都可以参与到评估中，从而调和矛盾并平衡利益。这种方法所提供的绩效反馈比较全面。

（四）层次分析法（AHP）

层次分析法（Analytic Hierarchy Process）简称AHP，在20世纪70年代中期由美国运筹学家托马斯·塞蒂（T. L. Saaty）正式提出。它是一种定性和定量相结合的、系统化、层次化的分析方法。由于它在处理复杂的决策问题上的实用性和有效性，很快在世界范围得到重视。它的应用已遍及经济计划和管理、能源政策和分配、行为科学、军事指挥、运输、农业、教育、人才、医疗和环境等领域。层次分析法是将决策总是有关的元素分解成目标、准则、方案等层次，在此基础之上进行定性和定量分析的决策方法。该方法将决策问题按总目标、各层子目标、评估准则直至具体的备投方案的顺序分解为不同的层次结构，然后得用求解判断矩阵特征向量的办法，求得每一层次的各元素对上一层次某元素的优先权重，最后利用加权和的方法递阶归并各备择方案对总目标的最终权重，权重最大者为最优方案。

（五）数据包络分析法（DEA）

数据包络分析法（DEA）是一种线性规划的方法，这种方法的优点是可以对多投入和多产出的指标进行分析，是一种对同类型单位的相对有效性进行评估的方法。DEA 方法用于对多投入和多产出的不同决策单元（Decision Making Unit，DMU）的效率进行评估，其基本思想 1957 年被费尔教授提出之后[①]，1978 年由查里斯等（Charnes，Cooper & Rhodes）三位学者将之扩充到固定规模报酬下多投入、多产出的效率评估模型（以下简称 CCR 模型）[②]，1984 年又由班克等（Banker，Charnes & Cooper）三位学者将 DEA 模型改良到变动规模报酬下涵盖技术效率和规模效率的评估模型（BCC 模型）。DEA 模型主要有两类：一类是不变规模报酬的 DEA 模型（CRS 模型），主要用于测算含规模效率的综合技术效率（STE）；另一类是可变规模报酬的 DEA 模型（VRS 模型），可以排除规模效率的影响，测算技术效率（TE）。

由 Charnes、Copper 和 Rhodes 三人共同提出的 CRS 模型又称 CCR 模型，假设有 K 个被评估对象 $DMU_k(1 \leqslant k \leqslant K)$，每个决策对象均具有 N 种投入要素以及 M 种形式的产出，并且记 DMU_k 的输入输出向量可表示为：

$$X_j = (x_{1j}, x_{2j}, \cdots, x_{Nj})^T > 0, j = 1, \cdots, K$$

$$Y_j = (y_{1j}, y_{2j}, \cdots, y_{Mj})^T > 0, j = 1, \cdots, K$$

基于以上的假设，一个简单的 CCR 模型如公式 4 - 1 所示：

$$\min\theta$$

$$s.t.\begin{cases} \sum_{j=1}^{n} X_j\lambda_j \leqslant \theta X_k \\ \sum_{j=1}^{n} Y_j\lambda_j \geqslant Y_k \\ \lambda_j \geqslant 0, j = 1, \cdots, n \end{cases} \qquad (4-1)$$

① Farrell, M. J., The measurement of productive efficiency [J]. Journal of the Royal Statistical Society, 1957, 120 (3): 253 - 281.

② Charnes, Cooper and Rhodes. Measuring the efficiency of decision making units [J]. European Journal of Operational Research, 1978, 12 (6): 429 - 444.

CCR 模型在计算综合效率时，是基于规模收益不变的假设，这一假设表明被考察单元可以通过增加投入来等比例地扩大产出规模。这一假设是十分苛刻的，实际情况中，许多生产活动都不满足这一约束条件，后来的学者在前人研究的基础上，给 CCR 模型添加了一个凸性假设：$\sum_{j=1}^{n}\lambda_j = 1$，这样 CCR 模型就被改造为 BCC 模型，如公式 4－2 所示：

$$\min\theta$$

$$s.t.\begin{cases}\sum_{j=1}^{n} X_j\lambda_j \leqslant \theta X_k \\ \sum_{j=1}^{n} Y_j\lambda_j \geqslant Y_k \\ \sum_{j=1}^{n}\lambda_j = 1 \\ \lambda_j \geqslant 0,\ j = 1,\cdots,n\end{cases} \tag{4-2}$$

通过求解 BCC 模型，我们便能得到第 k 个被考察单元的技术效率：θ，同 *CCR* 模型所得到的综合效率一样 $0\leqslant\theta\leqslant1$，当 $\theta=1$ 时，我们认为被考察对象是技术有效的。运用上述模型（公式 4－2）对每个 DMU 进行求解，我们便能得到所有决策单元的技术效率值。

DEA 方法的数据结构由 N 个同类评估单元的投入指标 X 和产出指标 Y 组成。如图 4－2 所示。

DEA 的主要特点是：DEA 是一种效率评估方法；DEA 具有相对有效性，主要针对一定的评估系统而言；DEA 根据投入产出数据，使用数学规划模型计算每一评估单元的有效值。

每个决策单元都有相应的效率评价数：$h_j = \frac{u^T Y_j}{u^T X_j}$，　$j=1,\ 2,\ \cdots,\ n$。

（六）全面标杆管理法

美国企业在 20 世纪 80 年代初期，面对日本产品以其高品质、低成本的优势进入市场而丧失自身的竞争力，因此想通过一套完整而有系统的过程，学习日本或世界级公司成功的经验并作为引导企业变革的基础。

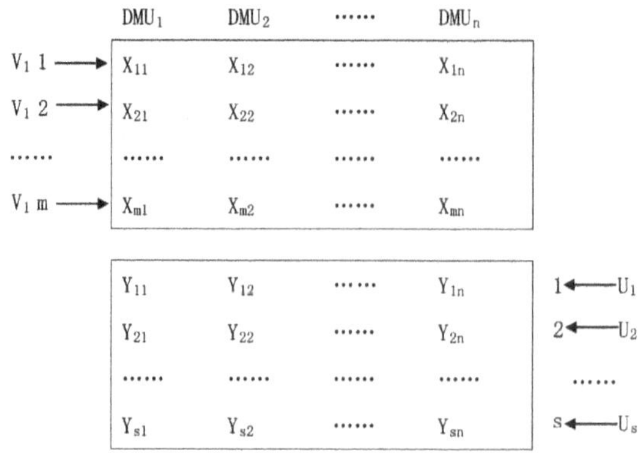

图 4－2　DEA 数据结构

美国施乐公司为最有代表性的公司。此种有系统而完整的学习卓越公司的过程即成为标杆管理的基础。1985 年，美国生产力与品质中心正式提出标杆管理（Benchmarking management）的定义：标杆管理是一项有系统、持续性的评估过程，透过不断地将企业流程与世界上居领导地位之企业相比较，以获得协助改善营运绩效的资讯。全面标杆管理主要分五个阶段进行：标杆管理的流程、内部数据收集与分析、外部数据收集与分析、对项目的绩效进行改进、持续不断的改进与实践。

全面标杆管理法是一种应用于企业的工具，是一种系统化的管理方式，通过管理不同类型的标杆管理流程来确定最佳实践方式，并将这些方式结合以制定出一个能显著提高业绩的流程。进行标杆管理取得成功的关键因素有：在与他人比较前，先了解自身的流程；尽量使标杆管理集中并简化；掌握良好时机以进行确立法则、训练，并使相关人员多加参与；不论可能与否，让员工、客户与供应商充分参与，可激发其更高的价值；彻底收集内部量化资料，以提供公平合理化的比较基础；与标杆管理者合作伙伴公开分享资讯；确定自己有一些资讯，可以和标杆管理伙伴进行交换；为标杆管理合作伙伴及客户人员的实地访查做准备。

（七）目标管理法（MBO）

目标管理法是最典型的结果导向型绩效评估方法。20 世纪 60 年代，“现代管理学之父”彼得·德鲁克在《管理实践》中最早提出目标管理这一思想，对目标分解为一个个小目标。60年代以来，目标管理法被得到广泛推广与应用，它评估的对象是员工的工作业绩，即目标的完成情况而非行为，这样使员工能够向目标方向努力从而在一定程度上有利于保证目标的完成。作为一个预算工具，目标管理被定义为，“目标管理是一种过程，通过这种过程，组织成员根据所期待的工作成果，参与组织目标和目的的设定，并依照组织目标和目的的实现程度来配置资源”。

（八）模糊综合评估法

模糊集合理论（fuzzy sets）的概念于1965年由美国自动控制专家查德（L. A. Zadeh）教授提出，用以表达事物的不确定性。是一种基于模糊数学的综合评标方法。该综合评估法根据模糊数学的隶属度理论把定性评估转化为定量评估，即用模糊数学对受到多种因素制约的事物或对象做出一个总体的评估。它能较好地解决模糊的、难以量化的问题，适合各种非确定性问题的解决。模糊综合评估法的最显著特点是：一是相互比较。以最优的评估因素值为基准，其评估值为1；其余欠优的评估因素依据欠优的程度得到相应的评估值；二是可以依据各类评估因素的特征，确定评估值与评估因素值之间的函数关系（即：隶属度函数）。确定这种函数关系（隶属度函数）有很多种方法，例如，F统计方法，各种类型的F分布等。当然，也可以请有经验的评估专家进行评估，直接给出评估值。模糊综合评估是对受多种因素影响的事物做出全面评估的一种十分有效的多因素决策方法，其评估结果不是绝对地肯定或否定，而是以一个模糊集合来表示。

以上这些工具之间还可以进行融合，如平衡计分卡与AHP结合、平衡计分卡与DEA结合、DEA算法与标杆管理有效融合等。以平衡计分卡与其他方法的融合为例，绩效预算中绩效指标的评估作为战略管理体系的重要组成部分，是应该受到绩效预算部门的管理者重视，平衡计分卡恰好能解决这些问题。但是，平衡计分卡的指标体系权重基本由专家打分法确定，受主观因素影响较大。当指标个数超过一定数目时，专家往往会出现循环判断的情况，用层次分析法来改进权重的确定，可以避免这一缺陷。

专栏 4-2

绩效棱柱模型在贵州省创新型企业中的应用分析

借鉴绩效棱柱模型，构建贵州省创新型企业的绩效评价体系，要着眼于以下几个方面：(1) 应从只关心一个或两个利益相关者的观念中转变过来，逐步关心企业所有的利益相关者，在从利益相关者方面得到贡献的同时，重点关注利益相关者的满意。(2) 注意企业的战略制定、流程设计与执行能力的匹配。(3) 根据企业的具体情况、发展阶段设计合理的绩效测量指标体系。(4) 注意管理和协调绩效评价模型的本身，让其能随着实践不断得到提高。

根据贵州省创新型企业的特点，对绩效棱柱的五个关键因素进行分析：

利益相关者主体满意：在企业中谁是主要利益相关者？他们的愿望和要求是什么？利益相关者包括股东、顾客、中间商、雇员、定规者、供应商和社团。对于创新型企业来说，还有一个利益相关者不容忽视，就是科研机构和大专院校。创新型企业要进行创新，一种是运用企业自身的力量进行创新，更普遍的则是和科研院所与大专院校进行合作，利用他们的技术进行创新。企业还需要明确利益相关者的愿望和要求，比如股东需要好的回报率和企业长远发展；顾客需要好的产品与服务，包括好的售后服务等。

利益相关者的贡献：为了培育和发展组织能力，实现利益相关者的要求。企业也需要利益相关者为其做出相当的贡献。比如，股东应该提供企业所需要的资金，这样企业才能有足够的营运资金来运行从而创造价值，提高股东的报酬率；供应商应该为企业及时提供所需要的原材料，这样企业才会成为供应商的稳定客户，才能及时生产产品，向供应商提供其所需的资金。

战略：应采用什么战略来满足利益相关者的需求同时也满足自身的要求呢？绩效棱柱模型的第三个层面上的要求企业根据利益相关者的需要和他们的贡献制定相应的战略，要求对企业的战略进行测量，鼓励那些与战略一致的各种行动。

业务流程：企业的流程是为了确保战略的实现既有效果又有效率，它们是关于做什么、在什么地方做、什么时候做以及怎么做的蓝图。企业一般从四个方面来考虑其业务流程：开发产品和服务、产生需求、满足需求、设计和管理。这些分类中有各种各样的子流程，有时子流程的作用更大。

组织能力：为了能开展和改善组织业务流程，企业必须拥有适当的能力。比如，为了进行某一产品的创新，必须要有相应的科技人员或者拥有与相关科研院所和大专院校合作的能力，还必须要有相匹配的资金和相应的管理方式。只有企业拥有适当的人力、良好的实践、领先的技术和物质基础结构的综合，那么进行产品创新的目标才能实现，相应的流程才能得到执行。

资料来源：张晓美："绩效棱柱模型在创新型企业绩效评价中的应用"，《煤炭经济研究》，2010 年第 30 卷第 2 期。

六、革新预算评估工具　促进社会秩序演进

新技术的出现导致绩效预算衍生分析工具的发展，从而推动预算制度的变革，而预算制度的发展又进一步加快了经济社会的秩序演进。

社会经济的演化强调经济活动的主体是根据自己所面临的约束而进行选择的个体，约束来自于外界环境和其他社会制度。人类的本能具有在决策中进行学习的能力，以及学习的过程。演化的观点认为，社会经济中的个体并不知道什么样的决策才是最优，但他们可以对自

己作出的决策所带来的收益有很好的评估，而且可以了解其他人的决策及收益。

自发秩序是随着社会发展不断演进的，自发秩序的生成也是组织行为的结果。二者在相互影响、相互促进的过程中不断发展，并产生了社会秩序。在原始社会，社会秩序是通过自发形成的风俗习惯，被全体成员自愿地维护的。原始社会之后的各种社会，社会秩序则主要是凭借国家权力、通过强制的手段得以维护的。一种社会关系体系要成为一种社会秩序，首先必须通过国家政权使之合法化、制度化。在阶级社会中，社会秩序总是反映着统治阶级的利益、愿望和要求；一切统治者都会把他们肯定的社会关系和希望维持的社会状态，奉为神圣不可侵犯的秩序。恢复社会秩序常常成为统治者维护旧秩序、镇压被压迫者反抗和起义的借口，被统治阶级往往反其道而行之。因而在人类阶级社会发展的历史中，充满着维护现存社会秩序与反抗现存社会秩序的斗争。无产阶级和劳动人民是旧的社会秩序的破坏者，当他们在夺取政权之后，必须尽快地建立起新的社会秩序，不断巩固和维护新的社会秩序。这样，才能建立和发展新的社会关系，保障社会的稳定和经济的发展与文化的繁荣。

人类社会是由种种制度构成的，但这些制度的功用却是不同的，有些有利于维持社会的稳定，有些却可以推动社会向前发展。制度的变迁是人类社会行为的结果，变化着的制度也同时影响着身处其中的人们的行为。在这些促进社会发展的制度中，预算制度居于关键地位，原因在于预算制度的出现可以导致更多的促进社会发展的制度演化出来，从而加速社会的发展。随着市场经济的发展，信息技术和高科技的发展，预算绩效衍生分析工具推动预算绩效制度变革，人类社会出现了前所未有的迅速发展。

预算分析工具是为预算制度服务的，而预算制度是经济演化的产物，但还应指出预算制度是伴随着许多其他制度共同出现的。由于这些制度的支撑，预算制度才能发挥自身的功用。预算制度和这些制度一起构成了可以有效的促进经济发展的制度体系，即市场经济。预算制度的出现并不仅仅是一些规定和法律的提出和实施，或政府权力在政府和议会之间的不同分配，而是顺应了经济发展的需求，反映了社会发展的趋势。经济的不断发展需要政府对保护私人产权的承诺，拥有财产的个人在获得经济上的自由之后希望进一步获得政治上的自由。政府基于自身利益开始有了提供促进经济发展的有效制度，这种制度是可以有效地降低交易成本的制度。交易成本的降低大大促进了交易的范围和规模，而对私有产权的保护改变了私人对发明所可以获得收入的预期，从而推动了技术的更新速度。运输和通信技术的改进，又进一步降低了生产成本，扩大了生产规模，推动了分工和专业化的发展。从传统的家庭手工业的小规模生产迈向了规摸不断扩大的机器大工业，经济的发展有对社会结构产生了巨大影响，社会文化也发生了剧烈的变化。

预算制度对社会经济演化的促进是通过扩展经济个体的选择范围，扩展后的选择集，包括优于当前社会均衡的行为策略，这些策略被某些个体发现并加以证实，然后引起其他个体的模仿并最终成为社会的范式。预算制度是用来规范政府行为的，通过限制政府随机行为的范围而尽量减少确立对经济的副作用。政府行为的明晰化，使得经济行为者对政府行为有一个相当稳定的预期，从而可以在一个更长的时间段内作出规划，更加合理地分配自己的收入以使财富最大化。但这个过程需要制度的支持，也就是说，社会秩序需要一定的制度来维持，社会秩序的演变在一定程度上就是制度和规范的演变过程。这个过程中，预算具有重要的意义。预算本身是一种制度，它维持的是一种分配秩序。预算是其他制度演化变迁的根本动力，预算的演变是社会秩序演进的基础；社会秩序演变的要求也需要预算制度的不断演变。绩效预算分析工具与预算制度共同演化，对经济发展和社会秩序演进起着重要作用。这种演化是现代民主的开端，使得自由、民主和发展能够相互促进，推动人类社会向共同繁荣的方向演进。

第二节　开展机构绩效评估提升机构管理效率

在现代市场经济条件下，经济快速发展，社会公众对政府提供公共产品和公共服务的要求越来越高。在此背景下，绩效预算强调顾客导向和结果导向的理念，开展机构绩效预算评估，提高服务质量，将有利于促进机构的管理效率，更有利于建立和发展高效廉洁的政府。

一、明晰机构绩效预算评估规则　顺畅绩效预算评估运行

建立机构绩效预算的评估体系，推进机构的管理，加强监督，切实加强责任，对绩效预算制度建设和绩效预算效率提高有重要的推动作用。

对机构预算绩效进行评估要遵循三个规则：

一是有科学的、先进的指标设计能力。不同的评测主办方对评测的需求和意图都是不一样的，绝对不能凭借一套指标打天下，而应该根据客户的需要灵活地制定指标体系。

二是拥有专业化的评估团队。评估既是一项专业性工作，也是一项专门性技能，需要专职团队做质量保障。这些评估团队应该有能力迅速掌握评估对象的基本情况，了解同行的基本特征，能够在人力资源上充分保障按时按质完成工作。此外，还要有一支规模化的评估团队做好指标设计、初评、评估、交叉审核等工作。

三是具有较为丰富的项目评估和运营经验。对绩效预算机构来说，如何挑选一个优质的合作伙伴，不仅要看这个团队的实施经验，有无成功的案例，评估报告的质量，还要关注现有客户对该机构的工作所作出的评估等。

二、应用模糊综合评估法　评估公共机构绩效预算

从对效绩预算机构评估的过程来看，评估指标的遴选、指标权数的确定以及评估标准的选择都带有一定模糊性。其理由主要来自三个方面：第一，外界环境影响的不确定性。影响预算绩效机构的效绩的外界环境因素主要是“非竞争性”的一般环境因素，如经济、政治以及文化等。环境因素对预算机构的效绩既有直接、确切的影响，但更多的是间接的、不确定的影响。第二，预算机构效绩评估的复杂性。要全面、正确地评估预算机构的效绩，不仅要考虑物资层面，也要考虑精神层面；不仅要考虑定量的财务指标，而且要考虑定性的非财务指标。对预算机构的评估要因不同的预算绩效项目而不同，所以，选择什么指标以及指标之间权数如何确定都要根据企业的具体情况来分析。第三，人类认识的模糊性和有限性。人类对事物的认识都带有一定的模糊性，许多问题的研究不能不考虑人类观察认识问题所具有的这种模糊性。对预算机构的效绩进行评估完全是人类主观行为的活动，必然要受到评估各方的性格、偏好、价值观念、经验、知识和技术水平等因素的影响。

因此，为了使效绩评估更接近实际情况，就必须考虑这些不确定的、模糊的因素。如果建立基于模糊数学的评估模型，用模糊集合论描述这些因素，则预算机构的效绩评估更具有全面性和综合性。其基本步骤如下：

（一）指标体系的构建

根据对影响机构绩效预算评估因素的分析，综合地反映机构绩效预算评估的各项指标。从团队工作效率、机构工作结果成效、公民对机构的满意度、公民对绩效预算项目的满意度、预算机构对财政的贡献度、预算机构对项目地区经济发展贡献、机构决策结果对环保影响情况等方面来构建预机构绩效预算评估指标体系。

（二）确定评估因素集

依据综合评估指标体系，设立评估指标集 A：$A = \{A_1, A_2, A_3,$

A_4，A_5，A_6，A_7｝＝｛团队工作效率、机构工作结果成效、公民对机构的满意度、公民对绩效预算项目的满意度、预算机构对财政的贡献度、预算机构对项目地区经济发展贡献、机构决策结果对环保影响情况｝。

二级评估指标 B_i ＝｛B_{i1}，B_{i2}，…，B_{ij}｝，其中 $i=1，2，\cdots，n$。n 为一级指标数，j 为一级指标 A_i 含有的指标数。

（三）确定指标权重集

K＝｛K_1，K_2，…，K_n｝，所谓权重系数是表示某一指标在整个指标体系中具有的重要程度。某种指标越重要，则该指标的权重系数越大，反之，权重系数越小。我们可以通过专家打分法和层次分析法来确定各指标的权重。

（四）确定评语集

U＝｛U_1，U_2，…，U_n｝评语集是对各种指标作出可能结果的集合，可请专家进行评估定级。我们根据企业综合管理能力评估的目的，建立评语集 V：

V＝｛V_1（好），V_2（较好），V_3（一般），V_4（较差），V_5（差）｝。

（五）建立各因素（指标）的评分隶属函数和综合评估矩阵 R

$$R=\begin{pmatrix} r_{11} & r_{12} & \cdots & r_{1n} \\ r_{21} & r_{22} & \cdots & r_{2n} \\ \cdots & \cdots & \cdots & \cdots \\ r_{m1} & r_{m2} & \cdots & r_{mn} \end{pmatrix}$$

其中 r_{ij} 表示从因素 U_i 着眼某事物能被评为 V_j 的隶属程度，也就是 r_{ij} 为因素 A_i 对等级 V_j 的隶属度，因而矩阵 R 的第 I 行 R_i＝（r_{i1}，r_{i2}，…，r_{in}）为第 I 个因素 U_i 的单因素评估，它是 V 上的模糊子集。

（六）得出综合评估模型

利用模糊矩阵的合成运算，得出综合评估模型为 P：$P=K\cdot R=$（P_1，P_2，…，P_n），设 W＝（W_1，W_2…，W_n）是分数集，它是一个列向量。其中 W_i（$i=1，2，\cdots，n$）表示第 i 级评语的分数。利用向量的乘积，计算出最终评估结果 F，F 是一个代数值：$F=P\cdot W$。

第三节　借鉴管理科学方法 科学评估项目预算

项目绩效预算评估的主要功能在于强化管理，提高政府、公共部门和项目的活动绩效，在绩效预算实施后，不仅要关注投入，还要关注产出。项目绩效预算评估的实施不仅是财政管理体制改革的重要内容，也有利于政府管理理念的革新，因此有其重要的意义。在当前预算管理制度改革框架下，绩效预算评估按其内容分为基本支出绩效预算评估和项目绩效预算评估，本节内容主要探讨项目绩效预算的评估。

一、把握项目绩效预算评估规则　评估项目绩效预算

项目评估与论证从正反两方面提出意见，为决策者选择项目及实施方案提供多方面的告诫，并力求客观、准确地将与项目执行有关的资源、技术、市场、财务、经济、社会等方面的数据资料和实况真实、完整地汇集、呈现于决策者面前，使其能够处于比较有利的地位，实事求是地作出正确、合适的决策，同时也为投资项目的执行和全面检查奠定基础。项目绩效预算评估则是对公共部门预算支出在经济性、效率性、效果性等方面特征的综合判定，它包括确定目标、拟定评估指标、选择评估方法、安排适当的评估时间和评估步骤、得出评估结果等过程。

（一）评估内容

概括来说，项目绩效预算评估包括项目预评估和项目绩效预算评估两部分内容。项目预评估是绩效预算评估的事前评估阶段。事前评估是在绩效预算申报阶段，对项目的可行性，项目绩效目标的可实现度进行评估，确定项目是否立项拨付预算，以及拨付的额度。项目绩效预算评

估是绩效预算评估的事后评估阶段。事后评估是项目完成之后，对照项目的绩效目标进行绩效评估，主要是评估项目目标完成情况，项目执行中在进度、资金的管理等方面的情况。

对于重大项目或跨年度项目，还可以有中期评估，即对项目的执行进度、阶段性目标的完成情况和资金管理等方面进行评估。由于绩效报告由部门自己提供，很难保证评估结果的客观公正性，需由独立于部门的外部机构进行评估，亦即绩效预算评估可以通过审计单位或中介机构等第三方机构来实施，以增加公正性和透明度。事前评估是对一些支出项目方案运用定量方法进行评估排序，找出合适的项目方案，而事后评估是对支出项目的结果进行评估。

（二）评估原则

项目绩效预算评估的目的是降低项目服务成本，提高项目服务效率，增强项目服务的有效性和公平性。因此，在进行项目绩效预算评估时应遵循一定的评估原则。

第一，客观、科学、公正的原则。在进行项目评估时，我们要始终坚持客观、科学、工作的原则，保证项目评估的高效进行。

第二，综合评估、比较择优的原则。坚持这一原则，有利于确保评估结果的客观性和公正性。

第三，定量分析与定性分析相结合，以定量分析为主。定量分析具有明确的综合的书写概念，易于进行经济分析比较。但也存在一些不能量化的因素，只能用定性方法对其作正确表达，因此须采用定性与定量分析相结合进行评估。

第四，技术分析和经济分析相结合的原则。

第五，项目之间的可比性原则。被评估的项目之间具有可比性，才可以进行高效的评估，提高项目服务效率。

第六，微观效益分析与宏观效益分析相结合，以宏观效益分析为主。项目评估不仅需从微观角度进行盈利测算，而且需从宏观角度考察项目需要国民经济付出的代价和项目对国家作出的贡献。

二、立足项目预算支出性质 构建绩效预算评估指标体系

绩效评估指标是通过各种手段将绩效目标转化为可操作性的具体指标。构建评估指标体系时除遵循上述框架体系外，还应遵循相应的原则。此外，由于项目预算支出范围广泛，不同领域的支出性质不同，因此项目绩效预算评估指标体系的构建还应结合项目预算支出的不同性质分别构建评估指标体系。

（一）项目绩效预算评估指标体系框架

预算支出系统公共服务的复杂性和多重性决定了其绩效需要多个互相联系的指标所构成的体系来衡量，由于不同的指标反映了绩效的某个侧面，同时现代绩效评估不仅要求对最终的产出结果进行评估，更重要的是要对投入和转换过程进行评估，因此，绩效评估指标体系的设计在整体上需要遵从一定的逻辑关系。项目绩效预算评估指标体系的逻辑关系可以用“投入—产出—结果”链来分析。

第一，投入是指用来提供服务或产品的资源。投入过程结合产出和结果过程后，在分析三者内在联系的基础上可设计经济性指标。要讲求经济性，即以最低的成本获得适当质量的资源。如机构臃肿，违规采购，就缺乏经济性。

第二，转换过程是进行投入、获得产出和结果的方式。从转换方面看，要讲求遵从性，一个良好的转换过程至少有一套健全的规章制度，相应的绩效指标是规章制度是否建立、健全，同时当其他领域的指标（特别是结果指标）不能清晰地定义时，转换过程的指标往往可以有效地替代它们。

第三，产出指服务本身。从产出方面来看，要讲求效率性，即在现有的资源条件下使产出最大，或在产出一定时力求使用的资源最少。衡量产出的绩效指标是效率性，即每单位的投入量最小，或一定的成本下产量最大。

第四，结果是指服务达到的目标。支出系统的结果是指所提供的服务要满足公众在数量上和质量上的要求，结果指标通常由其职能目标转换而来，许多结果指标的数值需要通过收集公众的反映，进行统计得到。

第五，经济性、效率性和效果性三者之间彼此相互关联，缺一不可。项目预算的经济性是项目开展的先导和基础，效率性是项目管理有效机制的外在表现，效果性是项目管理活动最终目标的反映。如果忽视项目的性能、质量等效果因素而一味地去追求项目资金的节约、效率，则会导致项目预算偏离其最终目标；而为了取得最终目标却不计成本、不惜任何代价、不考虑效率，将最终导致财政资源的浪费和不足。只有三管齐下，预算项目才可能用最低的成本、最少的资源投入、最高的效率，取得最好的效果。

第六，项目绩效预算评估指标体系可根据项目的“职能—目标—产出—转换—投入”逻辑顺序逐层构建。投入产出的逆过程构成了一个“目的—手段”链，评估指标体系是对“目标—手段”链进行科学分析，逐步进行系统分解而建立的。需要强调的是，必须注意目标一致性的问题，即：评估指标与项目目标的一致性表现在评估指标的内容正确真实地反映了目标的实质含义，能够正确评估项目的绩效，而且能引导项目向绩效目标方向发展，同时还表现在评估指标的内容是否反映了项目总目标的整体性和各个侧面。

（二）项目绩效预算评估指标体系构建

对于具体的评估对象，构建评估指标体系时除遵循上述框架体系外，还应遵循以下原则：相关性；重要性；科学性；系统优化；通用可比性；实用性；目标导向性；定性与定量相结合。

由于项目预算支出范围广泛，不同领域的支出性质不同，因此项目绩效预算评估指标体系的构建还应结合项目预算支出的不同性质分别构建评估指标体系。一是共性指标——遵从性与效果性指标。如资金使用规范率、资金到位率、资金目标实现率等。二是个性指标——经济性和效率性指标。不同性质的项目预算支出，其经济性和效率性的重要程度也不同，相应的成本效益表现和衡量也会不同。项目预算支出按性质分为如下三类：基本建设类项目；行政事业类项目；其他类项目，主要包括用科技三项费用、农业综合开发、政策性补贴、对外援助、支援不发达地区等资金安排的项目。

专栏 4-3

项目绩效预算指标结构①

项目绩效指标由产出数量、产出质量、产出时效、产出成本、效果、服务对象满意度等几个方面绩效指标组成，根据这些指标在整个评价工作中的地位和作用进行筛选，选定最具代表性、最能描述项目绩效的指标。

一、产出数量指标

产出数量指标描述项目完成后可提供公共产品和服务的数量，通过这类指标的历史比较可以反映出工作的变动性或稳定性。要根据项目所承担的政府职能性质以及绩效目标定义产出数量的计量单位，测度、衡量项目完成后可提供公共产品和服务的多少。

二、产出质量指标

产出质量指标描述公共产品或服务达到的标准、水平和效果，反映项目执行过程中对质量的控制和对预算制度的执行情况，应根据公众对公共产品或服务的期望水平定义产出质量指标，包括财政资金的使用是否存在浪费、产品和服务标准、公众关注点、与服务有关的时间问题等。

三、产出时效指标

产出时效指标描述公共产品或服务提供的及时程度和效率情况。及时性反映提供服务或完成的项目是否准时或衡量提供产品的最适当时间。效率一般通过项目投入情况（包括投入总成本、投入资源数量

① 林岐："项目预算绩效指标体系的构建"，《产业与科技论坛》，2010 年第 9 卷第 11 期。

等）与项目获得的产品或服务数量比较得出。

四、产出成本指标

产出成本指标描述提供产品和服务所需的成本，分为总成本和单位成本。总成本反映提供公共产品或服务所投入的人力、物力和财力的变量，用以说明投入一项项目的资金总成本、投入资源的组合或数量。单位成本反映既定数量和质量目标下的产品和服务单位成本变量，一般通过总成本、产品数量、质量和相应标准比较得出。

五、效果指标

效果指标反映与既定绩效目标相关的、预算预期结果的实现程度，反映达到的真实效果和相应的影响。

六、服务对象满意度指标

服务对象满意度指标反映服务对象对公共产品和服务的满意程度。

七、科学设置指标权重

建立项目绩效预算指标体系，要以描述和说明项目绩效目标为出发点，对指标体系中的各项指标进行分析对比，权衡它们对整体绩效目标的影响程度，科学合理地设置绩效指标权重，从而体现绩效评价的导向意图和价值取向。

三、阐释项目评估工具　夯实绩效预算项目评估基础

科学的评估方法对项目预算绩效进行评估，要结合管理科学理论的定量方法来进行，主要评估方法有项目评估分级工具和标杆管理法。

（一）项目评估分级工具

美国联邦政府的管理与预算局（OMB）于 2002 年 7 月 12 日公布的“项目绩效评估等级确认方法”，在 2004 财年开始用于联邦政府所有项目的绩效评估和绩效等级确认活动。项目评估分级工具（PART）的主要目的是应用这种工具强化公共项目的评估，使得评估过程能够更加健康、

透明和系统化。

1. PART 核心内容

美国联邦政府项目评级工具（Program Assessment Rating Tool）是联邦政府为推进绩效预算改革而评估政府项目绩效所采用的评估与排名工具。PART 是布什政府为了将绩效信息明确导入预算决策过程的一个工具，是布什总统 2001 年走马上任后所实施的“总统管理计划（President's Management Agenda）”中的一个重要部分。它有两个特点：一是通过系统地评估项目的管理和产出结果来判断项目的实施绩效；二是使最终的预算分配决定与项目绩效挂钩。

PART 实际上就是一套标准化的调查问卷，由 4 个部分组成，同时针对每个项目的绩效和管理情况，设计了大约 30 个问题（问题数量根据项目类型不同而有所区别），针对每个问题，都要有简短的回答和有证据支撑的详细解释。其中，PART 的 4 个组成部分分别是：

（1）项目的设计和目标，用于评估项目设计和目的是否清晰与合理；

（2）战略规划，用于评估项目是制定了长期/年度措施与目标；

（3）项目管理情况，用于评估项目的财务管理状况与改进措施；

（4）项目结果与绩效，根据战略规划和其他评估情况，评估项目绩效。

前三部分以“是/否”的形式回答和记分，第四部分的问题可将实际效果划分为 4 个层次回答，即“是、很大程度上是、很少程度上是、否”，以反映目标的实现程度和相关证据的充分适当性。有时，对这 4 个部分问题而言，“不适用”也是适合的答案。一般情况下，PART 的 4 个组成部分中，每个部分总分值均为 100 分，且每一部分中的各个问题具有相同的分值。特定情况下，使用者可对各个问题的分值进行调整。评估结束后，根据对 PART 中每个问题的回答情况，各个问题都会有一个得分。在此基础上，计算出 PART 每个组成部分的得分，按照各个部分在评估中所占比重，计算出项目绩效的总分，并以此为依据判断项目绩效情况。这4个部分的比重分别为："项目设计/目标"占20%；"计划"占10%；"管理"占20%；"结果/责任"占50%。根据分数高低，PART的评估结果分为四个等级，分别为"有成效"（得分在85分以上）、"中等有效"（得分在70至84分之间）、"尚可"（得分在50至69分之间）、"没有成效"（得分在49分以下）。另外，对未建立适合的绩效指标，或未能提供具体数据的项目，要评为"成效未显示"。

为使PART所设计的问题与项目之间具有更强的相关性，美国总统管理与预算办公室将联邦政府所有的项目分为7类：

（1）联邦政府雇员直接参与的项目，如签证；

（2）竞争性拨款项目；

（3）分类/公式拨款项目；

（4）监管基础的项目；

（5）获取资本（产）与服务的项目；

（6）信用支持项目；

（7）研发项目。

对上述各类项目，PART设计的大部分问题是相同的。同时，为了充分评估具体某类项目绩效，PART也会针对该类项目特点设计出若干具有较强针对性的问题。

2. PART中应用的绩效测评方式

通常在PART评估中使用的绩效测评方式主要有3种：结果测评（Outcome Measures）、产出测评（Output Measures）以及效率测评（Efficiency Measures）。结果测评主要用于描述项目活动的真实结果，主要反映处于项目活动外部，并对受益人和公众有直接重要影响的事件和状况。产出测评主要用于描述在一定时期内项目活动表现出的水平和层次，该测评方式通常与某个项目的内部活动相关。产出测评的方式经常用于使用结果测评方式无法真实反映项目结果及影响，或者存在项目效果无法用具体结果指标描述的情况。效率测评通常反映在获取项目效果和制造项目产出过程中，用一种经济和有效的方式获取、利用和管理资源的比较结果。效率测评方式可进一步细分为：结果效率测评和产出效率测评2种方式。在效率测评中，一种有用的方法是计算某种投入的生产率（the Productivity of An Input），即定义某种结果和产出与其投入之比来反映效率。

3. PART的优点

PART将对政府机构绩效的评估从组织和部门绩效转向了更为具体的公共项目绩效，把握政府机构最为核心的功能，这样做有效地消除和减少了被评估对象的潜在对抗和消极应付。对该政府机构负责的公共项目的具体绩效进行评估，然后予以评分分级，再提出项目改进建议，最终确立其绩效与预算的关联关系，从而形成一条完整的问题识别、问题分析和问题解决的逻辑链条。从可操作性、客观性和合理性的角度审视，PART相比其他绩效评估工具能更直接地反映公共项目的产出与结果，通过间接方式来比较准确地反映政府机构的实际绩效。因此，中国政府应该认真借鉴美国的项目评估分级工具（PART）的做法，设计出类似于PART，同时结合中国公共管理实际，对公共项目的绩效进行客观评估的实践工具。

（二）标杆管理法（BM）

标杆管理法（Benchmarking management）的本质是一种面向实践、面向过程的以方法为主的管理方式，它与流程重组、企业再造一样，基本思想是系统优化，不断完善和持续改进。全面标杆管理是一种应用于企业的工具，是一种系统化的管理方式，通过管理不同类型的标杆管理流程来确定最佳实践方式，并将这些方式结合以制定出一个能显著提高业绩的流程，生产的产品能为股东创造最优价值。将全面标杆管理法引入到政府预算绩效中去，进而加以应用。同时，对标杆管理进行改进，使得改进的标杆管理对预算绩效系统进行改进，最终使标杆管理成为预算绩效的一个分析工具。在预算绩效中应用标杆管理，主要是把预算绩效按部门分项目进行，也就是把标杆管理与公共预算中的相关项目结合起来。

首先，有助于组织正确认识到，与最优秀的组织相比，自己究竟做得怎么样，从而正确为自己定位。标杆管理为组织设立了管理的基准，为组织在管理实践中提供了可比较的参照系。通过实施标杆管理，组织可以确实地知道组织的绩效应当达到而且可以达到什么水平，同时也明确了组织目前的绩效水平与应该并且可以达到的最佳结果之间，为什么会存在如此之大的差距。

其次，有助于组织看清自己的优势与劣势。在与基准标杆进行比较时，可以帮助组织发现自身的缺点和不足，有助于组织扬长避短。

再次，为组织提供了各种已经被实践所证明的、正确的行动计划和方案，有助于组织博采他人之长为自己所用，缩短摸索经验的时间。随着经济全球化的发展以及科学技术的进步，谁也没有足够的时间和资源，谁也没有必要亲身经受各种失败和错误。于是，通过标杆管理，借鉴他人的优点来弥补自身的不足，学习他人的长处来求得生存变成为一种十分有效的生存之道。

最后，有助于组织明智排定各种改进活动的先后顺序与轻重缓急。在与标杆进行比较的过程中，能够帮助组织发现影响战略目标实现的关键因素及其在组织战略实现中所占权重，并通过行动计划反映组织中哪个实践活动是应最先进行的，哪个实践活动最适合组织的发展。

四、使用标杆管理法　促进公共预算项目评估

从可操作性、客观性和合理性的角度审视，项目评估分级工具相较其他绩效评估工具能更直接地反映公共项目的产出与结果，通过间接方式来比较准确地反映政府机构的实际绩效。而全面标杆管理方法在绩效预算中使用可以促进绩效的预算流程的得改变和增强效果的质量。在此，以标杆管理法在项目绩效预算评估中的应用为例，来展示评估工具是如何对项目进行评估的。

（一）在绩效预算项目中使用标杆管理的可行性

标杆管理所特有的优点是其在绩效预算项目中具有一定的可行性。

第一，政府绩效面临政府公共性本质与具体管理方法之间的矛盾与冲突。处理好彼此之间关系是我们在评估上必须解决的问题，否则将无法达到预期目标。目前随着中国政府改革进一步深化，企业化政府的呼声已经越来越高，标杆管理自身的特点和国外应用的成功经验都表明，源于企业战略管理的标杆管理法适用于市场经济条件下企业化政府的绩效评估。简而言之，将标杆管理法引入到政府公共预算的绩效评估中是与时俱进的。

第二，可以在前人研究的基础上进行再研究。站在前人研究的基础上进行探索或者应用可以提高效率，加快进度，节省资金和时间。当一个组织或者个人学习别人的经验时，会显著地减少拉升学习曲线所需的时间和做出改进的花费。最优绩效是建立在一个组织采用本行业最佳的产品或服务特长的能力，提供良好的服务的能力。目前许多政府在政府活动领域内处于垄断地位，因此公共管理部门几乎没有改进的动力。绩效预算部门的情况亦是如此。当前公民对政府公共预算的透明度以及成果要求越来越高，这就对公共预算部门的根本性变化提出了要求，利用最佳组织的实践，政府部门的公共预算也能够类似于企业组织，互相竞争的模式进入公共组织的视野。

第三，标杆管理可以促进公共预算部门的合作。最佳实践和标杆管理促使不同的公共部门结合一起进行工作，服务社会。尤其是促进公共财政和预算部门进行紧密合作，为公民和政府负责，提供更好的预算决策。

第四，可以提高绩效预算工作的效率。从实践上看，标杆管理的效果是非常显著的。一些行政机构在学习和引进了其他机构或私营部门的一些较好的做法后，自觉地主动地找出自己与之相比较显现出来的不足，从而缩短差距。

一是对行政效率而言，首要的是要保证政府活动方向的正确，而在现实生活中，人们往往不问方向正确与否，只顾数量多，速度快，导致“南辕北辙”，效益越高，损失则越大，采用标杆管理，借鉴其他机关如何进行行政决策、如何配备组织人员等方面的先进经验，尽可能做到最优决策，这事关重大，因为“决策的失误是最大的浪费”，决策出了问题，政府的活动方向是否正确也就值得怀疑了。

二是在保证政府活动方向正确的前提下，推行杠杆管理可使政府以较少的行政投入获得较大的行政产出。在行政投入方面，如经济、时间的投入等，都可借鉴其他较为成功的组织的做法避免一些不必要的浪费，并以较快的速度完成其工作任务，而这也是行政效率的一个重要方面。

三是采用标杆管理可使政府对因行政效率方面的提高而进行的改革的恶性循环得以打破。如日本的官僚机关及官僚制擅长于维护现存秩序。同时，当现存秩序由于外界的重要原因而受到扰乱产生混乱时，恢复秩序和平衡也是得心应手。这说的虽然是日本行政改革的情况，同样也适用中国。标杆管理极为重要的一个方面就是引进并严格但非僵化地遵循一系列的程序。程序是工作不断反复的一种机制。行政人员能“通过对业务中存在的显在或潜在的程序的认识，来作出预测、保护程序，有效地处理业务，通过对程序的认知，可以把直接或间接从事该项工作的当事人的主观偏向减少到最低限度。

第五，全面标杆管理提供了一套可以用于任何评估标准的方法，即可以用于政府经济绩效标准又可以用于非经济绩效标准，但以非经济绩效标准为主。而且它转变了政府部门管理的思维模式，与绩效最佳的政府部门相比较，这种从外部入手的方法可以使人们了解一些从前认为不可能的重大改进，较之传统的将政府部门本期绩效与前期绩效和本期预算相比较，或是比较政府部门内部业绩标准的评估方法，更加令人耳目一新。另外，它使得政府部门将主要精力由过去的内部竞争吸引到外部竞争和长远发展。

标杆管理实际上是一个组织充分挖掘内部潜力、积极开发外部优势、合理进行组织变革和追求发展的有效管理方法。它是一个持续的调查研究和对过程的学习，以确保发现、分析、采纳、执行行为中最好的经营管理实践活动。在绩效预算中应用标杆管理，我们可以对标杆管理的方法进行改进，使之更符合绩效预算的思路。我们的目的是用标杆管理工具规范和引导绩效预算；同时绩效预算可以促进标杆管理这个工具更完善，从而更好地为绩效预算服务。

（二）绩效预算中标杆管理的流程设计

在确定绩效预算管理方法的前提下，有明确的管理流程，才能更好地提高绩效预算管理的效率。

1. 明确绩效预算标杆管理对象，谋求预算决策部门的支持

绩效预算标杆管理小组应该从六个方面进行分析决定是否在绩效预算组织的内部、外部或者同时在整个组织采用标杆管理。第一步，对六个方面进行考察，即绩效预算的目标与总额控制和战略资源规划、年度预算计划、标杆组织的业绩情况、顾客（公民）的需求、本部门的核心能力、所进行的标杆问题的确定性。第二步，选择需要进行标杆管理的类别。第三步，选择要进行标杆管理的项目。

此外，标杆管理项目小组向高层管理者提供一分项目评估和建议清单，以便得到高层决策者的支持，最终得到获得批准并有资金支持的标杆管理流程执行战略。

2. 制定测评方案

建立一套测评方案，从而使标杆项目小组在标杆项目和相似项目之间进行比较。测评时确定一个项目业绩的重要方法。通过测评可以了解部门运作良好的方面和需要改进的方面。测评主要包括流程测评服务质量和产品质量。

3. 制定数据收集计划，与相关专家一起审查计划，评定标杆管理项目

这部分是一个综合的过程，应该完全描述标杆管理项目，制定一个实施计划的进度表，并对内外部数据进行收集。内部数据指的是在施行绩效预算的公共部门本部门的数据和信息以及与本部门相关的信息。包括内部公开信息和内部第一手研究信息。数据的来源主要包括部门统计报表、内部数据库、发表的文章和文献资料。内部公开信息在大多数情况下来源于内部通讯、绩效预算项目文档、部门操作程序、绩效预算战略计划、部门内部技术报告、会议记录、部门工作人员的著作和专利、部门统计报表、书籍资料、报刊文章。外部数据包括两种：一是在公共领域发布的与标杆管理项目有关的信息，与整个组织以外的组织有关。二是未公开发表或未收集的信息以及不保密、可以得到的数据。通过第三方的专家对数据收集计划进行审核。

需要注意的是评定标杆管理项目的目的是收集信息，用这些信息来建立标杆管理数据库，并确定如何运行项目。主要包括制定工作计划、建立数据收集与分析系统、制定数据收集记录表格、对数据收集人员进行培训、收集数据和建立数据库并写报告。

4. 进行内外部数据收集，分析数据，引进先进做法缩小差距

对内外部数据进行收集，选择合适的标杆伙伴，对收集的数据和标杆合作伙伴的数据进行分析，发现差距并采取缩小差距的办法。

5. 评定标杆管理项目，对结果进行监督

对标杆管理项目的整个过程进行评定，对结果进行监督和反馈，以保证持续不断地提高。

（三）引入标杆管理法，改变政府绩效评估

标杆管理作为一种有效的绩效预算评估工具，于20世纪90年代引入政府管理领域使得政府绩效评估发生了很大的变化。

第一，评估标准的变化。标杆管理中的“杆”指绩效评估的“基准”目标，也叫最佳实践。在传统的政府绩效评估中，通常是与本系统本行业的历史绩效和预算等作纵向的内部比较，范围有限，不可能对政府工作作出正确的评估。标杆管理法强调以行业或系统外的最佳实践作为衡量标准，使得政府在进行绩效评估时可以与全国范围内任何具有最佳绩效的部门进行比较，拓展政府绩效评估的比较范围，促进其着眼于本部门的长远发展。

第二，评估指标的变化。标杆管理中的“标”即度量指标，指能够准确反映组织绩效的一套指标体系及相对应的作为标杆用的一套基准数据。传统的政府绩效评估体系往往侧重于经济指标，而对于公共行政所要达到的多元目标中的其他旨在满足公共性需要的社会问题的解决关注不够，评估指标不是政府职能的全部，影响了评估的准确性。而标杆管理的指标体系比较全面，除了经济层面的指标外，还包括社会管理、环境保护、公共服务、危机处理等。而且标杆管理法还尽量用具体的数据准确地反映政府部门的行政绩效。因此，标杆管理可以促使政府全面考虑自身在社会中应承担的责任，从而对社会的全面发展起引导作用。

第三，评估方法的变化。从根本上说，绩效的高低与否，实际上是与其他组织比较而言的。在标杆管理中，在每一个实施阶段结束后都把结果与确定的标杆相比较，找出差距，进行阶段性总结评估，以对下一阶段的方法作出调整，直至最后达到标杆水平，确定更高的标杆。在标杆管理法中比较和评估完全融为一体，通过比较实现评估，以评估促进更好的比较。

第四，评估程序的变化。实施标杆管理是一个不断学习的过程，在每一轮学习过程中，需要重新检查和审视标杆管理目标，甚至寻找“新的标杆”。标杆管理法德引入，意味着政府在每一次评估完成之后，还必须要针对新情况、新要求持续进行标杆管理活动，确保“最佳实践”不断升级，使得绩效评估过程成为一个循环往复的过程，从而确保政府绩效的持续改善。

对政府来说，借鉴和运用标杆管理须注意以下方面：

一是关于标杆的确立。这就要求政府领导层富有远见，能不断学习，具有改革的动力。由于组织之间存在差异，在对它们的绩效进行比较时，往往使寻找最佳实践的行动陷入困境。而且标杆管理不是简单地照抄其他组织的先进经验，而是有选择地消化吸收，否则就会出现消化不良[①]。因此，政府引入标杆管理是对现行的管理模式的一种颠覆，需考虑到法律法规、行政文化、政府及其公务员的接受程度等等配套环境，如果不

① 郭彦伟：《政府绩效评估创新研究》，中央民族大学博士学位论文，2012年4月。

具备实施的条件而强行实施，则会导致不能收到理想的效果，甚至使政府陷入混乱无序的状态。

二是标杆管理实施后的创新问题。任何标杆都是在特定时期特定环境产生的，在政府的内外部环境发生变化后，政府应适应形势发展的要求，重新寻找标杆，或者是对已有的管理方法进行创新。因为，在实施了标杆管理后，政府仍然需要不断学习、与时俱进，创新已有的管理模式，只有这样，才能巩固和扩大标杆管理的效果。

第四节　规范人力资源评估　加强工作队伍建设

预算机构人事管理的根本目的就是通过使用人才艺术以达到机构效益最大化。因此，管理运用科学的管理方法对工作人员的绩效进行评估，激发其潜在的能力及工作积极性是至关重要的。

一、理清公务员绩效评估目标　促进绩效预算创新发展

做好公务员年度考核工作是公务员管理的基础环节。具有时代性和中国特色的“热爱祖国、忠于人民、恪尽职守，廉洁奉公、求真务实、开拓创新，顾全大局、团结协作”的公务员精神，是公务员政治素质、思想作风，道德情操、工作态度、精神风貌的综合反映。公务员考核是落实科学发展观和树立正确政绩观的需要，也是加强党的执政能力建设的需要，也是解决公务员队伍中存在的突出问题的需要。

对工作人员的绩效评估内容比较广泛，主要有以下方面的素质要求：观察和分析问题的能力；沟通与交流的能力；业务能力；宏观决策能力；处理人际关系的能力；领导和管理的能力；组织意识的能力；高效率工

作的能力；计划与组织能力；全局意识能力等。评估内容实际上就是对工作人员工作行为、态度、业绩等方面的要求和目标，它是工作人员行为的导向。

评估方法上要突出平时考核。公务员评估的方法要不断改进，力求层次有别，形式多样，手段丰富。一是突出群众考核。公务员考核要坚持领导与群众评估相结合，突出群众性。将与被考核对象工作、生活联系较密切，较知情的上级、同级、下级和基层群众，尤其是服务对象作为考核主体，通过多样化，多层次的考核方式，形成对公务员的上下左右立体式的考核。二是突出平时考核，平时考核是定期考核的基础。可为定期考核积累材料，提供情况，有助于全面客观地评估公务员。平时考核可由出勤、参加集体活动及义务劳动的记录，旷工、外出和下基层调研是否存在以考察名义游山玩水，以及农牧民、居民点名上访损害群众利益等情况为年终小结和定期考核的依据。这样对每位公务员平时工作有一个客观的评估，真正做到考之有据。

二、剖析绩效评估方法　建设高水平绩效预算工作队伍

为了使绩效预算的工作人员的绩效评估更科学、合理和规范，又便于执行，可以通过个人平衡计分卡法、个人标杆管理与 DEA 方法、360 度评估法与目标管理法等进行积极探索，进而促进绩效预算公务员队伍建设。

（一）平衡计分卡法

将适用于企业的绩效评估工具平衡计分卡进行必要的修正，根据政府部门的内在属性和自身绩效评估的特殊要求来构建科学的政府绩效评估模型，可帮助政府建立一个内嵌四个层面的全新的绩效评估系统。

第一，财务方面。企业所采用的指标是为其盈利服务的，而政府作为非营利性组织，可以将指标设置成政府成本，包括非财务指标和财务指标。非财务指标为政治成本，即政府如何提供高质量的公共产品

来满足公众即顾客日益增长的需求，以此来获得公众对政府的支持和信任，支持率高，信任度广，就说明政府以较少的成本获得了较大的收益。财务指标为经济成本，即政府的行政行为所消耗的一切经济支出。政府应该以最低的成本或最高的效率来为群众提供高质量的服务，以此来达到“节流”的目的。主要衡量指标有行政成本降低率、预算节约率等。

第二，顾客方面。政府的顾客分为两部分，即政府所服务的公众和与政府有业务往来的个人或组织。对政府所服务的公众而言，政府应尽量满足他们的需求，改善他们的生活环境，提高他们的生活水平，充实他们的物质和精神生活，以此来获取公众对政府的满意。主要衡量指标有公众需求满意度、对政府的支持率、公共安全感等。另外，与政府有业务往来的个人和组织包括各类投资者和企业，他们的投资对当地的发展起着积极的推动作用。加强与投资者和企业的长期合作，可以为政府争取到更多的资金支持，从而确保政府各项事务的有效开展。所以政府必须通过“顾客”的反馈信息来了解外部环境的动态因素和发展情况，了解外部环境对政府行为的要求，从质量、服务、成本三方面关注顾客的需求和满意度。相应的指标设置有客户满意度、客户印象、新客户需求、客户盈利能力和合同履行的准时率等。

第三，内部流程方面。改善政府的内部流程必能提高政府所提供的产品和服务质量，高质量的产品和服务才能最大限度地满足公众的需求，增加公众对政府的满意度和信任度，因此，政府的内部流程是建立在关注客户满意度和政府财务目标完成基础上的具有重大影响力的流程。政府的内部流程既包括那些能满足顾客需求并最终实现使命的流程，又包括政府的内部管理流程。政府可从公众中广泛搜集信息和反馈意见，并结合本地区的实际情况，制定出能够吸引顾客，满足顾客需求的政策，同时根据内、外环境的变化而不断调整，在不断的创新中为顾客谋福利。政府的内部流程衡量指标同企业一样，也包括三个方面，即创新指标、运营指标与售后服务指标。创新指标的具体设置为新政策推出率、新政策取得效果率等，运营指标可以从政策酝酿和实施所用时间、政策推行成功率和失败率、政策实施所消耗的人力和物力等方面进行衡量，售后服务指标的具体设置为公众上访率、对公众上访的反应时间和处理时间等。

第四，学习和成长方面。从人员方面看，政府要不断地加强对成员的培训，同时以一些激励性措施来调动成员的积极性与创新性，从而为企业发展不断注入新的活力，具体指标为成员培训率、人均培训时间、成员满意度、成员的稳定性与创新性等。在信息方面，政府要及时地从其所服务的公众中了解信息，同时内部人员中互相沟通，从信息交流中不断学习与成长。在政府组织程序方面，政府要时刻听取成员意见，对于有价值的意见要予以采纳，以及时地弥补组织程序所存在的不足。根据设置的四个方面的衡量指标，我们可以设计出基于平衡计分卡的政府绩效评估模型，如图 4－3 所示①。

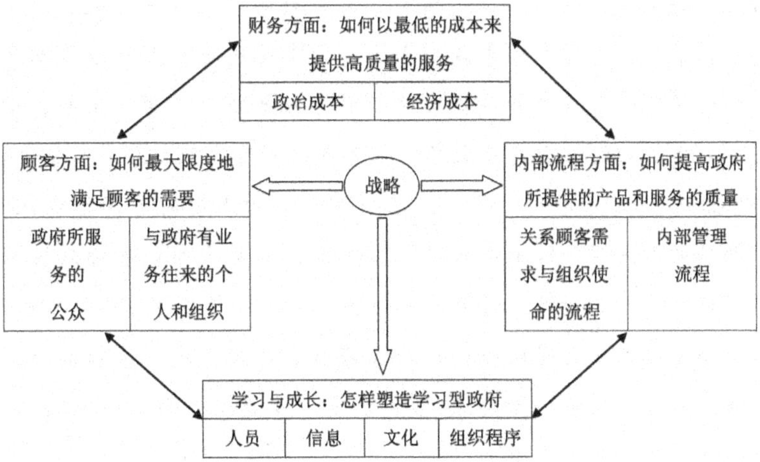

图 4－3　政府绩效评估平衡计分卡模型

由图 4－3 可知，政府绩效评估平衡计分卡模型清楚地反映了平衡计

① 宋炜、陈光银、周海华："浅析平衡计分卡与政府绩效评估"，《云南科技管理》，2007 年第 6 期。

分卡所涉及的财务方面、顾客方面、学习与成长及内部流程四个方面之间的关系。这四个方面的内容围绕战略来运行，彼此之间相互影响。

专栏4－4

美国政府公务员绩效评估

美国政府公务员绩效考评制度主要依据美国的公务员法制定，多年来，经过不断实践和创新，已比较完善。总地看，公务员绩效管理制度主要包括制定考评计划、确定考评标准、实施考评管理、进行信息反馈、总结和改进工作、运用奖惩制度反映考评结果等环节，其管理过程严谨，既注重考评工作的核心即考评计划的制订，又体现考评是手段而非目的的绩效管理原则。

美国公务员绩效考评的一般做法是：第一，由公务员的直接上司根据公务员的岗位要求，提出该岗位公务员绩效考评的初步草案，并经与该公务员协商同意，正式确定该公务员的绩效考评方案，双方签名生效。第二，考评方案生效半年后，由上司对该公务员进行初步考评，如有问题即对该公务员提出改进的意见和建议；再过半年，由上司对该公务员的绩效进行正式考评，考评结论可在优、良、合格、差、不合格五项中任选其一。第三，该公务员如对上司的考评结论认可，即可签名并报更高一级上司审核批准生效；如对上司的考评结论不认可，可越级向更高一级上司申诉，要求复审，复审的结论为终审结论。第四，经过考评如发现该公务员的工作存在问题，或一些指标尚未达到标准，即由上司和该公务员进行协商，形成该公务员的整改方案，由该公务员在今后工作中加以改进。第五，公务员的绩效考评结果与其待遇以及晋升挂钩，对考评结果优秀者，按有关规定予以奖励，反之则予以警告，或通过其他方式予以惩戒处罚等。

美国公务员绩效考评的主要特点是：第一，强调个性化考评。针对每个公务员的岗位职责要求制订考评方案，由上下级之间直接协商考评。第二，考评内容注重与工作分析相联系。美国采用“综合测评体系”，考评重点主要包括公务员工作业绩和内部协调情况，服务对象反映情况，创新和学习情况，与其工作相关的相关财务情况等，这种考评反映了公务员工作的综合性特点，有助于公务员分析改进工作，提高服务质量。第三，注重运用培训手段促进考评工作顺利进行。公务员绩效考评方案确定后要对公务员进行培训，培训的目的是为了促进公务员了解和掌握岗位职责、工作标准并积极参与考评。第四，强调以评促改。在考评过程中，上司要向被考评的公务员及时反馈信息，加强沟通，帮助公务员制定改进计划，指导公务员尽快提高绩效，促进组织目标的实现。第五，注重考评结果的运用。美国公务员的绩效考评结果和奖惩严格挂钩：绩效考评优秀者，既有物质奖励，包括奖励假期、发奖金（一般从几千美元到数万美元不等）；又有精神奖励，包括提级晋升、以其姓名命名建筑物或自然景观等。对绩效考评不合格又长期不作改进者，先发出口头警告，之后是书面警告，如仍不见效，是试用期的公务员就可以直接解雇，是正式公务员，虽不能直接解雇但可通过其他合法方式如行为失范、严重违纪等，予以惩戒乃至除名。

当然，也要看到，由于美国的政治制度所决定，其政府绩效评估实践还存在一些不可避免的难点和问题。譬如，政府选举必然导致美国政客在执政行为上急功近利，虽然政府绩效评估有相应的法律制度约束，仍难免不受选举政治的影响；分权制衡机制和部门利益分割所决定造成即使有再好的政府绩效评估制度也很难充分发挥作用；金钱政治和拜金主义使得一些人控制了公共服务机构资源，政府绩效评估往往会触及这些人的利益，从而造成政府绩效信息隐瞒甚至造假；公务员考评由上下级之间直接进行必然导致公务员队伍中人身依附关系的发生，等等。即使如此，美国政府绩效评估所体现的法律化、制度化、科学化、规范化、公民导向化和外向化，以及围绕绩效评估管理所创新的理念、技术和方法等，仍有许多地方值得我们学习和借鉴。

资料来源：葛海彦：“美国政府的绩效评估”，《学习时报》，2010 年 12 月 20 日。

（二）个人标杆与DEA方法的融合

标杆管理与企业再造、战略一起并称为20世纪90年代三大管理方法，也是国内外开展竞争研究常用的方法和工具之一。其中，标杆管理是一个持续的调查研究和对过程的学习，以确保发现、分析、采纳、执行行为中最好的经营管理实践活动。虽然作为一种管理方法或技术，标杆管理可以有效地提升企业（产业或国家）的竞争力，但是企业（产业或国家）实施标杆管理的实践业已证明，仅仅依赖标杆管理未必就一定能够将竞争力的提高转化为竞争优势，有的企业甚至陷入了“标杆管理陷阱”之中，这就意味着标杆管理还存在许多局限之处。标杆管理在绩效预算的应用中也存在一些缺点，主要有：标杆主体选择缺陷；标杆瞄准的缺陷；标杆瞄准执行成员选择的缺陷；过程调整的缺陷；忽视创新性的缺陷；标杆管理缺乏市场预测能力等。然而，DEA中的每个DMU都可以看作是相同的实体，亦即在某一视角下，各DMU具有相同的输入和输出。通过对输入输出数据的综合分析，DEA可以得出每个DMU综合效率的数量指标，据此将各DMU定级排序，确定有效的DMU，并指出其他DMU非有效的原因和程度，给主管部门提供管理信息。DEA还能判断各DMU的投入规模是否恰当，并给出了各DMU调整投入规模的正确方向和程度。与其他评估方法不同，这种方法的优点是可以对多投入和多产出的指标进行分析，是一种对同类型单位的相对有效性进行评估的方法。

为此，DEA算法与标杆管理可以有效地结合起来，在绩效预算中得以应用，进而弥补二者各自的弊端。同时，通过个人标杆管理与DEA方法结合进行积极探索，力求使绩效预算的工作人员的绩效评估更科学、合理和规范，又便于执行。在绩效预算中对预算部门的工作人员个人进行标杆管理，首先要树立个人工作目标的标杆，然后测量个人工作绩效和工作效率，发现与标杆的差距，最后对个人持续不断地激励，以促使改进。

（三）360度评估法

360度评估法打破了由上级考核下属的传统考核制度，可以避免传统考核中考核者极容易发生的“光环效应”、“居中趋势”、“偏紧或偏松”、“个人偏见”和“考核盲点”等现象；一个员工想要影响多个人是困难的，管理层获得的信息更准确；可以反映出不同考核者对于同一被考核者不同的看法；防止被考核者急功近利的行为（如仅仅致力于与薪金密切相关的业绩指标）；较为全面的反馈信息有助于被考核者多方面能力的提升。360度考核法实际上是员工参与管理的方式，在一定程度上增加他们的自主性和对工作的控制，员工的积极性会更高，对组织会更忠诚，提高了员工的工作满意度。

一般而言，问卷调查和一对一访都被用来搜集360度评估反馈数据，但最为常用的是问卷调查。问卷调查的基本形式是评估人通过纸笔作答，不过电子化问卷和在线的评估系统随着信息化的时代正变得越来越流行，许多企业已经或正在购买360度评估反馈的软硬件产品。

调查问卷通常由围绕能表现出特定素质（一般包含10个指标）的关键行为描述构成，评估人在评估对象的这些行为表现上进行打分或选择符合程度。问卷回收后，对数据进行量化分析处理。有些调查问卷中也会包含部分的开放式问题，是接受调查的员工能有机会用自己的语言，把看到的和感受到的经验表达出来。调查问卷的来源可以是企业根据岗位要求、企业文化价值观自定义设计，也可以直接购买成形、且被大量使用的专业化问卷，比如领导力测评、管理人员胜任素质评估问卷。

一对一访谈通过对个人访谈、交流的方式收集关于特定素质的信息，它可以独立作为收集信息的工具，也可以作为调查问卷的补充。访谈可以与问卷调查同时展开，也可以在稍后对问卷调查中发现的问题进行澄清。因为问卷调查都能带来大量的信息，但信息的内容往往会过于笼统，用访谈的方式可以挖掘更深更细内容，从而获得更为实在的具体事例。

360度评估法主要用于收集员工的工作技能、专业知识和工作风格、态度等方面的信息。工作技能主要指完成某项任务的能力；掌握某项技能的程度，例如进行策略性思考的能力、文字表达能力、指挥分配工作的能力、影响力、洽谈协商能力、以及设备操作能力等。专业知识指员工对某一方面的业务或学科的熟悉程度，例如，对某个行业或某项特定的商业活动的熟悉水平。而工作风格则指员工对外界特定的工作环境所采取的回应方式，例如自信心、工作动力、自我满足感和情绪稳定性等。相比于传统绩效评估的客观、量化的指标相比（如生成率、销售额、出勤率），360 评估的这些评估内容具有主观性和相对性。因此，最为有效的评估问卷会针对员工们的具体行为提出问题，而不是单纯地让他们作出主观笼统的判断选择。例如，当想了解某位管理人员在调动员工积极性方面的表现时，不必直接问接受调查的员工“你的上级是不是一位善于鼓舞人心的人”，应该在问卷中提出“他是否经常明确地向你提出需不需要支持与帮助来完成某项工作”。通过提出类似与接受调查者工作体验直接相关的问题，可以有效的避免主观的臆断。同时，详细具体的行为描述，也让参与评估的员工了解到什么样的行为需要改变、什么样的行为需要提倡。

360 度评估法实施流程分为三个阶段：准备阶段、实施阶段和结果应用阶段。

第一，准备阶段。这个阶段包括确定评估目的，确定受测者和评估关系等过程。

首先，确定评估目的。讨论和明确开展 360 度评估反馈的目的，是用来进行人员发展、领导力开发，还是进行绩效考核，缺乏明确的目的性是 360 度反馈测评系统运作失败的一个重要原因。确定评估内容，即设计评估，需要评估什么内容，以什么形式评估，这其实是和评估目的结合起来的。评估内容可以与企业的战略需求相结合，也要重点加强对企业所需的核心素质的培养，根据不同职能、职层以及工作性质的差别来作具体的设计和计划。评估内容包括沟通技巧、人际关系、领导能力、行政能力等。通过这种理想的评估，被评估者不仅可以从自己、上司、部属、同事甚至顾客处获得多种角度的反馈，也可从这些不同的反馈清楚地知道自己的不足、长处与发展需求。

其次，确定受测者和评估关系。根据评估目的，选择需要考察的对象。具体的人数因公司的规模、成熟度决定，没有绝对的人数限制。另外，选择评估人时，可以由考察对象自己选取，也可以有 HR 指定。小规模试测：在进行正式的活动前，最好有小规模或者模拟的试测，作答前仔细检查，因为活动一旦开始，就很难进行调整和修改。试测可以将错误的发生概率降低到最小。总之，准备工作相当重要，它影响着评估过程的顺利进行和评估结果的有效性。

第二，实施阶段，即启动/通知阶段。①全面有效的沟通对于 360 反馈测评机制有着特殊的意义。由于被测评者可能会感到报告的结果对自己存在负面的威胁，因此更需要在测评之前就对反馈测评的根本目的进行完备的沟通。为了避免可能出现的误会和会被出卖的负面错觉，还需要在测评之前就对反馈结果的保密性达成共识。启动形式可以是召开活动启动大会，也可以是邮件电话通知，具体根据评估活动的目的、企业的特点灵活开展。②正式开始实施。分别由上级、同级、下级、相关客户和本人按问卷中各个维度标准，进行评估。评估过程中，除了上级对下级的评估无法实现保密之外，其他几种类型的评估最好是采取匿名的方式，必须严格维护填表人的匿名权以及对评估结果报告的保密性，大量研究表明，在匿名评估的方式下，人们往往愿意提供更为真实的信息。③监控作答过程。了解作答进度，解答作答过程中的问题，以保证评估活动按时完成。

第三，结果应用阶段，即收集汇总数据。①在活动结束后，回收评估问卷，整理作答数据。注意区分问卷作答的有效性。②数据处理。根据评估的目的，确定数据分析的方法和内容，得到评估报告。360 度评估反馈的报告一般比较长，一般报告内容包括概况、优势、劣势、潜在能力、盲点、共识与分歧的分析、主观反馈等，同时报告应选择使用丰富、直观、生动的表格、图形类型来呈现数据，易于报告的解读。③反馈应用。将评估结果反馈给者受评者，并进行有针对性的辅导，这是一个非常重要的环节。根据经验，在第一次实施 360 度评估和反馈项目时，最好请专家或顾问开展一对一的反馈辅导谈话，以指导受评者如何去阅读、解释以及充分利用360评估和反馈报告。另外，请外部专家或顾问也容易形成一种“安全”（即不用担心是否会受惩罚等）的氛围，有利于与受评者深入交流。

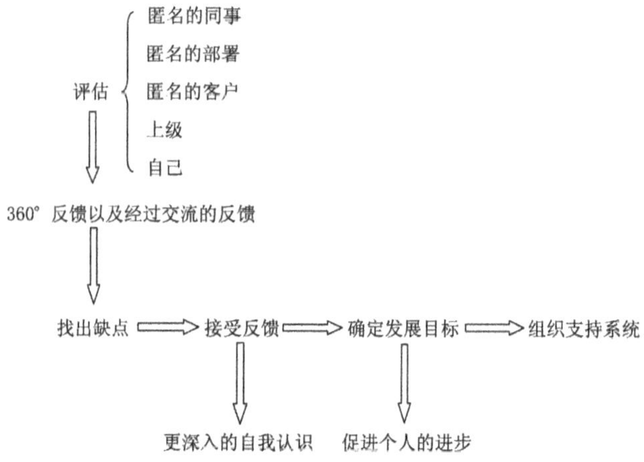

图4－4　360度评估个人绩效

由图4－4可知，360度法通过匿名同事、匿名部署、匿名客户、上级及自己进行全方位的评估，经过信息交流将结果反馈给受评者，进而受评者可以找出自身的缺点。通过接受反馈，受评者可以更深入地认识自己，并可以通过确定下一步的发展目标来达到促进个人进步的目的。

（四）目标管理法

目标管理法属于结果导向型的考评方法之一，指由下级与上司共同决定具体的绩效目标，并且定期检查完成目标进展情况的一种管理方式。其以实际产出为基础，考评的重点是员工工作的成效和劳动的结果。目标管理体现了现代管理的哲学思想，是领导者与下属之间双向互动的过程。目标管理法由员工与主管共同协商制定个人目标，两个人的目标依据企业的战略目标及相应的部门目标来确定，并与它们尽可能一致。该方法用可观察、可测量的工作结果作为衡量员工工作绩效的标准，以制定的目标作为对员工考评的依据，从而使员工个人的努力目标与组织目标保持一致，减少管理者将精力放到与组织目标无关的工作上的可能性。

1. 目标管理的原则

第一，企业的目的和任务必须转化为目标，并且要由单一目标评估，转变为多目标评估。

第二，必须为企业各级各类人员和部门规定目标。如果一项工作没有特定的目标，这项工作就做不好，部门及人员也不可避免地会出现“扯皮”问题。

第三，目标管理的对象包括从领导者到员工的所有人员，大家都要被“目标”所管理。

第四，实现目标与考核标准一体化，即按实现目标的程度实施考核，由此决定升降奖惩和工资的高低。

第五，强调发挥各类人员的创造性和积极性。每个人都要积极参与目标的制定和实施。领导者应允许下级根据企业的总目标设立自己参与制定的目标，以满足“自我成就”的要求。

第六，任何分目标，都不能离开企业总目标自行其是。在企业规模扩大和分成新的部门时，不同部门有可能片面追求各自部门的目标，而这些目标未必有助于实现用户需要的总目标。企业总目标往往是摆好各种目标位置，实现综合平衡的结果。

2. 目标管理的主要内容

主要包括：要有目标、目标管理必须制定出完成目标的周详严密的计划、目标管理与组织建设相互作用、培养人们参与管理的意识、有效的考核办法相配合等。

第一，要有目标。关键是设定战略性的整体总目标。一个组织总目标的确定是目标管理的起点，总目标再分解成各部门各单位和每个人的具体目标。下级的分项目标和个人目标是构成和实现上级总目标的充分而必要的条件。总目标、分项目标、个人目标，左右相连，上下一贯，彼此制约，融会成目标结构体系，形成一个目标连锁。目标管理的核心就在于将各项目标予以整合，以目标来统合各部门各单位和个人的不同工作活动及其贡献，从而实现组织的总目标。

第二，目标管理必须制定出完成目标的周详严密的计划。健全的计划既包括目标的订立，还包括实施目标的方针、政策以及方法、程序的选择，使各项工作有所依据，循序渐进。计划是目标管理的基础，可以使各方面的行动集中于目标。它规定每个目标完成的期限，否则，目标管理就难以实现。

第三，目标管理与组织建设相互为用。目标是组织行动的纲领，是由组织制定、核准并监督执行的。目标从制定到实施都是组织行为的重要表现。它既反映了组织的职能，又反映了组织和职位的责任与权力。目标管理实质上就是组织管理的一种形式、一个方面。目标管理使权力下放，责权利统一成为可能。目标管理与组织建设必须相互为用，才能互相为功。

第四，培养人们参与管理的意识。认识到自己是既定目标下的成员，进而诱导人们为实现目标积极行动，努力实现自己制定的个人目标，从而实现部门单位目标，进而实现组织的整体目标。

第五，必须有有效的考核办法相配合。考核、评估、验收目标执行情况，是目标管理的关键环节。缺乏考评，目标管理就缺乏反馈过程，目标管理的目的即实现目标的愿望就难以达到。

3. 目标管理法的优缺点

目标管理法的优点是其评估标准直接反映员工的工作内容，结果易于观测，所以很少出现评估失误，也适合对员工提供建议，进行反馈和辅导。由于目标管理的过程是员工共同参与的过程，因此，员工工作积极性大为提高，增强了责任心和事业心。目标管理有助于改进组织结构的职责分工。组织目标的成果和责任力图划归一个职位或部门，容易发现授权不足与职责不清等缺陷。缺点是目标管理法没有在不同部门、不同员工之间设立统一目标，因此难以对员工和不同部门之间的工作绩效进行横向比较，不能为以后的晋升决策提供依据。

三、正确运用平衡计分卡　高效评估预算机构工作人员

平衡计分卡是一种新颖的战略管理工具。最初应用于企业，是把企业的使命和战略转化为一套全方位的运作目标和绩效指标，作为执行战略和监控的工具，同时也是一种管理方法和有效的沟通工具。此处，重点介绍平衡计分卡法在绩效预算公务员评估中的应用。

（一）正确使用平衡计分卡　有效激发个体潜能

绩效预算部门公务人员的平衡计分卡是一种行之有效的用于激发个体潜能的方法。用平衡计分卡进行绩效预算工作人员评估，提供了内部人员管理以及改善绩效预算的战略、流程和效率的系统、完整的方法，它将个人能力与集体才能管理联系起来，从而为工作人员提供更加牢固和可持续的未来。作为一种有效的人才管理理论，个人平衡计分卡通过个人目标与绩效预算战略愿景的平衡，将平衡计分卡引入绩效预算部门人力资源管理，而这一平衡正是实现可持续的绩效预算战略和组织绩效的前提条件。

管理者可以利有它有效地训练员工，培训他们的诚信品质，并帮助他们实现工作和生活和的谐统一。该方法的作用还在于改变员工的个人行为，从而提高企业效率和员工业绩，提高员工的自我意识、个人责任感和积极性。

与组织的平衡计分卡相似，绩效预算中个人平衡计分卡也分为四个视角，但是内容不同。内部：身体健康和精神状况；外部：与配偶、子女、朋友、上司、同事及其他人的关系；知识与学习：个人的技能和学习能力；财务：经济状况的稳定。

另外，个人平衡计分卡包括个人使命、个人愿景、个人核心角色、个人关键成功因素、个人目标、个人绩效测评、个人具体目标和个人改进措施。

绩效预算中个人平衡计分卡和预算机构组织平衡计分卡的构成要素

是一个相互关联的关系。人们不会对他们不相信或不同意的事情全力以赴去做。如果个人的使命、愿景和核心角色与组织的使命、愿景和核心价值相一致，那么员工对工作的投入性就会增强。

（二）阶段性实施个人平衡计分卡

个人平衡计分卡的实施是一个循环的过程，分四个阶段。

第一，制定。制定个人与组织的平衡计分卡。

第二，沟通和联系。通过有效的沟通和转化过程，组织计分卡转化为各个业务部门及具体团队的计分卡，而团队计分卡又与员工计分卡联系起来，从而让组织的所有利益相关者都参与组织战略的形成。

第三，改进。工作人员根据个人平衡计分卡和组织平衡计分卡实施改进措施。重点是改正错误，提高现有能力。

第四，发展和学习。预算绩效机构的管理者在人才管理过程中，和工作人员一起讨论他们的个人发展计划。

（三）链接平衡计分卡与工作人员

平衡计分卡可以与人力相链接，主要包括三个方面的内容：工作人员能力发展，工作人员绩效管理与薪资激励，公务人员的选拔和提升。

具体来说平衡计分卡测评工作人员能力发展主要有五个步骤：

第一，辨别关键能力。绩效预算所需要的关键能力，包括工作人员对战略的把握，预测未来结果对顾客（公民）的影响，对战略的执行流程的规划，自身的学习和成长等。

第二，明确所需要的能力层次。这一步要确定为了达到关键能力，工作人员需要达到的能力层次。通过确定预算绩效的绩效目标和相关的关键能力，工作人员个人的学习得到加强。

第三，工作人员个人能力评估。能力评估的过程涉及到工作人员个人和上层领导。领导应该判断工作人员的当前能力水平，然后比较得分情况，发现差异，通过讨论达成一致意见。平衡计分卡的能力评估强调个人意识力要与组织战略密切相关，明确各人的优势和劣势。绩效预算的战略从四个角度分解为不同的绩效目标，进一步在组织各层次对目标的因果关系进行分析，最终具体落实到每一个工作人员，使个人了解到什么是重要的、个人与组织的关系以及个人的绩效目标。

第四，能力差距分析。差距分析使工作人员个人当前能力与需要达到能力的比较，两者的差距显示出个人在哪方面需要改进以及改进的幅度。影响改进能力的因素有：压力成就、职责范围、绩效目标难度和达到理想能力水平需要改进的程度。

第五，个人能力发展。能力发展的学习过程包括动机、行动、意识、学习、计划。动机是培养绩效预算工作人员为提升更高一层的能力水平而付诸行动的意愿；行动是指采取行动；意识是观察已经采取的行动及效果；学习要分析哪些有效，那些无效；计划是制定未来的改进方法和步骤。

第五节　健全政策评估方法　提高绩效预算水平

政策评估是依据一定的标准和程序，对政策的效益、效率及价值进行判断的一种政治行为，目的在于取得这些方面的信息，作为决定政策变化、政策改进和制定新政策的依据。在社会主义市场经济条件下，作为社会资源重要分配途径的公共政策的影响力逐渐增强，与此相联系，政策评估的重要性也日益突出。政策评估不仅是考量政策延续、改进和终止的重要依据，而且还从根本上决定着公共资源的分配与再分配保障社会的有序性。

一、理解政策评估定义　科学评估政策绩效预算

政策评估是依据一定的标准和程序，对政策的效益、效率及价值进

行判断的一种政治行为，目的在于取得有关这些方面的信息，作为决定政策变化、政策改进造和制定新政策的依据。包括政策的事前评估、执行评估、事后评估三种类型。

其中，事前评估是针对政策方案进行的评估（预评估），对象发展趋势预测、可行性评估、效果评估。执行评估是对政策执行过程的评估，分析政策执行过程中的情况。事后评估是针对政策效果进行的评估（后评估），问题解决程度和优化程度、政策效果成因。但目前部分国外学者将政策的事前评估归入政策分析的范畴，而狭义的政策评估则专指事后评估。政策评估是检验政策的效果、效益和效率的基本途径，是决定政策去向的重要依据，是合理配置资源的有效手段，是公共决策科学化、民主化必由之路。

按照德国学者沃尔曼（Wollmann）的观点。政策评估作为一种分析工具，首要的任务就是为评估政策绩效提供政策过程和结果的信息。同时，“政策评估又是政策循环中一个重要的阶段，它需要将这样的信息回馈给政政策制定过程”[①]。以色列学者纳池密尔斯（Nachmias）认为，“政策评估是对政策和公共项目是否实现预期目标的客观性、系统性、经验性检验”[②]。纳池密尔斯（Nachmias）的定义最能代表“理性主义政策评估”的基本前提。根据国内外学者的研究，政策评估可归结为：检验政策的效果、效益和效率的基本途径；决定政策修正、调整、继续或终止的重要依据；有效配置资源的基础；是开始新的政策运行的必要前提；决策科学化、民主化的必由之路。

二、掌握政策评估标准　合理评估政策绩效预算

确定政策评估标准，对提高政策绩效预算是至关重要的。“政策评估是一种进行判断的政治行为，要依据一定的标准和程序，这个标准就是

① H. Wollmann. Evaluation in Public Sector Reform. Cheltenham: Edward Elgar, 2003.

② D. Nachmias. Public Policy Evaluation: Approaches and Methods. N. Y.: St. Martin's Press, 1979.

政策评估标准。"[①] 要开展政策绩效预算评估，首先就得确定这个标准，然后按照标准执行。可见，政策评估标准对于政策绩效预算评估具有重要意义。

（一）政策的目标标准

政策目标是制定政策的起点，也是政策制定所要实现的终点，在政策执行中具有指导、约束、凝聚、激励、辐射的作用。评估一项公共政策是否成功的重要标志就是看政策执行后能否在预定的时间内完成其所预定的目标。那么，在评估政策绩效预算时，把制定公共政策时所要达到的标准或目标同在一定时间限度内执行政策所达到的目标相比较来进行评估。如果公共政策在预期时间内取得的成就同制定政策所定的标准一致，这项公共政策就是成功的，达到了预期的目标。没有达到预期目标，说明这项政策是不成功的。因此，评估公共政策是否成功的第一个标准应该看公共政策在预期的时间内是否完成或实现了预期的目标或标准。

（二）政策的投入标准

一项政策的提出、列入议事日程、制定、执行等各个环节都需要大量的人力、物力、财力、信息等各种资源。也就是说制定、执行和贯彻公共政策必须要有一定的投入。这些投入包括：资金的来源与支出，所需要的执行政策的人员、机构、工作时间的数量与质量，政策资源与政策对象之间的相互关系等。这个标准要衡量一项政策所投入的各种资源的质量和数量，其实质就是从资源投入的角度来衡量决策机构和执行机构所做的工作，也就是政策评估的成本问题。因此，投入成为政策能否取得成功的重要因素。所以，评估一项政策能否成功的一项重要的标准可以从各种投入方面进行评估。但是在运用这个标准评估公共政策时，我们应该认识到投入只是公共政策评估成功的充分条件，而不是必要条件。大量的投入并不一定就能带来政策的成功，投入不足也不意味着政

① 陈振明：《公共政策分析》，中国人民大学出版社，2003 年。

策就不能取得成功。

（三）政策的公平与公正标准

公共政策是政府依据特定时期的目标，在有效增进与公平分配社会公共利益的过程中所制定的行为准则，公共性是公共政策的重要特征和体现。由于市场本身的缺陷，在社会资源的分配和调节方面存在市场失灵的问题，政府的公共政策应该发挥其调节作用，而这种调节作用更多地体现在社会公平方面。因此，政府在制定公共政策的过程中应该以社会利益最大化为其目标，最大限度地体现最大数的利益，尽可能地实现帕累托最优。同时，由于政策在满足大多数人利益的同时，也可能导致一部分人的利益受到损害。为了实现帕累托最优状态，必须注意那些由于政策因素导致合法利益受损的少数群体或部分利益集团的利益，通过利益的再分配或补偿等方式给予那些受损的合法利益群体以合理的补偿，从而体现和照顾大多数人的利益。因此，公共政策是否成功的重要标准之一就是看是否体现了政策的公平和公正，是否体现和维护了大多数人的利益。

（四）政策的效率标准

经济学上讲究经济效率，即投入和产出的关系，经济效率要求产出必须大于投入。政策的效率标准是衡量政策取得效果所耗费的政策资源的数量，通常体现在政策投入与政策效果之间的比率和关系。政策效率的高低往往反映出政策本身的优劣和政策的执行状况。一般来讲，政策的效率标准包括三个层次：政策的成本层次、单项政策的投入和产出层次、政策的全部成本与总体产出层次。在政策成本层次上，必须掌握政策过程中的资金来源和支出，物质与信息的调配与使用，决策者与执行者的数量和时间。在这里，应重点关注政策在制定和执行中投入了多少资源，投入的资源是否充足，能否确保政策得到贯彻和实现。在单项政策的投入和产出层次上，考虑政策效率时应该重点关注如何以较少的投入，较快、较好、高质量地实现政策目标，也就是在最小的政策成本下达到和实现最大的政策目标。在政策的全部成本与总体产出层次上，应该注意除了直接用于政策过程的资源外只用于该项政策，而不能用于其他方面。这种层次的评估重点在于政策系统与社会整体系统之间的关系。在这种层次上，评估公共政策不仅要考虑政策本身的效益，还要考虑执行政策后带来的社会效益。如国家的退耕还林工程，不仅起到了保护生态的作用，也为还林区从旅游等方面带来了经济效益。

（五）公民参与及回应标准

由于公共政策主要实现大多数人的利益，因此，在制定政策的过程中公民的参与及回应就显得至关重要，而公民的参与和回应程度的高低也是衡量政策是否成功的重要标准。公共政策对社会需求的回应是一个国家或政治系统维持自己生存、稳定和发展的基本功能。通过公民的广泛参与，各种社会问题不断输入到政治系统中，政治系统则不断地输出各种政策去解决各种各样的社会问题，维护和实现公民的利益。因此，一项公共政策不论其是关系到全体还是一部分人的利益，只要政策对象认为自身的利益得到了满足，就会对这种政策有着积极的回应，否则，政策的回应程度就低。这也是评估政策是否成功的重要标准。

政府制定公共政策的目的主要是满足社会全体或部分公民的利益需要，制定的政策必须为公民所接受。在一些政策制定过程中，政府在没有公民广泛参与的情况下，从自身利益出发，制定出某些公共政策，原本以为体现和维护了公民的利益，必然得到公民的支持与欢迎，但往往是公民对制定的政策缺乏认同感。原因在于，政府把公民不需要的政策强加给公民，必然得不到公民的认同。中国有些地方政府制定政策缺乏公民认同的现象时有发生。如许多地方的领导干部为了展现自己的“政绩”，脱离了本地社会、经济发展的实际情况而超前制定了许多政策，结果导致了政策不被公民认同，出现了大量的人力、物力、财力的浪费，严重损害了当地人民的利益。

三、选择政策评估方法与模式　提高评估质量

政策评估方法是针对政策的某个环节或某个方面进行评估的手段、

方式，有时也用于对政策的全面评估。但一般而言，对公共政策的全面评估都要用到多种评估方法。政策评估模式是各种评估方法的选择与组合，一般用于对政策进行全面的评估，但一项公共政策的评估也可能是多种评估模式的综合应用。

（一）多样化的政策评估方法

政策评估方法是政策评估体系的有机组成部分，它是政策评估主体进行政策评估，实现政策评估目标的桥梁和中介。政策评估理论发展的每一阶段，都是政策评估方法的革新和应用，政策评估方法的创新也是政策评估理论和实践发展的动力。20 世纪 50 年代，系统科学方法、数理统计方法、运筹学方法和经济学方法在政策科学中广泛应用，从而推动了实证主义评估理论的诞生。20 世纪 70 年代以来，价值分析、政治学和社会学分析方法在政策评估实践中的恢复和发展，政策评估的方法从内容和形式上都已走向多元化、多样化，政策评估理论也由实证主义走向后实证主义，如表 4－1 所示。

表 4－1　　　　政策评估方法

模型	主要对象（评估者）	一致意见（评估目标）	方法论（评估方法）	产出（评估结论）	典型问题
系统分析	经济学家、经理	目标、已知原因和效果、定量变量	规划、计划和预算统、线性规划、规划改进、成本效益分析	效率	获得了预期效果吗？可以用更经济的方法获得该效果吗？效果最高的计划是什么？
行为目标	经理、心理学家	预先确定的目标、定量产出变量	行为目标、成就测试	生产率、责任	获得预期效果吗？计划起作用吗？
决策制定	决策者（尤其是行政人员）	一般目标、指标	调查、问卷、采访、自然改进	效果、质量控制	计划有效吗？哪些部分有效？

续表

模型	主要对象（评估者）	一致意见（评估目标）	方法论（评估方法）	产出（评估结论）	典型问题
无目标	消费者	结果、指标	偏见控制、逻辑分析、做法	消费者选择、社会效用	全部效果是什么？
技术评论	内行、消费者	批评意见、标准	评论总结	提高标准、增强意识	批评家会同意计划吗？听众的赞赏增加了吗？
专业总结	专业人员、公众	指标、工作程序	专门小组总结、自学	专业接受	专业人员认为计划的等级是什么？
准法律	陪审团	程序和判断	准法律程序	决议支持和反对计划的观点是什么？	
案例研究	客户、实践者	谈判、活动	案例研究、来访、观察	理解多样性	对于不同的人，计划有什么不同？

自公共政策学产生以来，政策理论和实践工作者使用的政策评估方法至少有上百种。根据政策评估对象，可以分为政策系统的评估方法、政策过程的评估方法和政策结果的评估方法；根据分析手段，可以分为定性评估方法和定量评估方法。定性评估方法是评估者根据经验和知识，应用逻辑思维，对评估对象的性质进行的分析和判断，如价值分析方法、制度分析方法、因果分析、目标分析、专家咨询（如德尔菲法、头脑风暴法）、主观概率预测和超觉理性预测等。定性评估方法对不能进行量化的政策评估对象，如政治、文化、社会伦理等领域的政策评估具有定量方法所不具有的优势，有利于克服政策可行性与政策可接受性之间的矛盾。定性评估方法由于依靠评估者的经验和主观认识，甚至是直觉的判断，得出的结论普适性和可靠性都值得怀疑，这也是定性评估方法的弱点或局限性，弥补这一不足需要应用定量的分析方法。

定量评估方法是指根据评估对象的数据信息或量化的数据信息，运用运筹学、统计学、计量经济学、系统工程理论等学科的理论和方法，建立政策评估的数学模型，再借助电子计算机等手段进行计算来求得答案的方法和技术，如回归分析、成本收益分析、马尔科夫分析、随机分析等。定量评估方法以理性主义为方法论基础，以数据资料作为评估的依据，以逻辑推理、精确的数学计算作为评估的基本工具，是政策评估领域最富于生命力和应用最多的评估方法。定量评估方法克服了评估活动中的主观倾向，评估结果更客观、更科学。这些优势推动了政策评估从传统的政策判断向现代科学评估的转变。现代政策评估都遵循定性评估与定量评估相结合的原则，经验主义与理性主义走向融合。

（二）政策评估模式的优化选择

在政策评估实践中，对各种评估方法的选择与组合的不同，形成了许多政策评估模式，有时亦称政策评估分析路径。弗兰克·费希尔提出“实证辩论逻辑”的评估模式，它把政策的评估分为两个层面四个推论：第一个层面包括项目验证和情境确认两个推论，评估着重于政策发起者的行动背景、政策结果和产生结果的背景分析；第二个层面包括社会论证和社会选择两个推论，评估着重于政策目标对社会系统的影响①。威廉·N. 邓恩根据评估标准的不同，区分了三种评估模式，即伪评估、正式评估和决策理论评估②。豪斯根据评估主体、评估目标、评估方法和评估输出形式，把实践中的评估模式总结为八种：系统分析模式、行为目标模式、决策制定模式、无目标模式、技术评论模式、专业总结模式、准法律模式和案例研究模式③。韦唐在古巴和林肯研究的基础上，按“组织者（organizer）”的不同将评估模式分为效果模式（effectiveness models）、经济模式（economic models）和职业模式（professional models），如图4－5所示。

① Frank Fischer. Evaluating Public Policy. Beijing: China Renmin University Press. 2003. pp. 11－12, pp. 16－22.

② William N. Dunn. Public Policy Analysis: An Introduction. Beijing: Renmin University of China Press. 2002. p. 438, p. 437, pp. 438－439.

③ Carl V. Patton, David S. Sawcki. Basic Methods of Policy Analysis and Planning. Beijing: Huaxia Press. 2002. pp. 160－161, p. 285.

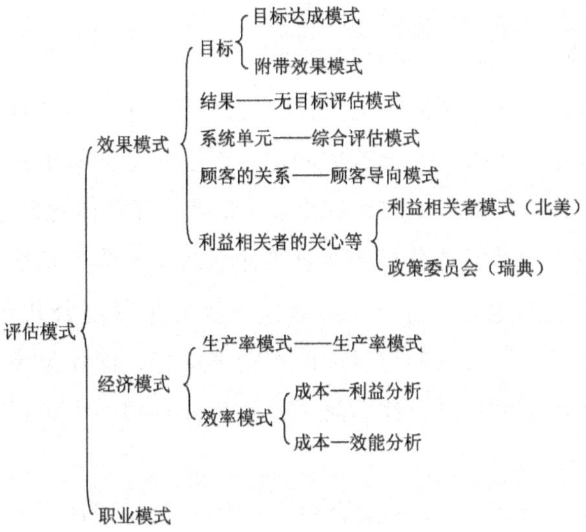

图 4-5　政策评估模式

上述几种类型的评估模式，都是先发国家的学者在其国家政策评估实践中不断总结出来的，一定程度上反映了先发国家政策评估实践发展的历程。中国政策研究和政策评估理论研究刚刚起步，实践上尚处于引进、消化和吸收阶段。如何把上述成熟的评估方法和模式与中国公共政策实践相结合，是实践应用和理论创新的前提和基础。根据后实证主义评估理论和国内外政策评估实践的经验，综合选择和应用评估方法应做到两个结合：一是事实分析与价值分析相结合；二是实证分析和规范分析的结合。把经济、技术和财政上的可行性与政治、社会的可接受性结合起来。既要考量公共政策是否符合技术理性和经济理性的要求，也要考量公共政策是否符合法律理性和社会理性的追求，以及是否能够协调各项理性之间的冲突，即政策评估要经得起“多元理性”的考量。

四、完善政策评估过程　提高政策评估效率

政策的评估一般应包括政策制定过程的评估、对公共政策选择的评

估以及政策实施过程的评估三个步骤。

（一）制定公共政策必要性的评估

为什么要制定一个新的公共政策，它是针对什么样的社会问题而设立的，这是政策制定者首先回答的问题。对于这个问题的回答，也说明了政府制定公共政策的预期结果是什么，是将目标具体化的过程。因此，准确地提出政策的目标是进行公共政策评估的第一步。基于现实生活中出现的问题以及问题的严重性进行政策立项，是制定公共政策的前提。公共政策出台必要性可以利用以下的逻辑来解释，即如果不出台新的政策，可能会造成各种经济、社会问题，而公共政策的出台正好解决了这些问题。

美国联邦政府管理与预算办公室（OMB）就是用以下几个指标来测量公共政策必要性："项目目的是否清楚；项目的设计是否是为了解决特定的事件、问题、需求；该项目的设计对于解决特定的事件、问题、需求是否有重要影响；在解决特定的事件、问题、需求时，该项目是否有独一无二的作用；对于解决国家事件、问题、需求等，该项目的设计是否最理想"①。由于任何政策都会对市场交易行为产生影响，所以制定政策时还需要考虑如何最大限度地减轻政策对于正常市场交易的干预程度。因为再有用的政策也会对市场效率产生影响。

（二）对公共政策选择的评估

要提高公共政策的绩效，在出台公共政策时需要从以下几个方面加以考虑：

一是公共政策生效日期的选择。时间对政策规定的收益有重大影响，不同的生效日期会产生不同的收益。推迟生效可能使未来收益产生重大损失。对需要提前一年或更长时间来制定生产计划的行业而言，不同生效日期会有不同的成本，有缓冲期的政策比立即生效的政策成本低得多。政策的法律权限问题。一般要求，公共政策不能违背现行法律规定的权

① 美国联邦政府管理及预算办公室．2004 财年预算文件，Instructions for PART Worksheets"，http://www.whitehouse.gov/omb/budget/fy 2004/pma/Instructions.pdf。

利与义务范围。如果在现行法律框架下制定更详细的政策，就要考虑政府机构的法律权限及政策规定的特定要求。

二是公共政策执行过程中监督手段的选择。为了提供最有效的激励，各级政府的执行手段各有不同，包括现场监测、定期报告和未达到要求的惩罚等。不同的监测与报告手段的成本收益不同，应该确定一个最优组合。

三是公共政策作用对象的差异性对于公共政策本身的影响。依照预计成本与收益的不同，对于不同作用对象应该有不同的要求。企业大小不同，损益的考虑标准也不一样，如果需要大量固定成本，小企业会不胜负荷。反之，对行业龙头企业强行摊派、加重高效率企业的负担只能降低总体效率。公共政策作用对象的差异性对于公共政策制定提出的另一个要求就是选择适度的公共政策执行严格程度。通常公共政策越严格，其执行成本会越多，当然其效益可能越高。但是随着严格程度加大，边际成本增加而边际收益减少。对于不同的作用对象，公共政策的严格程度可以有差异①。

四是公共政策实施的地域差异性。同一政策在一个国家的不同地域实施，可能会带来完全不同的收益和成本，尤其是像我们中国这样的大国。若损益的地域差别过大，就应该考虑把政策细化，以适应不同地域的要求。

五是优选市场导向而非直接政府干预。市场导向是指以经济利益为诱因，方法包括收费、罚款、津贴、市场准入或退出。相对于政府直接进行的行政干预，致力于市场导向的政策选择则具有更高的效率。

（三）政策实施过程的评估

预算政策评估实施过程就是政策评估主体有计划、有步骤地对评估客体进行评估的一系列活动，一般都要经历评估的组织准备阶段、实施评估阶段、以及评估终结这样三个相互关联的阶段。

---

① 马朝琦、雷晓康："美国公共政策绩效评估方法及借鉴"，《西北农林科技大学学报》（社会科学版），2006年第6卷第5期。

1. 组织准备阶段

准备阶段要进行评估规划设计，主要包括四个方面的工作，即确定评估对象、分析评估对象、制定评估方案和建立评估组织制度。

（1）确定评估对象。不是任何政策在任何时候都可以而且有必要进行评估，首先，评估是对具有“可评估性政策”进行的评估；其次，政策评估是贯穿政策全过程的活动，但具体到某一项政策，是进行全方位的评估，还是有选择地评估，要根据政策的特点和评估的可行性来综合考虑。如消除贫困、遏止犯罪等类型的政策，通过对执行结果进行评估来决定是否继续开展，是不恰当的，因为这类政策往往是“从公共政策的善良意图而不是它的实现程度来判断它的好坏。同样，由于不具备评估的可行性，如当年的教育投入政策，就不宜对政策实施效果进行评估。因为教育投入政策的效果只有在较长的时期内才能显现出来，评估当年的实施效果是不适合的。

（2）分析评估对象。评估对象分析，包括政策所要解决的社会问题、政策利益相关者、政策目标、政策过程的情况、政策工具和政策保障制度等。

第一，分析“政策所要解决的社会问题”。要求对以下问题作出回答：该问题能够构成政策问题吗？该问题是如何进入政策议程的？政策议程是怎样的？

第二，分析“政策利益相关者”。就是要搞清与政策运行有直接或间接利益关系的个人、团体或组织以及他们对政策的态度。政策利益相关者包括三类：一是参与政策制定或执行的人员或组织；二是与被评估的政策有直接或间接利益关系的人，包括非正式评估的发起者和资助者、政策监督者、利益集团、政策对象等；三是与政策利益没有直接或间接利益关系但对该政策表示强烈关注的人，如政策理论研究的组织或个人。政策利益相关者的态度，就是政策利益相关者对公共政策是持赞成、反对还是中立意见。

第三，分析“政策目标”。就是明确政策所要达到的目标是什么。

从理论上讲，每一项公共政策都应有明确具体的目标，这是政策形成和执行的前提和基础。但在公共政策实践中，由于种种原因，公共政策存在着目标不明确、目标间冲突、目标变更等问题。政策目标分析必须弄清楚政策的真正目标是什么，主要目标和次要目标是什么，直接目标和间接目标是什么。

第四，分析“政策过程”。就是分析政策从制定到终结的整个过程的情况。主要涉及如下问题：谁是政策制定的倡议者？谁是决策的参与者？谁是政策相关者？谁促使政策的形成？谁是政策采纳的主体？谁负责政策的执行？谁监控政策执行？政策制定过程是怎样的？政策执行环境如何？政策执行过程怎样？政策监控制度和程序是什么？

第五，分析“政策工具和保障政策制度”。弄清为实现政策目标所采用的具体途径、方式和手段；弄清政策过程的保障制度，包括政策制定制度、执行制度、监控制度和评估制度等。

(3) 设计评估方案。评估方案是指导评估方案的蓝图，是评估实施的依据和内容。评估方案设计是否科学合理，直接关系到评估的质量和评估工作的成败，因此，评估方案设计是评估规划中最重要的工作。一个完整系统的评估方案主要包括：评估对象和主体，评估目的和目标，评估标准和方法，评估程序和制度等。

(4) 建立评估组织和制度。评估组织工作，主要是人、物、财等评估资源的配备和组织结构的建立。评估制度是评估工作顺利进行的保障，一般包括评估的组织制度、程序制度、监控制度、激励制度等。

2. 实施评估阶段

评估规划实施是评估主体实施评估方案的过程，主要有两个阶段：

第一阶段，政策信息的收集。信息收集是政策评估的基础，政策评估的实质就是政策信息的收集与处理。政策信息主要包括政策系统、政策过程、政策影响和政策效果等方面的信息。这些信息可以分为两类，即主观性信息和客观性信息，如政策效率和民众对政策效率的认知，前者是客观性信息，后者是主观性信息。政策信息的来源有一手信息资料（如社会调查收集的信息资料）和二手资料（如各种政策文献资料）。不同信息来源和信息种类需要采取不同的信息收集方法，如一手资料信息的收集要采用观察法、调查法、个案法、准实验法等方法，而二手资料则要采用文献研究法、统计分析法等。

第二阶段，政策的评估分析。政策的评估分析包括由具体到抽象、由分析到综合的三个方面，即统计分析、逻辑分析和理论分析。统计分析就是应用统计分析的方法分析收集到的各种数据信息，使之易于理解和系统化，如对“民众支持政策情况”的调查数据进行统计分析，可以得出政策获得认可的程度。逻辑分析就是把统计分析的各个结果进行排序组合，分析它们之间的逻辑关系，如考察民众支持与政策执行效果的关系就是一种逻辑分析。理论分析就是对统计分析和逻辑分析的结论进行归纳、抽象，总结政策经验、教训和原则、规律的过程，这个过程也是对政策作出最终评估的过程。政策评估分析的各个阶段所采用的分析手段和方法有很大的不同，实践中要根据分析信息的特点和评估目标进行选择。

3. 评估终结

评估终结就是处理评估结果、撰写评估报告的过程。任何评估都是一个价值识别、确认和选择的过程，政策制定和执行者与政策评估者肯定存在不同的价值判断。这就要求政策评估的结论要有一个与政策主体、政策客体互动的过程，以发挥政策评估的诊断、监督、反馈、完善和开发的作用，使评估结果更具有可信性、有效性和可接受性。互动过程要求评估者说明评估的对象、目的目标、评估标准和方法、评估过程和最终结论，其形式可以是座谈会、讨论会、发布会、听证会、网评和社会讨论等。政策评估的最后一个阶段是写出评估报告，除了对政策效果进行客观陈述、对政策进行价值判断、提出政策建议外，还应对评估过程的优缺点作必要的总结。其中，政策建议要对政策是否继续、修改、变更或终止作出说明，并陈述相关理由。

专栏 4-5

法国的公共政策评估①

法国评估机构开展公共政策评估有明确的法律保障。1985 年法国政府颁布法令，规定国家级的科技计划、项目未经政策评估不能启动，从法律上确立了科技政策评估在法国的地位。法国对评估机构也进行了法律规范，1989 年 5 月成立的法国国家研究评估委员会，隶属于政府研究与新技术部；对其适用的法律法规有 16 个条款，这些条款对该机构从职能机构、人员组成、评估费用等作了明确的规定。法国赋予评估机构一定的特权，以保证公共政策评估的有效性。评估过程中，报告人如认为有必要，还可组织向新闻界开放的听证会，以收集与问题相关的个人及组织的意见，听证会的小结作为报告的附件，并体现在报告中。这样形成的有价值的报告，将直接用于公共政策的立法讨论和预算参考。法国评估人员都要接受资格认定，并承担评估法律责任。法国有专门的评估师培训学校，大学毕业生要经过专门的学习，通过严格的考核才能成为评估师。

法国对公共政策的评估十分重视，有多个机构承担公共政策评估，包括：国会、中央和地方行政机关、国家审计法院和地方审计法庭，以及由公务员、民选议员和评估专家组成的大区评估委员会。除公共机构承担公共政策评估外，也可委托私人机构对某些项目进行评估。法国 2002 年成立了全国评估委员会，负责领导跨部门的评估工作。法国国家评估委员会具有相当的权威性，负责确定评估方法，制定详细的招标规划，挑选委员会以外的专家。评估过程中委员会成员独立发表意见并进行辩论，最终以集体意见作为评估结果。整个过程采用异议制，允许被评估机构阐述其观点甚至对评估结论提出异议。但评估

① 姚刚："国外公共政策绩效评估研究与借鉴"，《深圳大学学报》（人文社会科学版），2008 年第 25 卷第 4 期。

报告一旦确定，被评估机构必须根据评估报告的建议采取措施，并向政府主管部门报告。法国国会所属科技选择评估局，主要负责科技公共政策评估，该评估局由国民议会和参议院中部分议员组成专门委员，委员会下设秘书处和办事机构，其多数成员在科技方面具有丰富经验，其中部分人员长期担任政府部长等职务。所属科学理事会则由15名高水平科学家组成。评估局每年组织几次研讨会，为保证整个评估的独立性，所需经费全部由政府承担。

法国中央部门和地方政府公共政策评估的方式有所区别。对中央部门进行公共政策评估，一般由国家级的评估机构组织和实施；对地方政府公共政策的评估，采取的方式主要有：一是设评估专员，一般是5万人口以上的城市采用；二是设评估处，主要是省级政府采用；三是设集体评估机构，如大区评估委员会，主要是对大区进行评估。评估大致分为前期论证、基础准备、资料收集、资料分析、综合汇总5个阶段，评估以定性为基础，以定量分析为手段，采用定性与定量相结合的方法进行。如法国国家审计法院主要从5个方面对政府公共政策进行评估：（1）是否设定工作目标；（2）是否有达到目标的具体指标；（3）是否有一个计算机信息系统；（4）行政行为是否合法；（5）是否合理使用达到目标的资源条件。

五、提高政策科学性　确保政策效益

长期以来，人们比较注重政策制定和颁布，而对政策的效果、效益进行评估，缺乏足够的关心。因此，随着政策科学的不断发展，为了提高公共政策的科学性，确保政策效益，进一步加强公共政策评估，具有十分重要的意义。

第一，政策评估能有效地检测政策效率和效益，为合理配置政策资源奠定基础。每一项政策的实施都必须有所投入和产出，但效率高低却各有不同。公共政策的评估可以借助大量的投入产出信息，检测一项政策的实际效益和效率。同时，根据不同的政策效益和效率，合理配置政策资源。一方面，可以使公共政策制定者站在整体利益的高度，使有限的资源发挥出最大的效益。另一方面，可以防止政策执行人员出于局部利益的考虑采取不适当的投入。合理配置政策资源的基础就是公共政策评估，只有通过政策评估，才能确认每项政策的价值和效益，并决定投入各项政策的资源的优先顺序和比例，以寻求最佳的整体效果，避免劳而无功或事倍功半，有助于推动各项工作的开展①。

第二，政策评估可以作为决定政策继续、调整或重新制定的重要依据。政策评估是一个多层次的连续过程，在实际运作过程中，有些方法符合客观情况，则其运作顺利，效果显著，可以继续执行，甚至于上升为法律；有些方面则与实际情况脱节，继续执行前必须先加以调整；而有些政策所针对解决的矛盾已经化解或者因环境变化已不适应，则需要终止。在此基础上，根据新情况、新问题重新确定政策目标和政策方案。只有认真客观评估政策的效果，才能大大消除朝令夕改或墨守成规的现象。

第三，政策评估是管理科学化和民主化的必要保证。管理科学化和民主化是政治体制和行政体制现代化的必然要求。政策评估是实现传统经验型决策向现代科学化决策转变的必由之路，也有助于管理的民主化。政策评估可以独立地、宏观地进行，还可以集中和综合来自各个方面的基本态度、倾向和褒贬；而政策实施对象可以根据自己的感受，积极参与公共政策的评估活动，从而使政策过程走时民主化轨道。政策评估也有助于管理科学化。

① 王波："公共政策评估：意义、困难和对策"，《山西经济管理干部学院学报》，2003 年第 11 卷第 3 期。

第五章
顺畅预算运行机制
加快预算改革步伐

预算历来是政府生命的血液，是政府正在做什么或者打算做什么的财政反映。绩效预算不仅是一种政府分配预算资金时使用的技术方法，而且是一种政府管理模式；不仅是对传统预算模式的重大改革，而且是一种与现代市场经济制度相适应的政府运行机制。这种以财政资金“倒逼”政府管理体制、运行机制改革的模式，以其强大的预算激励和约束机制，推进政府改革，提高政府执政能力。运行机制是绩效预算的核心内容，它是指实现预算正常运行所需要的手段、方法、程序等的总和。通过绩效预算运行机制，绩效预算的各个环节才能够被有机地连接起来，各相关方才能有效实施各类政府预算权力。

第一节　明晰预算管理模式助推预算改革进程

20世纪80年代以来，在世界范围内兴起的公共管理改革浪潮中，以新西兰、澳大利亚和美国为代表的经济合作与发展组织（Organization Economic Cooperation and Development，下文简称 OECD）国家，对以投入为重点的预算管理模式进行改革，开始实行以产出和结果为导向的绩效预算，绩效预算已成为国际预算管理改革的新趋势。绩效预算的推行不是一蹴而就的，经历了几十年的发展、演变。

一、预算管理模式转变　孕育绩效理念

传统的政府管理模式形成于 19 世纪末 20 世纪初，随着各国工业化的完成而建立起来的，其主要理论基础是政治学特别是韦伯的官僚体制理论和威尔逊、古德诺等人的政治与行政二分法的理论。其主要特点是：政府管理体制以科层理论为基础，权力集中，层级分明；法规繁多，职能广泛；规模庞大，程序复杂；官员照章办事、循规而行；官员行为标准化、非人格化；运用相对固定的行政程序来实现既定的目标。可以说，政府行为过程中的制度控制是其鲜明的特点。随着第二次世界大战以后凯恩斯主义的兴起，政府行为开始广泛介入社会经济生活中，政府开始对经济和社会进行全面的干预。正如斯蒂格里茨所言：现代政府远已不是一个单纯的政治组织，而是一个对经济和社会产生巨大影响的经济组织。政府的经济活动包括生产和消费两方面，它以各种形式直接或间接地参与了整个社会的经济运行，极大地影响了私人的生产和消费。由于政府承担着越来越多的经济职能，政府介入经济的深度和广度都空前扩大了。然而，建立在传统官僚制基础上的政府组织和政府行为方式对于现代政府承担的越来越多的经济和社会职能而言显得笨拙、缺乏效率和回应，难于满足公民对公共服务的质和量不断增长的需求，低效、推诿、繁文缛节、不负责任、僵化成为官僚制的痼疾。传统政府管理模式与现代经济中政府的经济角色的矛盾造成了各国政府 20 世纪 70 年代以来严峻的财政危机、管理危机和信任危机。危机意味着变革的诉求，危机导致了理念的创新。许多国家由此走出了一条由传统的行政官僚制向现代

政府管理模式创新的转变之路，进而引发了新公共管理运动。

对于绩效预算而言，它既是新公共管理的重要组成部分，更是推动新公共管理理论转化为实际制度安排的重要工具。或者可以这样说，政府管理模式转变和管理理念创新在公共预算领域的最直接体现和典型成果就是绩效预算，它也成为绩效预算得以实施的先决条件。这种转变和创新主要包括：

（一）由规制转变为激励

传统的行政管理是以政治学的“人性本恶”为基本假设，因此在政府管理和制度设计中强调规制和规则的重要性，试图以严格、严密、严厉的制度来控制政府权力的使用，从而减少政府官员滥用权力、侵害公共利益的可能性。韦伯论证了理性官僚制的技术最优特性，指出严格按照规章制度运作的官僚制可以取得最大的效率。然而，过度的规制促使官僚追求目标次优化，以规则为本，忽视了组织本身存在的宗旨，其行为的结果与制定规则的目的背道而驰。许多政府官员认为遵守规则比实际的行政效果更重要，不求无功，但求无过。随着新公共管理运动的发展，特别是公共选择理论将“理性的经济人”的假设从单纯的经济领域引入政治领域，人们开始认识到，实现公共利益的途径应由防止官僚滥用权力侵害公共利益转变为如何在承认官僚个人利益的前提下激励、引导官僚尽可能地提高公共服务效率和质量，即设计一种制度将个人利益与公共利益协调、兼容。因此，新公共管理主张在政府管理和公共服务中引入市场、准市场等激励机制来提高公共服务供给的效率和品质，重视结果而非过程，克服片面强调形式合理性的传统官僚制的实质非理性。

为了鼓励部门更好地实行预算管理和提高效率，各国在改革中非常重视运用激励机制。比如对节余资金的处理，西方国家传统的做法是严格按照议会批准的拨款法案支付，节余资金不能随便动用和结转到下年自主使用，这种制度不利于鼓励部门节约资金，往往出现年终突击花钱现象。在改革中一些国家对节余资金采取了激励制度。如加拿大为鼓励各部门加强现金管理，允许将当年未使用的拨款结转到下年使用。在

1993—1994 财政年度开始实行这一制度时，规定允许结转到下年使用的拨款的最大比例为其运行费用的 2%。

（二）由集权转变为分权

自从古典经济学“市场万能”的神话破灭之后，伴随着人们对于公共物品（诸如抑制垄断、防止不正当竞争，调节社会收入分配，防止贫富过分两极分化，解决工人失业、环境污染、信息不对称等问题）的需求，“全能政府”以及其高度集中的管理模式成为解决市场失灵的一剂“灵丹妙药”。然而，我们应当看到高度集中性的全能型政府在生产和提供“公共物品”的同时，也魔术般地生产出各种各样人们所不愿看到的副产品。很显然，全能型的政府具有典型的等级分明的集权结构，这种结构将政府组织划分为许多层级条块，增加了委托代理链条。同时，人们认同自己所属的基层组织，跨组织层次之间的交流极其困难，信息不对称和信息失真几乎成为集权型政府管理模式的必然结果，从而使得政府机构不能对新情况及时做出准确反应。而且，由于信息技术的发展，加快决策的压力猛烈地冲击着政府的决策系统，政府组织需要对不断变化的社会做出迅速的反应。

随着市场经济的发展，企业化管理理念逐渐导入政府部门，打造服务型“有限责任”政府已经日益成为世界各国目标。而以行政集权为主要特征的政府管理模式显然不能满足政府管理方式的创新和发展。新的政府管理模式要求政府采用授权或分权的方式进行管理。政府应将社会服务与管理的权限通过参与或民主的方式下放给社会的基本单元：社区、家庭、志愿者组织等，让他们自我服务、自我管理。新公共管理认为，与集权的机构相比，授权或分权的机构有许多优点：比集权的机构有多得多的灵活性，对于新情况和顾客需求的变化能迅速做出反应；比集权的机构更有效率；比集权的机构更具创新精神；能够比集权的机构产生更高的士气，更强的责任感，更高的生产率。

（三）支出控制转变为授权管理

以规制和集权为主要特征的传统政府管理理念体现在公共预算上便

是以强有力的支出控制来制约政府机构和政府官员的行为，从而保证上层政府行为的绝对权威。但是，这种管理模式也造成了政府自身的低效率和体制僵化，缺乏活力。新公共管理扬弃了利用集权、监督以及加强责任制的方法来改善公共行政绩效的传统途径，注重发挥市场在公共产品和公共服务供给领域的作用，注重通过组织上的授权管理提高政府部门的绩效，从而为政府预算理念和支出控制机制的变化提供了基础性条件。各国传统的预算理念注重对支出的管理，忽视了对产出的管理。相应的预算模式都是支出控制型的预算，预算编制、执行、考评和报告均以支出为基础，政府预算管理部门主要对支出进行控制，公共部门主要对预算支出负责，预算执行中的相关各方关注的都是支出信息。20 世纪 80 年代以后，在新的政府管理模式下，在以产出和成果为导向的预算管理改革中，适当分权和给部门一定的自主权力被认为是提高效率所需要的重要的机制条件。各国在改革中都在建立绩效监督制度的同时，不同程度地增强了部门和机构在执行预算过程中的一定灵活性。一定程度的灵活性和授权可以使执行预算的部门根据情况的变化，及时将资源调整到那些最具有战略优先需要的项目上去，有利于提高政府对于公共资源的分配效率。

（四）引入市场机制与企业家精神

一个社会的产品和服务，可分为私人产品和公共产品，所有社会都有如此的特征。社会经济发展决定于资源实现最优配置，而资源的最优配置是包括私人产品和公共产品共同的最优配置。私人产品由私人部门提供，在市场上流通，形成商品和我们所见证的自由市场。市场机制是迄今为止人类所发现的最有效率的机制，这一点已经被人类社会发展的历史所证明。市场机制所内涵的竞争机制是促成经济主体充满活力的外部动力机制。所有致力于发挥市场机制的努力都不外乎促进竞争和减少市场交易成本。然而对于公共产品的供给来说，政府行为，或者说政治领域的交易效率和交易成本是至关重要的，但这一点却常常被主流经济学和传统的行政管理学所忽视。解决这一问题的有效方法便是将市场机制和企业家精神引入政府管理活动和管理理念中。应当依据公共选择理论和交易成本理论，强调政府公共服务应以市场或顾客为导向，提高支出效率和有效性；引入成本—效益分析方法，界定、测量和评估政府绩效目标；借鉴企业家管理私人部门的手段，重视产出和结果。注重发挥市场在公共产品和公共服务供给领域的作用，并在政府管理中采纳社会化、市场化的运作机制和企业化的管理方法来提高管理效率，在公共部门管理中引入竞争机制来提高服务的质量和水平，以市场或顾客为导向来改善行政绩效。

（五）以绩效预算推进机构精简与整合

随着政府管理模式和理念的转变，各国政府都以建立“有限政府”作为政府职能改革的目标，重新界定自己的职能范围，还权于市场和社会，实现政府的“规模适度化”；同时，注重发挥市场在公共产品和公共服务供给领域的作用，主张政府从部分公共产品生产和公共服务提供领域退出，由社会和民间资本提供部分混合公共产品和公共服务。市场机制的介入和有效运用使得政府机构的设置逐渐精简和整合。例如，1987 年，澳大利亚推行了一场大规模的机构改革，建立彻底的大部制，使整个中央政府的部委数量从 28 个减少到 18 个。在改革中工党政府为了实施其政党政策，在实施大部制的过程中，还重新分配官僚集团和政治家在政治系统中的权力，增强工党政治家对政治系统的控制力，对高级公务员制度进行改革，1984 年通过《高级公务员议案》，对公务员制度重新组合设定，增强了公务人员的流动性，强调发展管理技术，增强各部领导人使用和调遣公务人员的权力。这种大部制的改革为公共预算朝着绩效的方向发展提供了先决条件，增强了政府部门的宏观管理能力，国家的政治经济绩效得到了明显提高。

二、预算编制模式发展　见证预算改革历程

政府预算的编制，即政府预算收支计划的预测及确定，解决政府

预算资金从哪里筹集，筹集多少，分配到那里去一系列问题。政府编制预算是组织战略的一种表现，预算编制意味着要考察资源过去的使用情况，分析已经实现的目标及其成本，并通过为将来的预算期分配新的资源，描绘出新的发展战略，这一过程被称为编制预算。政府预算，从本质上看，不只是经济问题，还有政治体制和行政管理体制问题。自第二次世界大战以来，世界各国的预算改革始终未歇脚。从世界各国预算编制的发展历程看，虽然出现过多种预算编制模式，但总体而言，主要有三种。

（一）条目预算

预算编制采用条目预算，预算执行实行外部控制，绩效评价关注节约和对支出进行控制，评价主要发挥控制功能。这是早期的预算管理模式，也是目前后发国家采用较多的一种模式。在预算改革初期，为加强对资源的控制，在预算编制制度的设计上，必须细化到每一个具体的支出条目，并确保其不超过预算额度，如此才能真正达到控制的广度和深度。详尽的预算编制如果没有相应的控制手段为支撑就会失去其实际意义，在这种情况下，通过外部监管机构实施控制就成为必然的选择，因此，与条目预算相适应的控制方式就是外部控制。从外部控制的特点看，它通过向预算部门强调政策规则和指令，对资金投入进行详细的控制，这就要求各部门编制详细的预算，根据行政事务规则雇用并监管工作人员，按照政府的规定采购物品。由于条目预算和和外部控制主要是对投入进行控制，并不关注产出，就绩效评价而言，其关注的方向也就是如何更好地节约成本，有效控制支出。从绩效评价的实施主体看，主要还是外部机构和上级部门，评价的重点是部门执行预算限额和遵守预算管理制度的情况，查找问题，分析原因，提出加强控制的措施，因此，从绩效评价的功能看，主要还是发挥控制功能。

（二）项目预算

由于条目预算控制成本高，重视投入控制而忽视效率，缺乏与政策的呼应，因此，在条目预算发展到一定阶段后逐渐被项目预算所取代。

项目预算把预算与政策联系起来，通过一定的技术手段选择实现目标的最优方案，按项目优先顺序分配，预算执行实行内部控制，绩效评价关注效率，评价主要发挥评判功能。从而大大提高了资源配置效率。在这种情况下，财政部门对项目和效率问题比对详细的投入控制更感兴趣，因此，把部分控制权向部门转移，实行内部控制就成为一种合理和必然的选择。内部控制有利于降低控制成本，调动部门的管理积极性，提高支出效率和增加支出的有效性，但是，内部控制必须是在外部控制高度完善的情况下才能实施，同时，内部控制是一种有限控制，即部门的管理权限是有限度的，部门规定的制度必须符合政府统一规定的标准，还要接受财政部门等的监督。由此可见，在绩效预算体系中，预算编制和预算执行是相辅相成的，预算编制由详细的条目向更加“粗放”的项目过渡，控制方式也由完全的外部控制向适度放权的内部控制转移，这也体现了预算体系组合的有机性①。由于项目预算和内部控制更加关注政策而非条目，因此，绩效评价关注的重点也会由节约和遵从逐步转向效率，评价的作用也主要是找出影响效率提高的因素，分析原因，提出改进意见。另外，虽然控制的主体有所不同，但控制仍然存在，在一定程度上还发挥着作用，因而，绩效评价也由控制功能为主转向控制和评判功能并重。

（三）绩效预算

条目预算和项目预算重视投入控制和效率，但忽视了政策目标实现的程度，即资金的有效性。随着时代的发展和行政管理体制改革的不断深入，需要一种面向产出和结果的新模式来取代已有的模式，实现管理资源的预算编制目标，绩效预算就是在这种条件下应运而生的。绩效预算把绩效放在突出的位置，预算执行实行管理责任，按照绩效目标，通过科学的成本衡量技术确定部门的预算总额，由部门在总额内自行安排支出关注有效性和资金值。可见，在绩效预算模式下，部门获得了较大

① 白景明等：《广东南海模式与建立中国式绩效预算》，中国财政经济出版社，2010 年。

的管理自主权，与此相对应，部门要对绩效目标的实现承担责任，充分体现了权利和责任的对等。从预算执行的角度看，管理责任已经取代内部控制，成为支出控制的主要方式。同样道理，管理责任也是在内部控制成熟，各部门和单位的管理者已将规则和制度内化于自己的行为，能够对产出和结果负责时才能确立。预算编制和预算执行对政策目标实现程度的关注，决定了绩效评价体系也要将有效性和资金价值作为重点，从而能够有效地对产出和结果进行评价，而这对绩效评价体系的建设又提出了极高的要求。绩效评价的作用也不再局限于评判和控制，而是更多地通过开展相互比较和学习，促进部门的发展，提高实现政策目标的能力，突出其发展功能。

从以上三种模式的构成和功能看，模式一是绩效预算体系发展的初级阶段，主要是通过外部力量来强制实现投入控制的目标；模式三是绩效预算体系发展的高级阶段，它通过建立分权和责任相结合的激励约束机制，自动实现面向产出和结果的目标；模式二是绩效预算体系由低级阶段向高级阶段发展的中间和过渡阶段，它体现的是适度控制和适度放权，追求的是介于投入控制和面向结果之间的效率目标。绩效预算发展的一般路径也是由模式一到模式二，再到模式三，但这种划分只是为了满足理论分析的需要，并不意味着不同模式间的界限是严格和清晰的。一切科学的方法和手段都可以用于不同的模式，但这并不能从根本上改变预算模式的特征，也不意味着预算体系的进化可以超越发展阶段，直接从模式一跳跃到模式三。

三、预算执行模式的融合　体现管理理念创新

预算执行过程也就是对支出进行控制的过程，主要有外部控制、内部控制与管理责任三种类型。

第一，外部控制。外部控制形式有三个特征：支出和控制职能分别属于两个部门；控制针对资金投入加以实施；控制是在资金支付之前实

施。外部控制是一种早期的预算控制方法，从预算100多年的发展来看，它一直是预算控制的一种重要方法。许多后发国家预算管理改革主要集中在加强外部控制，以便减少腐败。随着经济和社会的发展，外部控制的管理成本会逐渐增加，主要是因为控制程序繁琐，并且要求进行大规模的监督，从而导致部门规避外部控制的情况越来越多。

第二，内部控制。内部控制制度具有三个明显特征：一是内部控制意味着那些使用财政资金的人，要为确保其行为的合法性和适当性负责。在内部控制下，执行机构必须根据政府规定建立起标准的人事、采购等管理制度。二是内部控制仍然集中在投入上，但是管理者在采取行动之前不必获得外部同意。三是事先审计（在进行支出之前）转向事后审计（在财政年度结束之后），并且不再审查所有的交易，采取抽样审查的方法以确定运作是否与规定相一致。内部控制是一种过渡型控制类型，既强调外部法律和规则的重要性，又给予支出部门一定权限，在资金的使用上关注部门安排使用资金的合法性和合理性①。它与外部控制的区别是某项特定的交易是否符合规定，是由部门自己而不是由外人判定的。但对具体的管理和操作人员而言，由主管部门进行内部控制和由监管机构进行外部控制并没有太大的区别。

第三，管理责任。管理责任将控制的重点从投入转向了产出和结果，从部门购买什么转向了它们生产什么以及效果如何，通过赋予部门享有广泛的决策权来加强管理责任。管理者对工作业绩负责。管理责任关注的是对政策目标的实现，而不是细节性的规定，因此，在确定的预算总额下赋予了部门更多的预算自主权。外部控制将支出决策权集中在政府的核心部门，而让具体执行人员负起运作责任；内部控制让具体执行人员对运作状况负责，但是将支出控制权移交给了部门；管理责任将对资源的控制权和对结果的责任全都下放给了部门内的具体运作单位。

---

① 白景明等：《广东南海模式与建立中国式绩效预算》，中国财政经济出版社，2010年。

专栏5-1

绩效预算控制的发展阶段

支出控制是预算的基本职能，可以说，绩效预算的执行过程就是对预算进行控制的过程。预算控制经历了三个阶段：通过机构对支出项目进行外部控制；通过支出部门对投入进行内部控制；产出的管理及决策自由和责任。

在预算发展的初级阶段，所有的国家都建立了外部控制，某些国家甚至在其预算体制已经高度发展的情况下仍然坚持外部控制。但仅仅做到外部控制并不能保证预算执行的有效性，因为不同的支出项目具有不同的特点和要求，只有具体的支出部门才会更详细地了解这些项目的决策信息，而这些是有效决策所必需的。因此，必须还要由具体的支出部门实施内部控制。

从预算控制的实践来看，很多国家在外部控制都发展得相当完善后，大都转向了内部控制。内部控制机制是一种内部的自我监督和自我调整系，是一个部门、单位为了保证各项业务活动的有效进行，保护资产的完整和有效的运用，防止、发现和纠正错误、舞弊与欺诈行为，为实现经营管理的目标而制定和实施的一系列组织措施、业务处理程序以及其他调节方法的总称。内部控制强调部门内部对支出项目的投入进行全程的监管，从准备阶段到项目的执行、完成阶段，预算执行的负责人都要严格控制支出，这不但可以帮助预算部门实现其预期目标，而且还能为绩效考评提供可靠的依据。该系统一般由内部会计控制、内部管理控制和内部考评控制三个控制子系统所组成。

但内部控制也有自身的缺点，即控制制度着重点是遵照预算执行，采用这种方法的目的是确保财政纪律，但存在两个问题：一方面是过细的控制耗费大量的时间和资源，使得预算僵硬，没有给予管理者应有的灵活性；另一方面是内部控制关注对公共物品的资金支付，但问题往往发生在其他地方，如人员过多、权力集中、公共服务资金支付拖欠，等等。

为此，有一些国家开始强调管理责任、产出和结果控制。一般认为，自主决策可以弥补上述两种控制制度的不足，但自主决策的权力需要责任加以约束，即对产出进行管理。决策自由和权力的对称，确保了绩效预算的有效执行。产出管理及决策自由和责任是在外部控制和内部控制高度发展的基础上实现的，所以预算控制的这三个过程是逐步实现的，是预算发展的内在结果。OECD 国家经验表明，绩效预算控制发展的顺序是政府在对公共支出具有强有力的外部控制后，才转向内部控制，同样在内部控制成熟以后再强调产出和结果控制。如果不遵从这样的顺序，在内部控制高度发展之前就将广泛的决策自由下放给管理者可能会造成很大的风险。

资料来源：财政部预算司编著：《绩效预算和支出绩效考评研究》，中国财政经济出版社，2007 年。

第二节　健全预算管理体制　搭建专业制衡架构

预算管理体制是确定中央和地方以及地方各级政府之间的预算收支范围和管理权限的一项根本制度，是财政管理体制的重要组成部分。由于预算管理体制关系到中央政府和地方政府在财政管理中的权力、责任和利益，因此，是整个财政管理体制的核心。预算管理体制规定了中央、地方、部门、企业在各自方面的管理范围、权限责任、利益及其相互关系的准则，它的核心是管理机构的设置，各管理机构职权的分配以及各机构间的相互协调，它的强弱直接影响了管理的效率和效能，在中央、地方、部门管理中起决定作用。

一、厘清管理体制特征　感知绩效预算内涵

绩效预算管理体制是指预算管理系统的结构和组成方式，即采用怎样的组织形式以及如何将这些组织形式结合成为一个合理的预算有机系统，并以怎样的手段、方法来实现管理的任务和目的。一般来说，世界各国的预算管理体制都具有以下基本特征。

第一，整体性特征。一方面，预算管理体制对各级政府的事权和财权加以明确划分，并由各级政府编制相对独立的预算；另一方面，为了实现全国的经济、社会发展目标，中央财政必须充分发挥其宏观调控职能，对不同的地区实行财政的纵向与横向平衡，并以此把多级财政连接成为一个相互依存、相互帮助的统一整体①。无论在哪个国度里，这种整体性特征，都是保证国家统一，促进地区经济、社会协调发展的不可或缺的因素。

第二，规范性特征。基本上是以法律法规的形式对各级政府的责、权、利关系加以明确的、规范化的界定，包括中央和地方各级政府拥有的预算管理权，预算收支权，以及中央与地方间进行财政调节的方式、方法等。

第三，稳定性特征。世界各国的实践都已证明，由于预算管理体制所涉及的责、权、利关系较为广泛，而且其相关的经济、社会“联动性”效应较强，往往与地方、企业和居民的切身利益密切相关，与各地的经济社会发展规划、利益和福利预期也紧密相连，因此预算体制一旦确立就不宜轻易言改，力求保持相对稳定。

① 李燕：《政府预算理论与实务》，中国财政经济出版社，2010 年。

二、科学配置绩效预算权力　规范组织架构行为

绩效预算管理体制的核心是组织架构、权力配置以及各机构之间的相互协调、相互制衡，三者构成了预算管理体制的基本构造，它们在预算管理体制中都具有相对独立的功能或地位，相互之间不能代替。只有三者正常运作，作为整体的预算管理体制才能发挥其应有功能。缺乏上述三个要素之一，预算管理体制要么名不副实，要么陷入瘫痪状态。

组织架构是每个国家进行政府预算管理都要首先提供的必需品，只有建立了相应的组织机构，政府预算过程及预算过程中各环节的权力分配才具有实际的意义。从国际经验看，各国预算职能机构的设置存在一定的相似性，都包括立法机关、政府、预算主管部门、其他部门、审计机关，以及各部门的内设机构。权力配置是一个国家预算权力最基本的，也是最核心的环节，它是指政府预算编制、审查批准、执行、调整和执行结果的审计等权力，在政府与国家权力机关、政府职能部门之间和政府职能部门内部各组成机构之间的划分。

（一）把握权力配置的特征

绩效预算是一种以结果为导向的预算模式，目的是为了避免高度集权化预算决策下可能会出现的僵化和低效。这一探索既来自财政状况好转提供的可能，又源于对财政民主化和效率的持续关注。该模式下预算决策权的分配呈现出三个特征。

首先，决策中心多元化。是决策重心进一步下移，围绕基层管理机构，形成一个个相对独立的决策中心。多元化和多中心决策的好处得到广泛认可，甚至多元化和多中心决策本身即成为追求的目标，人们不再过分纠缠于个别决策优劣的成败得失，而更注重通过制度选择实现长期的利益。这背后有两方面重要原因：一是随着经济发展和社会进步，个人自由越来越受到社会的广泛关注，要求减少规则，减少

对个人束缚的呼声日渐高涨；二是信息化和全球化趋势的出现，使整个社会组织变得扁平化和网络化，高度集权化控制既无必要，又无可能。

其次，预算决策权在立法部门和行政部门之间的分配发生了深刻的变化。立法部门关注的问题，诸如社会保障、社会福利、卫生、教育等涉及社会公正和价值判断，大都以立法形式加以制度化，成为每年预算中必须包括的内容，如果我们从对预算资源的支配量上来判断，立法部门在预算决策权的争夺中实际上已经成为赢家。行政部门的决策权则更多地集中在技术性领域和对非法定项目的决策建议上面。

再次，预算决策权在政府内部的分配也呈现出新的特点。由于部门自主权的扩大，绩效预算权力配置中更多地把自上而下和自下而上结合起来。政府根据一定时期内可利用的资源总额自上而下确定各部门的支出限额，各部门在限额内根据优先顺序自主提交支出计划，以更好地调动部门的积极性，同时也体现部门对此所承担的责任。在这种权力分配模式下，政府更加关注发展战略以及与此相适应的政府优先次序，而不是对部门的具体支出计划进行控制。

专栏5－2

自上而下的预算编制模式

除了创造旨在确保财政责任的制度条件以及转向多年度预算外，OECD国家20世纪80年代以来预算改革的另外一项重要举措就是采取了自上而下的预算（top－down budgeting）模式。尽管这种预算模式并不像其他预算改革措施那样被公开地引入政府，但它仍然构成了20世纪80～90年代OECD成员国财政预算改革的重要部分。

作为一种将政府岁入分配给各公共机构的方法，自上而下的预算模式规定了各公共机构的支出限额（通常情况下也是各政府机构的目标）由行政长官决定；在中央所决定的支出限额范围内，各政府机构主管可以就自认为最有效的方式，达成其目标。同时，各机构主管也必须在下一年度预算申请时，说明机构目标达成情况，而行政长官则通过提供各种预算诱因以促进机构目标的达成①。

自上而下的预算编制改革的核心内容表现在两个方面②：在预算准备过程的起始阶段即由较高级别的部门建立和公布总量预算限额（budget aggregates）、部门预算限额（sector aggregates），各支出部门与机构则在给定的部门限额内，将预算资源在各项规划之间进行配置；尤其重要的是，总量预算限额和部门预算限额问题，以及部门预算限额与计划配置（program allocations）问题，是两类相关但又不同的问题，在预算过程中分别进行考虑。

实际上，尽管自上而下的预算编制模式强调将预算的管理授权给各机构主管，但它却很清楚地把支出目标和计划目标的制定，授权给中央政府决定。因此，自上而下的预算可以说是对传统政府预算过程的颠覆。换句话说，在传统的预算编制过程中，主要是由各机构向预算主管和民选行政长官呈报预算请求，这些请求通过一系列讨论和听证的审议，而且各机构的规划上限均不得超过预算主管所制定的预算通则；最后，由民选行政长官核准或退回预算建议。

由于预算限额代表了政府在较高层级上的承诺，一旦制定并公之于众之后，如果再去重新修订，很可能具有相当高的可见成本，包括政治上“失信于民”和资本市场的反应。违反承诺的较高成本本身就表明承诺具有较高的可信度，并且预算过程中较低级别的参与者会清楚地意识到这一点，这会提高他们对预算约束的接受性，增进对政府削减预算行动的理解和支持，同时也有助于促使支出部门及其下属机构减少那些旨在实现预算最大化的各种措施。在 OECD 成员国中，加拿大、瑞士、爱尔兰、芬兰、荷兰及英国已经采纳了自上而下的预算

① 尼古拉斯·亨利：《公共行政与公共事务》，中国人民大学出版社，2001 年。
② 王雍君：《公共预算管理》，经济科学出版社，2002 年。

编制程序。其中，北欧国家的预算系统尤其具有典型意义：预算编制前首先由内阁确定初始的政策决策，为下一年度各政府部门的支出建立一个框架，这一制度在约束新的支出需求方面已经发挥了很大的作用，而且有助于削减现有支出计划的存量，从而为新的支出留出空间。法国也已经采用了这种预算程序，通过召开预备部委会议，总体授权各部委建立分项预算。

资料来源：游祥斌：《公共部门绩效预算研究》，郑州大学出版社，2007 年。

最后，绩效评价权力的分配。从预算程序的角度分析，绩效预算与其他预算模式的最大不同在于增加了绩效评价的环节，按照预算权力配置的原则，相应地产生了绩效评价权力及其分配的问题。在立法机关与政府之间，由于政府是公共资源的使用者和公共产品的提供者，因此，立法机关有评价政府的权力；在政府机关内部，由于各部门具有较大的决策自主权，因此，政府及相关机构有评价各部门绩效的权力。此外，由于审计机关所处的特殊地位，它也有对各部门进行绩效审计的权力。

（二）揭示权力在组织架构中的分配

政府预算权力包括预算编制权力，审查批准权力，执行与调整权力和决策、审计权力等。这些权力不能由某个人或某一机构或某一级政府专断，已经是公共财政理论原理的一个核心命题。因此，如何设置政府机构，如何分配政府预算权力，实现权力机关之间的制衡，从而达到政府财政资源的有效、公平的使用，是政府预算管理的一个基本理论问题。绩效预算是一种分权型预算模式。所谓预算分权就是政府预算权力的配置，或政府预算权力在国家政治权力机构之间以及其与预算单位之间进行分配。这种分配的目的，一是形成一种分权结构，以有效地制约权力，防止滥用权力；二是形成一种相互制衡与协调的运行机制，以实现预算的目标。

政府预算分权是赋予特定政府机构或政府阶层完成特定预算任务的

权威，或者说，不同的预算任务由不同的单位来执行。在现代政府预算体系中，政府预算权力是沿着两条路径进行配置的：一是在政府间进行划分，二是在政府各机构之间进行划分。前者可称为预算权力的纵向配置，后者称为预算权力的横向配置。预算权力横向配置，就是如何有效地将预算权力在立法机关、政府、政府财政职能部门和财政职能部门内部各组织机构之间进行分配，以形成一个相互制约的运作系统，一个行之有效的组织系统的基本特征就是在各组织机构之间形成一种有利于进行决策和确保必要的决策效率的机制，即实现一种权力均衡。这种权力均衡与一般工商业团体和单位内部的权力配置有相似性，即政府预算权力的配置。首先，实现政府预算工作的专业化分工；其次，在专业化分工的基础上建立权力、利益与责任的联系机制，从而形成一种预算责任制。

由于政府预算是一项公共权力，因而政府预算的权力配置又不同于工商业团体和单位内部的权力配置，这种权力配置的目的不是营利，而是实现公共目标。由于各权力主体的权力是公共权力，因而权力主体最终必须对公众或公共权力的初始授予者负责，而不像一般工商业团体和单位只对所有者负责。预算权力的这种特殊性，决定了预算权力的配置更侧重于建立一种相互制约的机制，注重防止滥用预算权力的行为发生和制止浪费。

预算权力的配置是通过预算的组织程序安排来实现的，即往往是按照预算过程或程序，在不同的环节设置各种职能不同的组织机构，保障这些机构有效行使其权力，或将这些组织机构联系在一起的是法律，通过严格的立法来规范各机构的职责权限和预算程序，既是组织结构有效发挥作用的基础和前提条件，也是评价预算权力配置效果的一个重要方面。

多级政府与多级预算是现代社会政府组织结构的一个十分重要的特征。在分级预算体制下，政府预算权力的纵向配置明显显现出权力“单向运动”的特征，即在中央与地方政府、以及地方各级政府间的预算权力分配，往往表现为中央政府或上级政府对下级政府预算权力的限制与约束。虽然下级政府与上级政府在课税权、支出划分与转移支付等方面普遍存在相互间“讨价还价”现象，但在组织结构上，政府间的预算权力分配往往是通过立法或法律规定的形式来实现的。特别是在非联邦制国家，上级政府往往还以指令、命令的形式来限制或约束下级政府的预算权力，下级政府只能也必须按照上级政府的指令或命令来执行。因而，在组织形式上，下级政府没有与上级政府进行“讨价还价”的余地。

三、构建专业化制衡体系　提升政府绩效

预算组织架构中的制衡有两方面表现：一是在预算组织架构中，承担或履行某一职责或任务的机构不止一个，因而要完成某一项预算任务，必须实现承担不同职责机构之间的合作，这种合作称为制衡；另一方面，由于各组织机构内各职能部门间没有完全分权，所以不同的职能部门或决策单位间各自都有“成串”的决策权，在某种程度上，此类权力与职责往往是相互重叠的，这也是制衡的一种表现形式。

（一）专业化分工是政府绩效管理体系的必然要求

绩效预算是一个复杂的系统工程，它至少包括政府绩效评价体系、公共支出决策体系、预算拨款体系和审计监督体系等几个重要组成部门。

第一，政府绩效评价体系。从 OECD 国家的绩效评价实践来看，政府绩效评价是一个持续的、周期性的过程，通过不断地反馈和运用考评结果来实现提高政府各部门行政绩效的目的。具体程序如下：首先，政府各部门制定绩效评价战略规划和年度绩效计划。绩效战略规划主要是对各政府部门的职能、使命、完成任务的期限、短期行动及较为准确的长期行动纲领进行详细说明。其次，财政部门设定绩效基准和绩效评价指标体系。绩效基准是政府各部门的行政绩效应该达到的目标水准，也是实际绩效与计划绩效进行比较的基础。最后，财政年度结束后，政府各部门要编制并提交年度绩效报告。

第二，公共支出决策体系。政府绩效评价体系确定以后，公共支出预算的合理性也就相应可以规定下来，支出结构的确定也就有了依据。由财政部门对各部门绩效计划的执行情况、完成结果以及提交的年度绩效报告进行考评，并综合应用绩效考评的结果与相关信息，提出改进预算管理的措施，按预算绩效评价结果的高低水平确定下一年的预算拨款。

从各国绩效预算实践来看，根据政府行政绩效与预算支出决策的关联度，将绩效预算分成以下几类：

一是报告型绩效预算（Performance Reported Budgeting）。绩效信息包含在预算文件中，但并不作为预算支出决策的考虑因素，美国的大多数地方政府就是如此；二是知晓型绩效预算（Performance Informed Budgeting）。在确定预算支出决策的过程中考虑到项目的绩效信息，但实际决策中这些信息仅作为次要考虑因素，如美国俄勒冈州政府；三是决策型绩效预算（Performance Based Budgeting）。预算支出决策中，绩效信息与其他因素一并发挥着重要因素，如新西兰政府以产出为基础的预算编制；四是理论型绩效预算（Performance Determined Budgeting）。预算支出决策直接而明确地与政府行政绩效相联系。

第三，预算拨款体系。预算拨款是预算决策的具体执行环节，是预算活动的财务支付环节。目前，预算拨款体系的核心是国库单一账户系统，具体包括四部分：一是政府财务信息系统，该系统包括支出部门的全部账户，并记载了这些账户上的每一项与交易有关的资金流量。各账户的余额代表在余额内进行支付的能力。二是现金支付账户，即所有的支出部门都在政府财务系统上开立一个以上的账户，记录现金支付的总额。三是转账支付账户，即支出部门在政府财务系统上开立转账支付账户，进行转账结算。四是明细账户，该账户反映资金支付的具体情况。

第四，审计监督体系。审计监督原本是对公共预算活动外部控制的主导力量，但是由于绩效预算的发展对政府审计也产生了重大影响，因此，必须把审计监督环节也纳入绩效预算的整体框架。在传统预算模式下，预算单位的主要责任是按规定的预算项目和标准使用资金，更多地需要遵守外部规定，审计也主要监督相关外部规定的遵守执行情况；而在绩效预算条件下，预算单位的主要责任是提供符合规定要求的公共产品或服务，外部约束主要是考核其实际绩效，预算单位需要更加重视自身的内部管理和控制，审计也就更多地关注实际绩效和相关的内部控制。绩效预算条件下，审计部门将更主要开展绩效审计，监督的重点也转向政府行政的绩效。绩效审计已经成为当今世界发达国家政府审计的主要业务活动，其工作总量已经超过了传统的财务审计。它的开展对考核政府绩效和责任履行情况，提高政府管理水平，促进财政资金使用效益的提高和提供更优质的公共服务发挥着重要的作用。

专栏5-3

如何在中国构建专业化制衡的绩效审计

（1）中国绩效审计应在财政支出的经济效益审计、重大计划项目的可行性审计的基础上，逐步放宽绩效审计的范围，对经济活动中与利用受托资源有关的一切重要方面都要评价，对总体经济效益有重要影响的一切基本要素都要进行审查，尤其应重视对关系国计民生的公用事业领域的绩效审计。

（2）改革财政预算管理体制。实施制度创新与管理创新，提高审计的独立性、权威性和审计的效率、效果。借鉴发达国家的经验，将财政预算的编制与执行分离，并且由预算编制机构拨付审计经费，为开展绩效审计创造制度条件，也是提高财政资金使用效益的重要保证。中国政府绩效审计中，对财政资金使用效益的审计占有绝对重要的地位。如果财政预算管理体制不科学、不合理，必然影响到财政资金的使用效益，也影响到审计的效率和效果。

（3）加强绩效审计组织的专业化与独立化。与被审计单位及其他部门良好合作，以利于获取审计资料，并使绩效审计顺利开展。有效借用并整合外部资源，鼓励绩效审计业务专业化经营，积极引导中介组织的发展，在发挥审计检查控制功能的同时，进一步发挥其他服务咨询功能。积极开展理论研究，积极组织培训，提高认识，促进被审计单位重视和利用审计结果，真正把绩效审计工作落到实处。

（4）制定科学的政府绩效审计和评价标准。政府绩效审计指标体系是衡量被审计单位绩效高低的尺度，结合中国现阶段的审计工作水平，应尽快建立一套完整的、可操作性的审计指标体系。该指标体系的建立应考虑绩效评价的特殊性，将定性评价与定量评价相结合，一方面将可以量化的影响绩效的因素通过设置指标的方式进行量化，以便于分析、比较；另一方面对无法量化的影响绩效的因素，可借鉴美国的做法，建立“优先实践”原则作为衡量标准。

资料来源：白景明等：《广东南海模式与建立中国式绩效预算》，中国财政经济出版社，2010 年。

（二）专业化制衡是财政预算运行机制的发展趋势

政府的行政权力是公共权力，具有强制性。要保证约束的有效性，必须在政府预算过程中建立权力制衡机制。政府预算权力包括：预算编制、审查批准、执行与调整、审计。这三大权力是公共预算组织流程的三大关键环节。处理这三大环节的关系是从组织流程角度抑制政府权力腐败的关键所在。这些权力绝对不能由某个人或某一机构垄断，必须在权力机构之间、权力机构与预算单位之间进行分配，以实现权力的相互制衡。根据权力制衡和管理流程原理，在组织流程上遏制执法腐败的科学选择就是将长期存在的权力集中的预算流程改造为编制、执行和监督三个职能部门相对独立、权力上相互制衡、业务上相互协调的管理新流程。专业化制衡的组织流程为高效的预算管理提供了组织制度基础，为预算管理向制度约束和组织约束的转变创造了条件。具体来说，政府要将预算编制、执行、监督三个环节在工作中清楚划分，相互分离，三个环节既一脉相承，又相互独立。与此相适应，传统财政内部原来行使预算管理职能的机构重新调整，划分为预算编制、执行和监督三个大的部门，各司其职，各负其责，各部门相互不再直接介入其他环节管理。预算编制机构全权负责预算编制工作，统一掌握预算编制政策与标准，审核、编制和确定财政及部门预算；预算执行机构专职负责预算执行，统一管理财政预算资金账户，办理资金拨付，管理部门预算资金使用；监督机构负责预算编制、执行、决算全过程的监督管理，确保预算管理纳入法制规范的轨道。

第三节　构建预算运行体系　推进改革正向演进

绩效预算使政府与市场的关系更为融洽，看得见的手与看不见的手能更好地形成合力，推进社会经济的可持续发展。从 1949 年美国率先在世界上实行绩效预算开始，绩效预算在世界各国不断被采用、被改进、被注入新鲜血液，运行体系变得日趋成熟。从编制、运行、执行、报告到考评反馈，每个环节都在体系的整个运行中扮演不可或缺的重要角色，共同构成了一个完整的绩效预算运行体系，促进社会有序发展。

一、编制预算内容　制定收支计划

由于绩效预算最大的特点在于，它比正常的预算管理工作多了绩效管理的内容，所以绩效预算的编制更多地体现为一种分散型的管理体制。绩效预算制度与传统预算制度相比，更加强调政府预算的前瞻性、整合性与策略性。绩效预算制度要求政府机构在提出预算需求时必须明确列出组织的战略目标，控制公共支出总额，制定中期预算框架以及优化资源配置。

（一）明确预算绩效的战略目标

总体上讲，预算绩效是政府通过法律手段要求各级政府及其各部门在经济预测、战略规划的基础上，确定长、中、短期实施目标，同时充分发挥信息技术和财务制度的作用，科学确定政府所占资源和每项公共活动的成本，通过绩效评价与审计，以及增加社会公众透明度的方法，促使各级政府不断降低成本，改进公共服务。从这一意义上说，预算绩效并不是一种预算方法，而是一种预算分配、使用、监督的指导思想和机制。因此，在预算绩效的具体战略目标的选择上，政府要通过预算绩效实施对政府公共管理的充分创新和变革，力求实现行政管理高效化、行政结果实效化、财政监督透明化，同时以预算绩效为引领，构建对政府机构和人员的有效激励和约束机制。

以新西兰为例，1994 年开始，新西兰的预算改革要求政府建立最高层面的结果目标，而且这些结果目标要与长远的战略目标相一致。1994 年的《财政责任法案》（Fiscal Responsibility Act）要求政府说明广泛的战略优先顺序（Strategic Priorities），作为政府准备预算的指导性文件。战略优先顺序具体包括了战略结果领域（Strategic Result Areas）、战略优先顺序和宏观目标（Strategic Priorities and Overarching Goals）、指导公共部门政策和绩效的关键性政府目标（Key Government Goals to Guide Public Sector Policy and Performance）。这些战略优先顺序的指导性文件主要用来说明政府政策的大致方向而不是具体的目标。它们被看作是引导预算过程的“优先顺序工具”（Prioritization Tool）。

（二）控制公共支出总额

考虑到公共资源的有限性和预算需求的无限性，绩效预算体系把控制公共支出总额作为首要目标。如果不对财政支出的总额设定限度，需求得不到约束，公共支出占 GDP 的比重会不断上升，最终引发财政赤字。财政控制总额要求支出总额在预算编制之前就确定下来，并且不受其他因素干扰。财政支出总额属于硬性规定，不只在预算编制阶段，而是在整个预算年度都必须强制执行。另外，预算总额必须能够通过滚动计划或手段维持到中长期的时间跨度。从更广泛的意义上说，要保持财政总额控制，就必须强制执行财政纪律，不能随意增加收入或追加支出的限额。实现这一目标的方法有三种：按比例将支出总额限定为国内生产总值的一定比例；设定支出总额的绝对限额；详细说明支出与上年额度或与基准水平相比被允许增加的最大额。

（三）拟定中期预算框架

中期预算框架确立了政府机构的任务、目的、基于结果的目标和战略，并由此产生按政策优先排序的资源分配。在预算绩效实施中，政府需要编制绩效战略规划，确定预算绩效的总目标以及实现目标所需要的资源。中期支出框架的目的体现在以下几个方面，如表 5－1 所示：改善宏观经济均衡；改善部门之间及部门内部之间资源配置；为政府各部门提供更具预测性的预算；公共资金的更有效利用。

表 5－1　　中期支出框架的目标

改善宏观经济平衡，特别是财政纪律
改善部门间以及部门内部资源的配置
提高政府各部门的预算预测性
公共资金的更高效运用
通过更合法的决策制定程序增强对公共支出结果的政治责任
提高预算决策指定的可信度和可靠性（政治限制）

资料来源：Philippe Le Houerou and Robert Taliercio（2002），Medium Term Expenditure Frameworks：From Concept to Practice－Preliminary Lessons from Africa，Africa Region Working Paper Series No. 28，World Bank.

改善宏观经济平衡，包括财政纪律之改善，主要是通过对可获取资源包的更好的预估实现的，据此才能使得预算之编制更符合宏观经济条件。在改善部门间及部门内资源配置方面，中期支出框架所采用的手段是，以政府的社会经济计划为基础，对所有政府支出项目进行有效的优先权排列，并将有限的资源配置到最重要的项目上。中期支出框架的另外一个目标就是增加预算的可预测性，这种可预测性的获得主要是政府各部门对于其更可信的部门预算限额所作承诺的结果。另外，由于预算决策制定的合法性得到了提升，对政府支出结果的政治责任得到了很大程度的确保。中期支出框架同样追求公共支出的效率和效益问题，在预算硬约束条件下，各部部长在管理他们自身的预算问题上被赋予了很大的灵活性。

中期支出框架的核心是完成部门使命发挥关键作用的计划（Program）和活动（Activity）[①]。所有政府部门必须使用由其编制的中期预算框架来调整组织结构和预算结构，并将其作为对其职能和运行方式的指导，调整和安排具体的实施细节。同时，中期预算框架应当指导部门预算的制定和执行，设定、优化计划和活动，并据此对资源进行配置。它也是编制政府部门年度绩效计划和年度部门预算的重要依据，其重要内容应当包括：政府部门的职责和总体工作目标；完成战略目标所需要的资源；中期预算框架的总目标与年度绩效计划的绩效目标的联系。中期预算框架为年度绩效计划的目标和指标的设定提供了方向，即后者必须建立在前者的总目标之上；可能影响总支出目标实现的主要外部因素；对总支出目标完成情况进行绩效考评的工作计划。说明制定或修改总目标的计划/项目考评方法，以及将来进行计划/项目考评的日程安排。

中期预算框架的主要好处：一是明确了中期可操作的财政目标，预算项目具有稳定性和可靠性，项目虽然跨年度，但政策目标稳定，项目也有稳定的预算安排。二是便于支出管理者制定更好的计划，这也是中期预算优于年度预算的重要原因，在中期预算框架中，支出管理者可以更好地对跨年度项目作出计划安排。

实施中期预算框架，第一，要预测未来 3～5 年的财政收入和支出，确定可供分配的资源总额；第二，要确定部门的目标、产出和活动，安

① 天津市财政局检查局："构建绩效预算管理体系：财政预算与绩效捆绑的视角"，《财税纵横》，2010 年第 6 期。

排项目并按优先性进行排序；第三，政府根据财政部门提出的支出规划，按照财力和部门间优先次序，在部门间进行中期的资源配置，确定未来3年部门的预算最高限额；第四，各部门在预算限额内调整预算安排；第五，修改后的部门预算交由财政部再次审核，然后提交给政府和议会最后通过。

建立中期预算框架有三个要素：一是预算详细程度，它应该包含所有的部门和所有的支出种类；二是时间跨度，多数国家采取3年计划，还有一些国家采取5年或更长的时间跨度；三是对年度间预算变化的调整，采取变动滚动式或滑动式计划，根据外部环境和经济运行的新情况，随时作出修改。

专栏5-4

中期框架——公共部门绩效预算的战略基础

在绩效预算制度改革过程中，通过建立一种中期框架（medium-term framework）来实现政策、规划与预算之间的整合是一个普遍的做法。世界各国政府在预算中广泛采用中期框架的做法始于20世纪90年代早期，比较成熟的一种制度框架是中期支出框架（medium-term expenditure framework. MTEF）（见下表）。根据世界银行《公共支出管理手册》（Public Expenditure Management Handbook）的定义，“在年度预算程序背景下，中期支出框架包含了一个自上而下的资源包（resource envelop），对现行政策当前及中期成本的一种自上而下式的预估，以及最终与这些成本相对应的可获取的资源”。所谓的“自上而下的资源包”主要是一个显示财政目标和预期税收和支出的宏观经济模型，包括政府债务以及花费巨大的政府层面的项目，如文官制度改革等。作为这种宏观经济模型的补充，政府各部门采用一种“自上而下”的审视角度，仔细审查本部门的政策与业务活动（与零基预算所采取的审视方式类似），以期最优化部门内的资源配置。

中期支出框架的6个阶段

阶段	特征
1. 发展宏观经济/财政框架	显示在一个中期（多年度）期限内预估税收和支出的宏观经济模型
2. 发展部门计划（项目）	就部门目标、产出和业务达成共识；建立并评估部门计划及分支计划；计划成本预估
3. 发展部门支出框架	分析部门间及部门内的交易活动；就战略资源的配置建立共识
4. 界定部门资源配置	设定中期部门预算限额（由内阁批准）
5. 部门预算之准备	基于预算限额的中期部门计划
6. 最终政治批准	将预算预估方案提交到内阁和议会以获得批准

资料来源：World Bank（1998），Public Expenditure Management Handbook，p47 –51.

从表中可以看出，在中期支出框架的第三个阶段，政策制定、规划以及预算程序得到了很好的结合。一旦这种战略支出框架建立起来，政府就能够据此确定部门资源配置，而各部门也可依据资源配置的结果最终形成自身的计划案以及相应的预算。部门审查程序中的关键点在于，在这种既反映了资源限制情况又反映着政府政策的战略支出框架内，各部门在决定优化技术性结果（如效率和效益等）的决策方面拥有很高的自主管理权限。在建立起中期支出框架后，第一个预算年度的预估方案就会成为接下来各年度预算的基础，并综合考虑经济状况和政策方面的变动情况。自上而下的资源包与自下而上的部门计划之间的整合借助的是一个正式的决策制定程序。正如世界银行《公共支出管理手册》所建议的，“提高预见性和增强政策、规划与预算之间联系的关键是中央政府层次存在一个有效的‘论坛’，以及存在相关的制度机制以促进战略资源配置决策的制定和实施”。

资料来源：游祥斌：《公共部门绩效预算研究》，郑州大学出版社，2007年。

（四）优化资源配置

在绩效预算编制中，优化资源配置主要体现在两个层面：一是政府层面的分配效率，政府根据支出总额和部门间优先性的顺序，确定各部门的支出限额，在预算编制前通知部门，各部门的预算安排必须控制在限额之内，在这一层面，政府因不再过多关注部门内部的具体支出安排而提高了宏观资源配置效率。二是部门内部的资源配置，绩效预算编制赋予了部门更多的权力，可以在限额内分配本部门资源，在允许的范围内可以调整预算安排，并且通过绩效评价约束部门的分配行为，使之与政府的政策目标相吻合，从而提高了微观资源分配效率。为提高资源配置效率，绩效预算还在项目与政府优先级之间建立联系，项目按优先级排序并分配资源，使项目设置与战略、目标和结果相一致。

二、运行预算体系，强化绩效理念

绩效预算管理模式区别于传统预算管理模式的核心，是将市场机制和竞争机制引入到部门预算管理，使部门预算的编制、执行、调整紧紧围绕绩效而展开。大体上，绩效预算运行框架体系如图 5－1 所示。

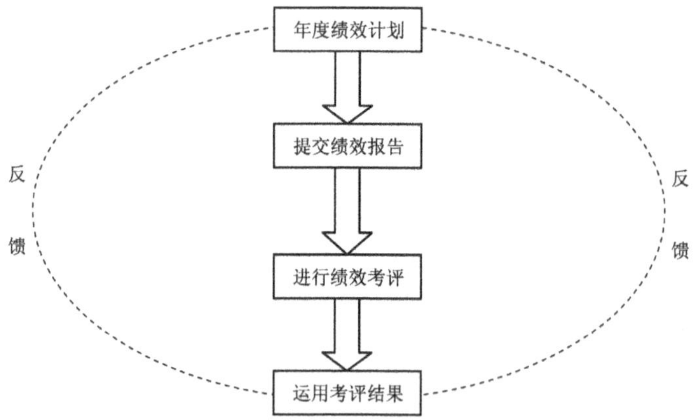

图 5－1　绩效预算运行框架体系

第一，年度绩效计划。年度绩效计划通常在编制年度预算时根据部门的战略目标确立，详细阐述部门在特定年度内拟提供的公共服务数量和水平。包括以结果为导向的绩效目标，实现绩效目标需开展的详细活动和需动用的资源，衡量绩效目标的具体指标以及按照正常条件能够达到的绩效标准等，如新西兰的绩效声明报告，美国的年度绩效计划等。年度绩效计划通常需提交给内阁或者国会通过，以作为将来对该部门或项目进行绩效考评的依据。

第二，提交绩效报告。绩效报告中的年度绩效部分是对管理者、决策者和公众的一种反馈，报告所花费资源和取得的成果，就是如何完成原始目标。项目管理者最好能更加定期地获得此类信息，最少也需提供一个成果的年度总编和报告。政府绩效要求任何支出机构在报告时，应该将绩效评价信息和项目评价结果联系在一起，并且必须和以前的绩效计划目标相一致。在对绩效进行评估和报告的时候，必须紧扣开始在绩效合同中设定的结果，而不能偏离。这就是绩效预算中的一种至关重要的内控机制①。在评估过程中，绩效报告制度是部门实现内部控制、自我约束的一种重要的机制。

为跟踪部门年度绩效计划的进展情况，一般要求部门管理者定期或者不定期提交绩效报告，通过绩效指标详细描述绩效目标的完成程度。这一方面有利于部门管理者了解工作进展情况，据以改进工作，另一方面有利于独立机构或者公众进行绩效考评。除少数国家（如澳大利亚、新西兰等）需提交月报和年中报告外，其他国家都仅需在预算年度结束后提交年度绩效报告。类似于上市公司的财务报告，为保证其合法、真实和准确性，部门绩效报告一般也要经过独立机构进行审计。

第三，进行绩效考评。顾名思义，绩效考评是对部门完成绩效的情况进行评价。虽然绩效报告一般会对年度绩效计划和实际完成绩效进行比较，并对部门绩效目标实现情况做出判断，但是，由于绩效报告由部门自己提供，很难保证考评结果的客观公正性，需由独立于部门的外部

---

① 李尽法、邢天添：“绩效预算运行机制内外影响因素的系统分析与互动研究”，《现代财经》，2008 年第 4 期。

机构进行考评。如新西兰，绩效考评工作由财政部、国库部、审计署等部门完成。引人注目的是，公民取向的绩效观被越来越多的国家所采纳，特别是在英国、美国等国家。

第四，反馈绩效考评结果。对于不同的利益相关者，绩效考评结果产生的作用不同：对于部门管理者，绩效考评结果有利于其了解公众的偏好以及自身工作存在的不足，据以加强预算管理、提高管理效率；对于预算分配部门，绩效考评结果是调整以后年度预算分配的重要依据①。目前实行绩效预算改革的国家主要有两种模式：一是绩效考评与预算分配之间没有非常直接的联系，如美国、荷兰、澳大利亚等，这些国家主要以加强管理、提高效率为目的进行绩效考评；二是绩效考评与预算分配之间有一种非常直接的联系，绩效考评的好坏直接影响到拨款的多少，如新西兰、新加坡等。

以绩效管理为基础的预算编制谋求更客观地评价部门支出取得的成效，更有约束力地管理公共部门，更高效率地配置资源。各部门的绩效预算编制首先要明确本部门的职责，这要求各部门之间要有明确的分工，知道自己的职责是什么。然后根据具体情况，结合职责、使命，确定本年度需要实施的项目，并对各项目间的重要性按优先级次进行排序。接下来制定具体的计划，分步骤、分阶段地分解项目；确定具体的阶段目标，用来考核项目实施时的进度情况，以确保项目按计划完成。在分解项目过程中，对每个过程所需要的资金作出科学的核算。这不仅是分配资金的需要，也是比较不同支出项目优先顺序的基础②。随后政府根据不同部门的需求，结合当下经济调控和社会公共服务的需要合理分配资源。

由绩效预算编制的流程可以看出，在预算编制过程中，处处体现了对结果和产出的关注，强调政府提供服务的经济性、效率性和效益性。

---

① 李梅、张玲："构建公共部门绩效预算运行框架体系的设想"，《山西财经大学学报》，2010年第4期。

② 财政部预算司编著：《绩效预算和支出绩效考评研究》，中国财政经济出版社，2007年。

专栏 5－5

英国绩效预算运行体系

自 20 世纪 70 年代以来，英国的绩效改革取得了显著成效，并被称为是世界上应用公共部门绩效考评最完善、最持久、技术上最成熟的改革。通过实行公共行政改革，在政府部门引入市场竞争机制，英国成功渡过了信任危机、财政危机和管理危机，从根本上改变了政府部门长期存在的官僚主义作风，提高了政府的行政效率，使得英国政府重新赢得公众的信任。可以说，绩效预算已成为英国公共管理改革的里程碑。

一、设立绩效目标

实行绩效预算，首先要明确部门的战略目标，然后根据战略目标确定绩效目标和指标。在英国，战略目标、绩效目标和具体的绩效指标在政府与各部门签订的公共服务协议中作了明确规定。各部门的战略目标由财政部与各部门协商决定，其他内容主要由各部门负责制定，财政部对如何起草公共服务协议进行指导。但各部门的公共服务协议最终需经内阁委员会和首相办公室讨论决定。然后，财政部有关工作人员对公共服务协议草稿进行复审，并提出改进建议。公共服务协议中的各项任务随着部门的不同而不同，一般情况下，部门可以与服务提供者就任务的具体内容、衡量指标和标准进行讨论协商，取得部门认同，最终达成一致意见，以确保绩效目标最终转变为具体的操作任务并取得预期效果。

二、分配预算资金

各政府部门在获得（未来 3 年）预算资金的同时签订各自的公共服务协议，确定部门使用这些资金要实现的绩效结果。为了便于决定资金的分配，内阁委员会要求各部门提供有关资金需要与其产出或绩效改进的信息。财政部在此基础上编制政府总开支计划，并附呈各个部门的支出限额以及绩效合同，以白皮书的形式发布并提交议会。议会专门委员可以针对部门提交的公共服务协议召集相关部门首长或公务员就某些问题进行质询，以加强监控。

三、监督绩效预算完成情况

财政部、内阁委员会定期对绩效任务的完成情况进行监督检查，对各部门和机构在完成公共服务协议中规定的绩效任务过程中存在的风险进行定期检查和监控。内阁委员会每年两次召集各部门负责人（部长）汇报该部门当前绩效目标的完成情况、存在的风险以及控制风险的计划。另外，其他级别的官员之间也有各种定期的讨论和汇报，但这些汇报和讨论的内容都是不公开的。如果某个部门的绩效下降，内阁部长会与该部门的部长协商讨论，找出解决办法与措施，确保绩效目标能够实现。财政部每季度收集一次各部门绩效任务的进程信息，并向内阁委员会汇报。但获取新信息的时间和频率并不固定，它取决于该信息所需要数据和指标的变化频度，例如，通货膨胀的数据每月都要获取，此类数据每月都要更新；而部门执行结果的数据到年末才能得到，此类数据只能每年更新一次。

四、提交绩效报告

政府部门每年两次向议会提交绩效报告，一是春季提交的部门年度报告，该报告是一个财政年度结束后提交的报告，要求说明部门绩效任务最终的完成情况；二是秋季提交的秋季绩效报告，一般在每年12月份提交，属于预算绩效进程报告。报告要求说明到目前为止，各部门执行公共服务协议规定的任务进展情况及已经取得的业绩。两份报告均对外公布，公众和其他组织可从财政部或各政府部门的网站上获取相关绩效信息。

五、进行绩效预算审计

进行绩效预算审计是绩效预算的重要内容。通过绩效预算审计可以准确了解各个部门预算支出所取得的实际效果，通过与预期绩效目标对比，可以发现部门是否完成预期任务。在英国，每一预算年度结束后，各部门根据各自预算执行情况，提交部门绩效报告，并由隶属于议会的国家审计署进行绩效预算审计。审计结果提交议会和政府部门，并对外公布。

六、绩效信息的反馈和应用

各部门的绩效信息是下一轮预算资金分配的依据。英国在绩效结果与预算之间建立了直接联系，对于绩效好的部门或地方政府，进行适当的“奖励”。如地方政府的战略目标是执行中央政府规定的绩效任务，这些绩效任务反映了国家公共服务协议目标和地方的优先次序。如果地方政府在未来3年里绩效良好，将得到奖励，一部分是财政资金奖励，另一部分是扩大地方自治权，给予其更大的灵活性和自由度，这些政策极大地提高了各部门和地方政府的积极性，促使它们关注支出结果，不断提高支出绩效。而对绩效不好或未完成规定绩效目标的部门，则要削减该部门的预算资金，同时内阁委员会会给该部门提供支持和建议，帮助其分析原因、找出改进方法和措施，以保证按规定完成绩效任务。绩效信息是公众广泛了解、监督政府的渠道。通过绩效信息的发布和公示，使社会公众了解政府绩效，监督政府行政。政府各部门的公共服务协议以及部门的绩效信息都在各政府部门的网站公开公布，公众可随时查看每个部门的预算资金的数额及使用效果。

资料来源：财政部预算司编著：《绩效预算和支出绩效考评研究》，中国财政经济出版社，2007年。

绩效预算通过运行机制的互动作用，最终在三个层面上实现良好的运作，如图5－2所示。

第一，在宏观层面上，要保证总财力约束。对于实现总的财力约束可以采取多种形式，以正式的法律条文或者对总支出进行宪法约束；有的国家是由行政机构进行公开承诺。对于许多国家来说，国际金融机构

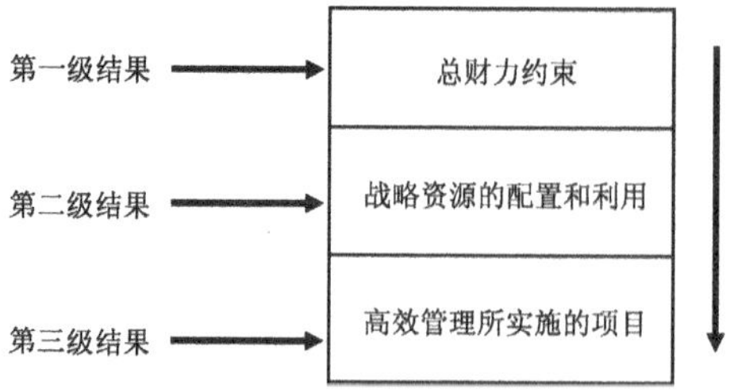

图 5－2 绩效预算三个层面的运作

可能会起到十分重要的作用①。总之，每个国家要选择适合国情的综合制度以保证总财力约束。在这一层面上，政策制定者重视制定战略计划并用之来指导资金的配置，他们只需要对支出目标和支出总量进行控制，并规定这些资金大致的支出方向。为了实现总财力约束，还需要将预算过程和政策过程更好地整合起来。

第二，在战略层面上，根据战略性重点进行资源分配。在制定总财力约束后，面临的问题是如何配置资源。在这个层面上，根据总资源承受能力与战略部门政策需求的中心，明确执行政策所需要的资源。

第三，在运营层面上，主要强调运作绩效，即效率和效益。运作绩效主要依赖一些因素来实现。首先，在决策过程中赋予政策的合法性，有利于政策的高效率、高效益执行；其次，将财务决策权下放至管理部门，同时要求它们对产出和结果负责，使绩效预算的第一个特征（以结果为导向）和第二个特征（分权）得以充分体现。

三、执行预算过程　控制支出效率

预算执行是利用现有资源贯彻执行预算编制政策的阶段。为提高预算执行的效率和有效性，OECD 国家强调增加预算项目对优先级的回应性、强调结果和产出控制、强调管理责任以及市场化方式的应用。

---

① 李尽法、邢天添："绩效预算运行机制内外影响因素的系统分析与互动研究"，《现代财经》，2008 年第 4 期。

第一，采用管理责任模式对支出进行控制。管理责任控制方式在OECD国家具体操作形式不同，每个国家的改革重点也不同，例如加拿大、墨西哥、新西兰和葡萄牙一直努力赋予管理者更多的权力来决定如何达到目标；韩国和挪威赋予机构更多权力使用剩余拨款；希腊、波兰和英国一直在发展合适的工具来评估效果等。

第二，在绩效预算中引入绩效合同。在管理责任控制方式中，由于放弃了对投入的严格控制，逐渐转向产出和结果控制，就要求以契约的方式明确机构的目标和产出以及结果，明晰责任关系。因此，管理责任控制中，责任关系是最重要的改革内容，决定着绩效预算改革的成败。从各国实践看，契约模式主要表现为绩效合同的广泛使用。通过绩效合同，确定了各政府部门、各机构和个人的产出及绩效任务，并用量化的指标加以说明。

第三，引入竞争机制。管理责任要求管理者改革管理实践，引入市场竞争机制，强化市场信号。OECD国家改善公共支出有效性的经验表明，在公共部门引入市场竞争机制，强化市场信号，对于改善预算执行绩效非常重要。在供给方，竞争可以降低成本，增加成本效率；在需求方，用户收费可以限制过度消费。因此，引进竞争机制，强化市场信号，通过在供给和需求方面发挥作用可以显著地提高预算执行效率以及有效性。主要做法有供给和购买分离，在公共物品供给中引入竞争机制（如政府采购等）。

第四，改革公共支出管理实践，提高支出有效性。绩效预算执行的成功与否不仅仅取决于预算本身技术的改进，很大程度上取决于绩效管理的改善。例如绩效目标对绩效预算执行的影响在于良好的绩效目标不会扭曲预算行为。支出控制对预算编制者实现宏观效率很重要，对预算执行效率也有很大影响。由于公共部门的特殊性，在一些领域控制支出相当困难，因此，能否控制支出就存在一定的执行风险。公共部门是人力密集型行业，人力资源管理对绩效预算实现影响很大，应该基于市场原则来招募和管理公务员。必须引入面向结果或产出的绩效激励方案。

四、报告预算结果　提供需求信息

作为有效的沟通工具，绩效报告的目标是为满足各级管理者进行有效的沟通、控制、决策和业绩考评需要，而提供各种有用的信息。这些信息完整地反映了受托经济责任的履行情况，同时也满足了内部各级管理者进行内部沟通、控制、决策和业绩考评的需要。

从绩效报告的目标来看，绩效报告的对象是指绩效报告核算和控制的客体，即政府提供公共产品与服务过程中资源的耗费、占用和成果。

绩效报告的主要内容包括控制标准和实际执行情况之间产生的差异（计量差异），以便进行控制。除此之外，应根据重要性原则对重大差异作进一步的定量和定性分析（差异原因分析），确定其正常与否，并确定相关责任，以便对责任部门或责任人进行业绩考评。在绩效报告的内容中，最具建设性的内容是有关缩小差异的建议，包括两方面：一是在履行职责中如何控制差异；二是根据客观环境的变化，如何及时恰当地调整责任衡量标准。

绩效报告的形式通常有报表、图表、数据分析和文字说明等。将控制目标、实际履行情况及产生的差异用报表予以表示是绩效报告的基本形式[①]。由于绩效报告是对各责任部门或责任人履行情况所做出的专门报告，因此在揭示差异的同时，必须对重大差异予以分析，这时可以用图表的形式来反映，包括统计曲线、图形以及传统的表格。通过图表的形式，各种经济关系、经济趋势和经济比较，就能够形象化、清晰化、一目了然，从而更易于把握。

① 财政部预算司编著：《绩效预算和支出绩效考评研究》，中国财政经济出版社，2007 年。

专栏 5 - 6

绩效报告的特征

绩效报告的目标决定了有用性应作为绩效报告最重要的质量特征，这里的有用性是指沟通有用性、控制有用性、决策有用性和业绩考评有用性。此外，绩效报告信息还应具备一系列其他特征，他们可以看成是对信息质量的分层次的要求。

一、可理解性

可理解性要求绩效报告所报告的信息清晰、简明、易懂，消除不必要的复杂性和技术细节，这样有助于更好地进行控制，这是对绩效报告信息的最基本要求。

二、相关性

要想达到有用性，所提供的信息必须具有相关性。相关性是绩效报告信息的主要质量特征，绩效报告是提供给决策者供其进行沟通、控制、决策和业绩考评的，因此必须提供有效的管理信息。凡具有相关性的信息，必然具有预测价值和反馈价值。相关性决定了所要报告的信息必须具有及时性、选择性和责任性。其中，及时性是指信息流通应当及时，以在事件完全成为历史以前，采取一切必要的控制行动；选择性是指各级管理者在控制过程中应识别与本部门业绩有关的关键因素；责任性是指信息必须能够有助于负责人解决以下问题：知道应该达到什么；知道已经达到什么；知道正在发生什么。

三、可靠性

可靠性是指确保绩效报告信息不出现错误和偏差，并能忠实于它意欲反映的现象或状况的质量。可靠性要求所报告的实际业绩信息要具有准确性、中立性。其中，准确性要求绩效报告的信息应当与所要表达的现象或状况保持一致或吻合，绩效报告信息若不能真实反映所计量的经济事项，就不具有可靠性。在一个报告系统中，计量什么、如何计量需要十分清楚。中立性是指数据对不同信息使用者的影响都是没有偏见的。中立性是一个理想的目标，特别是当数据用来进行业绩考评或作为分配资源、解决争端的根据时，就更应如此。

四、可行性和可比性

可行性是指报告具有很强的针对性，而且随着决策层的提高，信息要求言简意赅。而可比性用来表明两个或几个信息之间关系的质量，可比性要求揭示出重要的趋势和数据之间的关系。

资料来源：白景明等：《广东南海模式与建立中国式绩效预算》，中国财政经济出版社，2010 年。

五、考评绩效预算　获取决策反馈

绩效考评作为一种管理控制工具，是绩效管理系统中非常重要的内容。在实践中，绩效考评被看作是绩效管理过程中内在的，不可或缺的重要组成部分。具体到政府绩效管理，就是运用科学的方法、标准和程序，对政府部门的业绩、成就和实际工作作出考评，在此基础上对政府绩效进行改善和提高①。所谓绩效考评，是运用一定的考核方法、量化指标及考评标准，对部门为实现其职能所确定绩效目标的实现程度，以及为实现这一目标安排预算的执行结果所进行的综合性考核与考评。其目的是通过对部门绩效目标的综合考评，合理配置资源，优化支出结构，规范预算资金分配，提高预算资金使用效益和效率。

绩效考评是政府绩效管理中的一个重要环节和组成部分，其目的在于实现财政资源的总量控制、财政资源的优化配置、财政资源使用的效率性和有效性。建立预算支出绩效考评体系的核心，就是把现代市场经

① 中国行政管理学会联合课题组：“关于政府机关工作效率标准的研究报告”，《中国行政管理》，2003 年第 3 期。

济的一些理念融入预算管理中，使政府预算能像企业财务计划一样，对政府的行为进行内部控制，并通过这种内部控制，保障政府目标的实现，提高政府运行效率，促进政府职能转变，提高政府与市场的协调能力。

绩效考评实施的主要阶段有：考评设计/形成TOR；考评启动和组织落实；考评实施和完成考评报告；考评结果的报告、反馈和后续行动。一个好的考评设计（TOR）是考评活动成功的重要保证，在设计时要注意几个要点：明确考评报告的主要读者；根据考评需求，确定考评必须回答的关键问题；关键问题必须是明确的，可考评的问题；设计回答这些问题的途径和信息来源。

从操作层面上讲，预算支出绩效考评体系是对部门预算支出使用情况进行考评和监督，更是以部门预算支出效果为最终目标，评价政府职能目标实现程度，评价政府提供公共产品和服务的数量、质量及成本。正因为预算支出绩效考评体系有着这样的功能，如果仅仅从财政的角度来进行预算支出绩效考评，就很难全方位地反映部门预算支出的实际效益与效率。从这个意义上讲，预算支出绩效考评体系，是以财政部门为主体，政府其他职能部门共同配合而形成的管理公共产品和公共服务的一项制度。

由于财政支出范围广泛，再加上支出绩效表现多样，既有可以用货币衡量的经济效益，又有无法用货币衡量的社会效益，不同的项目还有不同的长短期效益，直接效益和间接效益等，所以长期以来，财政部门一直无法采取一种比较准确的办法，来对部门预算支出进行衡量。而这一“盲点”恰恰是减少资源损失浪费、提高效率的关键点。预算支出绩效考评体系，就是要把“不可衡量的事”变为可衡量的，确定政府的职能、部门预算支出的目标以及实现这些目标所需的步骤，在给定目标的前提下寻求最有效率的实现目标的方式，以最低的成本最大限度地满足公共需要、社会经济发展的需要。

预算支出绩效考评体系在绩效预算中的关键作用是从质和量两个角度说明政府资金的使用情况，从而使绩效预算的功能突出反映在资金使用效率考评对预算拨款的约束上。因此，可以说预算支出绩效考评是绩效预算的核心内容之一。政府绩效考评体系解决的是预算编制依据问题，预算支出绩效考评体系解决的则是编制好了的预算究竟是否被执行好、事后来看优劣之处是什么，这两者可以说是绩效预算中前后相联的两大侧面。

专栏5－7

澳大利亚政府绩效考评战略

绩效考评在政府的绩效预算改革中扮演了重要的角色。1988年12月，澳大利亚政府颁布了《公共服务考评战略》，主要目标主要集中在三个方面：一是提供更好的基础信息，帮助管理者提高绩效；二是帮助政府在预算执行过程中提高政策的有效性，促进政府重点项目、产出的有效落实；三是进一步提高政府公用管理对议会和公众的责任性。考评战略的主要内容包括以下几个方面。

一、一揽子考评计划（Portfolio Evaluation Plans，PEPs）

通过一揽子考评计划，将主要项目、产出考评活动与澳大利亚联邦的预算执行有机地结合起来，使之成为整个预算执行的一部分。一揽子考评计划主要是对国家重大方针、政策落实情况以及稀缺资源的分配、使用情况的考评。考评的结果作为内阁或主管部长进一步决策的参考依据。考评计划保证每3～5年对所有参加绩效考评的项目、产出或它们的主要部分进行系统的考评。各部门每年要将考评计划报送财政部。

二、系统考评

在每一个考评周期内，通过对所有产出和项目的系统考评，以促进考评计划的完善和发展。对各部门、各机构提交的项目考评报告，财政部都进行认真的分析研究，进行系统考评，一方面，促进考评计划不断改进和完善；另一方面，通过系统考评计划有助于加强部门内部管理。同时，系统考评也是财政部对各部门进行项目预决算的基础。

三、主要考评结果的对外发布

为使各部门和各机构将主要考评结果对外发布，内阁签署了特别的规章，要求所有的部门和机构必须公布考评结果，并由财政部汇总，定期出版。考评结果的公开发表，不仅增强了考评计划（PEPs）的责任性，而且使好的绩效得到鼓励，尤其是使外界包括议会和财政部在内的相关部门得到认同，并与下一轮的预算挂钩。财政部每年在《考评报告》上将各部门的考评战略及考评结果定期出版发行两次。

四、绩效考评技术的培训

各部门和各机构对提高其工作人员的绩效考评技能负有不可推卸的责任，从总体上看，财政部在促进绩效考评技巧的提高方面扮演了重要的角色。财政部通过对联邦所有公共服务部门有关员工的培训，以及建立绩效考评信息网络，普及了绩效考评的技术，通过专门刊物《堪培拉考评论坛》实现了绩效考评的信息专享。

资料来源：吕昕阳：《典型发达国家绩效预算改革研究》，中国社会科学出版社，2011 年。

六、审计预算效益　指明前进方向

效益审计是独立于绩效考评存在的，如果说绩效考评是内部评价的话，效益审计就是外部评价，它主要发挥监督、公正的功能。审计的主体是独立的审计机构，它是根据相关法律、法规的授权成立的，审计人员依照选定的标准，运用现代审计技术方法，通过对预算结果的收集、分析、评价，客观、系统地对政府及其各隶属部门及其他使用公共资金的单位的活动的经济性、效率性、效果性和合规性进行评价，用以向有关利害关系人提供经济责任履行情况信息。

效益审计一般是事后审计。效益审计的主要模式一般有四种：以结果为导向的审计模式，以控制系统为导向的审计模式，以问题为导向的审计模式和以责任机制为导向的审计模式。

效益审计主要是对管理或运营的结果的审计，结果导向是效益审计的最基本模式。效益审计不同于日常管理工作，其任务不是对管理活动的筹划、预测、决策、控制与分析，而主要是对这些工作的结果进行分析、复查和评价，并通过这种分析和检查，指明"管理工作"前进的方向。

效益审计的目标可以概括为3E + C，即经济性（Economy）、效率性（Efficiency）、效果性（Effectiveness）、合规性（Compliance）。经济性，是指以最低的投入达到目标，简单地说就是投入是否节约。例如，是否以最好的价格购入所需要的原料设备，实际所花费用是否与预算一致，有无浪费等等。效率性，是指产出与投入之间的关系，包括以最小的投入取得一定的产出或者是以一定的投入取得最大的产出，简单地说就是支出是否讲究效率。例如项目运作方式方法是否最为合理，职责分工是否存在不必要的重复，内部机构之间相互协作的状况，是否存在必要的激励机制等等。效果性，是指目标的实现程度，即多大程度上达到了政策目标、经营目标和预期结果。简单地说就是是否达到目标。例如，是否在规定的时间以合理的成本实现了既定目标，公众对提供的服务或产品的满意程度等等。合规性，是指对法律法规的遵循情况。例如项目的运作是否存在违反法律、法规、合同或者协议的行为。

审计标准就是一套指标体系，是审计人员进行评价，判断被审计事项是非、优劣的准绳。评价标准是连接审计目标和审计方法的纽带。根据目标，确定了评价标准；根据目标和标准，确定了收集数据和进行评价的具体方法。没有评价的标准，就无从设计和选择审计方法。效益审计的方法应是灵活的，包括通用的财务审计方法、专门的业务管理方法、抽样分析方法、社会统计方法以及调查分析的方法等。

第四节　共创外部良好环境
推动预算改革进程

中国自20世纪80年代开始了由计划经济向市场经济过渡的大规模集体性经济制度变革，政府预算在随后的30多年为了适应经济体制的变革也在不断变化。早在1999年，中央和省级政府就试图引入并实施绩效预算，推行绩效预算，这已经成为中国继推行部门预算、国库集中收付、政府采购、政府收支分类、收支两条线五项改革后的又一项重大财政改革和制度创新，在中国政府改革历程中具有里程碑意义。但纵观OECD国家几十年的预算改革历程，绩效预算改革是一项长期、复杂、艰巨的系统工程，并非一朝一夕，也不能一蹴而就。特别是在中国目前阶段，试行政府绩效评估和绩效预算，更是一项涉及面广、技术要求高、工作难度大的改革，它不但要面临OECD国家改革中曾经碰到过的难关，而且还要解决由于中国实际国情所产生的问题。做好这项改革工作，不仅需要更新观念，牢固树立“绩效”意识，更需要政府各部门和全社会的通力合作与配合，克服改革中的困难，为稳步推进改革创造条件。

一、政府主导是引领预算改革的动力

政府强势推动和财政积极参与，是推进绩效预算取得成功的关键。20世纪90年代兴起的一轮绩效预算改革无一不是在各国的中央政府领导下发起的，决策者的强势支持和部门的有效配合，是绩效预算改革取得成功的重要因素。绩效预算采取自上而下和自下而上相结合的预算编制方法，在预算部门支出总额决定以后就必须坚决执行预算。在编制预算前期，高层政治领导人要出面组织各部门负责人进行沟通和协调，而不是按照传统预算编制，先进行下层沟通，之后才是上层的协调；在绩效预算编制过程中，政府应当要求控制公共支出总额；在部门支出总额决定以后，部门领导人由于在部门“信封”预算范围内具体执行权力较大，所以政府必须严格督促各部门坚决执行预算。

由于绩效预算涉及众多单位和部门，关系到方方面面利益，所以需要在政府的有力主导卜，各部门有机协调和配合，共同探索绩效预算改革。一方面，各级财政部门与预算单位、审计、纪检等监管部门需要强化合作，围绕共同的管理目标，加强组织协调，加强联系沟通，形成合力。另一方面，财政部门内部相关处室也要在职责明确的基础上，按照分工管理预算单位严格执行预算，并及时沟通消息，保证绩效预算顺利实施。

二、法律约束是构建预算改革的保障

任何一次改革的推进，如果没有获得立法层面的有力保障，前进的路上都会困难重重。美国早期的绩效预算之所以失败，一个重要的原因就是没有获得立法部门的支持。绩效预算改革实质是预算制度的变迁，制度只有上升到法律层才有一定的严肃性和强制性，如果仅仅是政府范围内进行推广或进行技术手段上的创新，很可能得不到立法部门的支持，最后胎死腹中或者不了了之。

绩效预算三个层面的运作，尤其是第一个层面总财力约束，需要借助法律条文来加以支持。只有将相关工作上升到法律层面，编制有效的外部审计法案，将绩效预算制度的实施程序、部门责权范围等问题在法律中做出明确规定，制度的实施才能有法可依；只有公共预算管理通过依据宪法、法律实现了公正合理，腐败、公共利益被政府的自我利益侵占这种现象才能被避免发生。

三、评价主体是实行预算改革的关键

由于实行绩效预算的根本目的在于提高财政资金的使用效益、更好地发挥财政效能、最大限度地满足社会公共需要，所以在判断财政资金的分配和使用是否能够达到这种目标时，首先考虑到的就是“由谁评价”这个评价主体选择问题。正如一位管理学家所言，“你不能管理你所不能测量的东西”（You cannot management what you cannot measure）[①]。因此，究竟由谁来对政府预算的绩效做出衡量（performance measurement）一直是政府预算研究者和实践者所关注的焦点问题之一。

一般来讲，由政府机构自身作为评价主体，虽然会节省评价成本，但难免会出现运动员同时充当裁判员的不合理现象。由社会中介组织担当绩效预算评价主体，虽然在理论上可以保持评价主体的“中性”地位，但在现实社会中，每个法人和自然人都有各自的利益需求，都不可能保持纯然的“中性”，因而试图通过委托中介组织担当绩效预算评价主体的设想不仅无法达到预期目的，而且会人为地增加操作难度[②]。由社会成员（通常是社会成员代表）通过民主选择和民主评议，一定程度上最能体现财政资金分配和使用是否最有效地满足社会公共需要，但前提是要通过民主制度的安排，保证民主选择和民主评议的质量。

政府、专家与公众“三位一体”的评价组织体系则能扬长避短，既可以保证评价结果的客观公正，又体现了绩效预算的决策民主化功能[③]。这种内外结合的办法，由财政部门牵头组织，吸纳来自高等院校、科研

---

① Robert C. Higgins: Analysis for Financial Management, 5th ed, Boston: Irwin McGraw Hill, 1998, p37.

② 王延杰、郑思海：“关于建立我国绩效预算制度的思考”，《河北大学学报》，2006 年第 5 期。

③ 蔡自力：“建立绩效预算制度最大限度地提高财政支出效益”，《财政研究》，2005 年第 1 期。

机构、中介机构的技术人员组成专家组，负责技术难题的攻关，对各部门的支出绩效进行分析。另外，由于财政支出的分配和使用是否有效，很大程度上取决于能否反映社会公众的需要。因此，支出绩效评价过程中还应充分听取民众的意见，依靠群众进行绩效执行情况的评估。可以通过调查问卷等方式获得公众的满意度信息，检查支出的实际效果是否符合公众需要。

四、评估体系是完善预算改革的支撑

绩效评价是对政府公共支出所产生效果和影响进行评价的行为。一般意义上的绩效评价是由政府运行的绩效与政府运行的成本比较的结果，绩效评价强调的是一种预算支出控制技术，它是要通过创设一种公共资源再配置机制和直接的利益制约机制，来引导公共资源的流向与流量①。绩效评价是引导政府及其工作人员树立正确导向，尽职尽责做好各项工作的一项重要制度，也是实行行政问责制的前提和基础。

在整个评估体系中，绩效预算评价指标体系是核心，如何科学、合理、全面地制定评价指标体系成为改革成败的关键。其中，绩效预算目标实际上是对财政资金筹集、使用和管理效果的具体规定。虽然从理论上讲，财政资金筹集、使用和管理要有利于发挥财政的优化资源配置、公平收入分配和稳定经济发展的职能，绩效预算既体现在预算安排和使用资金的经济效益方面，也体现在预算安排和使用资金的社会效益方面，但要将这种理论内容转化成可分析与可计量的绩效预算目标，不仅需要在思维方式上实现由理论思维向技术思维转化，而且需要将技术思维内容转化为可计量的技术指标体系②。在制定绩效预算评价指标体系方面，

① 李燕、王宇龙："论绩效预算在我国实施的制度约束"，《中央财经大学学报》，2005 年第 6 期。

② 蔡自力："建立绩效预算制度最大限度地提高财政支出效益"，《财政研究》，2005 年第 1 期。

由于绩效预算是对预算规模和所有预算项目及其搭配结构绩效的综合评价，既包括对一般经常性绩效预算的综合评价，也包括对临时政策性影响的预算规模、项目和结构变动绩效的综合评价，因而绩效预算的评价内容非常复杂，既要评价具体项目绩效，又要考虑到局部最优并非直接等同整体最优问题。因此，在注重建立预算项目评价指标的基础上，还需要对全部预算资金按照系统分析和综合评价的要求，设计好对预算资金整体绩效状况的评价指标体系。

实行绩效预算的关键是如何制定绩效指标，而绩效指标的制定被各国公认为是一个极其复杂的问题，是一项技术性非常强的工作。由于政府的工作不像市场上的各种活动那样有着直接的经济效益，政府活动的范围往往是那些市场失灵的领域，政府的投资也往往是那些社会需要，但短期内很难见到经济效益的项目，因而一些部门难以用数字表明其预期的经济效益和社会效益，其支出的成本效益评估难以进行，所谓“绩效”也就无从考核。美国绩效预算在实施过程中的一波三折就是一个例证。这也正是绩效预算制度难以在短时间内普及推广的重要原因之一。

专栏 5－8

建立预算绩效评估体系是推行绩效预算的难点

构建一个有效可行的绩效指标体系是实施绩效预算的重要条件。实施绩效预算需要对政府的支出做出绩效评价，但是，政府的工作不像市场活动那样有着直接的经济效益，政府活动的范围往往是那些市场失灵的领域，政府的投资也往往是那些社会需要，但短期内很难见到经济效益的项目。政府行为的特殊性决定了传统的和单一的成本、效率、产出等指标难以确切反映出复杂的公共支出绩效状况及综合价值。取而代之，我们必须建立一个具有多重的价值标准、多向的维度以及多元的评估主体的绩效指标体系来对政府支出绩效做出科学合理的评价。一般说来，良好的绩效指标必须满足以下 5 个标准，即所谓的CREAM标准：（1）清晰性（clear）：绩效指标必须是精确的而不是含糊的，但不一定要量化；（2）相关性（relevant）：绩效指标对于实现预算目标而言，必须是适当的；（3）经济性（economic）：绩效指标应保证能以合理的成本获得需要的资料信息；（4）充分性（adequate）：绩效指标必须是能为评估绩效提供一个充分的基础；（5）可监督性（supervisory）：绩效指标必须能够经得起独立而详细的检查。

建立起能反映政府公共活动效能的指标体系是绩效预算的核心。政府综合绩效评估的指标通常可由第三部门来制定，而要确定政府各职能部门的绩效评估指标则比较困难。由于各公共部门的职责目标各不相同，财政部门不可能完全了解各部门的全部活动，因而在评估主体（财政部门）和评估客体（政府各职能部门）之间存在信息不对称。因此，应由各部门先自我开发绩效基准，制定绩效指标并公开化，接受社会各界（包括专家、第三部门、公众）及立法机构的监督。在这一过程中，财政部门则主要扮演组织者、预算编制培训者及审核者的角色。

资料来源：蔡红英："政府绩效评估与绩效预算"，《中南财经政法大学学报》，2007年第2期。

五、政府会计是推进预算改革的核心

推行权责发生制政府会计是推行绩效预算的核心。要准确反映政府的绩效和成本，财政状况是一个关键的方面。政府财政报告不仅要反映当年的预算资金收支情况，还要反映政府的资产和负债的变动情况。但在传统的财政管理体制中，政府会计只反映当期的财政资源，而无法全面反映政府公共资源存量以及整个政府公共资源的使用和配置状况。目前，中国以及世界不少国家都在使用收付实现制的会计方法，这种会计方法存在一些缺陷：它可以通过提前或延迟支付现金人为地操纵各年度的支出，从而扭曲绩效信息；它不能将资本性项目的购买成本在使用年限内进行分摊；它也不能及时确认和计量政府负债；另外这种方法忽略了投资的机会成本，不能正确完整地反映政府行政的成本。收付实现制与权责发生制之间的根本差异在于会计确认的时间不同。收付实现制以款项的收付为标准记账；权责发生制以权利的形成和责任的发生作为记账的标准。权责发生制会计可以更准确、更全面地反映一定时期内提供产品和服务所耗费的总资源成本，被企业普遍应用。与收付实现制相比，权责发生制政府会计可以在以下方面为使用者提供更为全面和准确的信息：政府对所使用资源的受托责任的履行情况；政府对其全部资产、负债的管理责任的履行情况；政府如何筹资并满足资金需求的情况；政府筹集资金、偿还债务和履行义务的持续能力；政府的财务状况及其变动情况；政府在服务成本、效率、成果等方面的业绩情况。

权责发生制政府会计制度不只是一种孤立的技术方法，更是公共管理领域全面改革的一部分，是绩效预算的重要制度基础。实行权责发生制政府会计制度，使预算收支确认标准的重点从投入转向结果，一些长期项目和或有债务信息得到反映。通过对部门提供的产品和服务与成本和费用进行配比，使政府的业绩更加透明化，政府预算更加完整、可信，有利于广大纳税人及社会公众考评政府部门履行职能的状况及其工作效率。能够帮助政府发现在公共支出中的高成本、低效率等问题，及时采取降低成本、提高效率的措施，加强预算成本计量，提高资金使用效率，从而为实施绩效导向的预算管理模式奠定良好的基础。另外，权责发生制提高了预算信息的完整性和有用性，提高了预算报告的一致性和可靠性，利于政府制定长期政策。在政府预算会计中引入权责发生制，也是明确政府部门承担相应责任，形成激励与约束机制的需要。

六、信息公开是实施预算改革的前提

对预算实际执行情况进行指标分析和社会民主评议，必须使社会成员充分了解预算方案和预算执行情况。提高政府预算的公开性和透明度，是落实社会成员知情权和评议权的基础。

信息公开化、透明化是实施政府绩效预算的前提条件，要以提高政府预算的公开性和透明度为前提，建立政府预算的公开化信息披露制度和全部预算报告审批制度。进行政府绩效评估的目的，就是要改善政府与公众之间的关系，提高政府对公众的回应力和政府服务绩效。加强信息公开和公众参与能有效减少委托—代理链，强化政府部门责任感。信息公开与公众参与程度的高低，直接决定着实施绩效预算的效果。以数量化的信息来描述“策略计划”是实施绩效预算的基础。[①] 从美国推行绩效预算的技术路线来看，联邦政府首先是要求各部门制定策略计划、年度绩效计划、提交年度绩效报告，即先由各政府部门向公众及其代理人（议员）陈述、披露计划，形成内在的激励与约束机制；再由 OMB 对各部门的开发计划、评估指标、评估基准进行审核，并与预算资金的分配挂钩。

有效的政府绩效评价，需要建立在公开的政府信息的基础上。要对有关政府、部门及其官员进行绩效评价，首先必须保证有关评价主体能够及时、全面、准确地获得有关评价对象绩效的信息。相关的评价主体不能及时获得信息，或者所获得的信息不相关或不可靠，都将导致政府绩效评价不能顺利地进行或者绩效评价结果出现偏差。而对多数的评价主体而言，他们往往处于评价对象的外部，无法直接观察政府行动及其结果，其用于评价政府及其部门绩效的信息很大程度上需要来源于政府自己公开的信息。因此，政府绩效评价的信息问题，主要通过政府信息公开来加以解决。事实上，政府也有义务对外提供用于绩效评价的信息，这是政府公共受托责任的核心内容（报告责任）。

只有政府将信息做到公开化、透明化，才能有效防止政府的暗箱操作，保障社会成员的知情权、参政权和言论权，当然这需要建立相关的

① 蔡红英：“政府绩效评估与绩效预算”，《中南财经政法大学学报》，2007 年第 2 期。

法律法规以及公开报告制度来确保实施。信息的公开，能反映财政透明度和受托责任的履行情况，方便有关机构在此基础上评估某些目标方面"政府做得怎么样"，所以说，信息公开化、透明化是建立有效率的政府、加强政府与公众沟通的重要方式。

七、激励制度是倡导预算改革的基石

激励制度，从广义上讲，应该分为奖励和惩罚，即正激励和负激励。绩效管理和预算清楚地定位于：系统为了保证项目达到预算目标将实施激励和惩罚[①]。以绩效考评结果为依据的问责和激励机制体现了绩效预算"对结果负责"的基本理念，是绩效预算制度的重要内容。表 5 - 2 显示了近几年 OECD 国家将绩效信息用于对部门的经济惩罚的情况。

表 5 - 2　经常使用绩效信息（PI）进行以下活动的 OECD 财政部的比例

绩效测量（performance measures）	评估（evaluation）
取消项目：4%	取消项目：11%
消减支出：10%	消减支出：15%
决定报酬：11%	决定报酬：5%

资料来源：Teresa Curristine, Improving Public Sector: Challenges and Opportunities。此表格的数据取自于 2005 年关于 OECD 国家使用绩效信息情况的一次调查，以及由澳大利亚、加拿大、丹麦、韩国、瑞典、英国和美国财政部向 2006 年绩效与结果高级预算官员联络会议提供的国别案例研究报告。

从表 5 - 2 可以看到，问责制所涉及的对部门的经济上的负激励（包括取消项目、消减支出、决定报酬三个方面）在 OECD 国家的使用情况较少。也就是说，在国外绩效预算实践的大多数案例中，财政部并没有

① 邓毅：《绩效预算制度研究》，华中科技大学博士论文，2008 年。

使用绩效结果对机构进行经济上的处罚。

绩效预算的要旨在于，以绩效信息为依据，通过绩效问责在预算系统中注入一种提高绩效的激励机制[①]。绩效信息的使用是提升组织绩效的一种手段。对绩效的更多的关注也许应该通过种种的除绩效指标的实际运用之外的其他种种方法来推进——道义上的劝告、定期的质询、在公众面前曝光、来自同业的压力等等。道义劝告、定期质询、公开曝光、引入竞争等手段并不只是建立在绩效指标运用的基础上，但都可以视为绩效考评的逻辑延伸，都是提升绩效的重要手段，它们与绩效问责（以绩效指标实现情况为依据建立的问责制）一起，从不同角度对公共部门施加提升绩效的压力，构成了一个完整的“压力系统”，共同作用于提升公共部门绩效的目标[②]。所以，绩效问责特别是对绩效不佳的机构施以经济上的处罚只是一种手段，而不是目标，它只是众多提升绩效手段中的一种，对其效果不宜过分看重，应该看重的是“压力系统”的整体效果。

上述“压力系统”基本上可以视为一种负激励，它必须与正激励机制相结合，才能最大程度地发挥预算系统中的激励效应。根据激励相容理论（Incentive Compatibility Theory），只需在达到委托人目标（绩效目标完成）的同时，给予受托人与其效用目标相一致的正激励，即可使双方效用都趋于最大化。公共部门作为委托—代理关系中的受托人，也具有人格化的行为特征，按官僚制的理论，它也追求预算最大化，追求更少的控制，追求公开认可。因此，政府（财政部门）作为委托人就有一系列潜在的可以安排的机制，可以从资金、灵活性和公开认可等多方面对公共部门达到目标的行为实施正激励。表 5 -3 列举了财政部为激励部门改进效率和绩效可采用的激励措施。

① 天津市财政局检查局：“构建绩效预算管理体系：财政预算与绩效捆绑的视角”，《财税纵横》，2010 年第 6 期。

② 邓毅：《绩效预算制度研究》，华中科技大学博士论文，2008 年。

表 5－3　　　　财政部为激励绩效可以采用的潜在的机制

机制	激励	惩罚
资金	增加机构的资金	减少或者是限制机构资金
	维持机构的资金现状	取消机构资金
	增加人员预算：支付管理者和雇主的奖金	减少人员预算
灵活性	允许机构保留和结转效率所得	将所有的资金交给财政部门
	允许机构有跨项目调用资金的灵活性	限制调用资金的能力
	免除机构某些报告的要求	增加报告要求
		责令对机构进行管理审计
公开认可	公共认可机构的成绩	公开批评机构的绩效

资料来源：Teresa Curristine, Improving Public Sector: Challenges and Opportunities。此表格的数据取自于 2005 年关于 OECD 国家使用绩效信息情况的一次调查，以及由澳大利亚、加拿大、丹麦、韩国、瑞典、英国和美国财政部向 2006 年绩效与结果高级预算官员联络会议提供的国别案例研究报告。

建立公共部门的激励系统是一项极为重要同时又具有高度复杂性的工作。从整体框架上来讲，既应该有负激励也应该有正激励，既包括经济的激励也应该包括非经济的激励，在形式上既可以是正式的也可以是非正式的，在对象上既应该针对公共组织中的个人也应该针对组织本身。这个框架在结构和重点上也并非千篇一律，需要根据组织的不同特点进行设计和调整。无论如何，公共部门的激励机制应该能够创造一个促进创新和提升绩效的竞争的环境，这是“将硅谷的青春活动注入到华盛顿‘官僚主义’的古老传统中（戈尔语）”的重要制度保证。

第六章
锚定财政绩效预算
助推社会有序演进

大国之间的竞争和较量归根到底是效率的竞争，效率之间的竞争不仅是国家制度的竞争，还是社会绩效的竞争。中国的社会演进之路可以用三个30年来概括：新中国成立后的30年，毛主席带领我们解决了组织问题，中国人民从此站起来了；改革开放后的30年，邓小平指导我们解决了社会活跃问题，中国人民迈开了敢于追求幸福生活的一大步；未来的30年，中国的改革又将如何使得中国起飞、远航，使中国的社会更加有序和充满活力？预算不是一个钱柜，而是一个洒水器：它抽上来又洒出去的水越多，国家就越繁荣、富强。绩效预算是政府绩效和社会绩效的耦合器，只有通过推进绩效预算，提升政府绩效，社会才能实现“蛙跳式”向前发展。

第一节 把握财政演进路径 打开绩效预算大门

一个民族的精神风貌、文明程度、社会结构，以及政策可能酿成的行为方式，所有这些甚至更多，都明确记录在它的财政发展史上。

一、立足人类文明演进视角　分析实施绩效预算的必要性

20世纪80年代以来，在世界范围内兴起的公共治理改革浪潮中，以美国、新西兰和澳大利亚为代表的OECD国家对以投入为重点的预算治理模式进行改革后纷纷举起了“基于绩效预算”的改革大旗，这成为国际公共预算治理模式改革的新趋势。目前，已有很多国家不同程度地实施了新绩效预算，它的兴起与其特定的时代背景是密不可分的。

（一）财政危机、治理危机和信任危机成为推动新绩效预算改革的直接动因

20世纪70年代以后，长期奉行凯恩斯主义的国家普遍面临着财政业绩恶化、宏观经济失衡的压力，“石油危机”又加剧了经济的衰退，高额的财政赤字成为各国政府首脑关心的热点问题。政府不仅不能轻易提高税率以增加收入，也不能减少预算以控制开支。在治理方面，韦伯提出的“官僚模型”一直在工业化时代占据着举足轻重的地位，随着工业化国家经历新技术革命，进入到信息化社会后，社会结构和需求日益分化，规模庞大、程序繁琐、层级复杂、职能扩张、机构膨胀的“科层制”官僚模式已无法适应变化迅速和知识密集的信息化时代，导致了政府部门大量资金浪费、机构臃肿、效率低下，公众开始怀疑政府的能力和效率，对挥霍、浪费的政府越来越厌倦和失望，对政府不满的情绪也越来越强烈，由此引发了信任危机。所以寻求一种低成本、高效率、高质量、责任机制更加健全的新预算治理体制就成为政府和社会公众的共同期望。

（二）新公共管理理论、公共选择理论和委托代理理论为新绩效预算的兴起奠定了重要的理论基础

新公共管理理论是将私营部门的管理理论、方法及技术运用到政府公共部门之中，主张用企业家精神改造政府部门，旨在通过引入竞争机

制来提高公共服务的质量和水平；以市场或顾客为导向来改善行政绩效。公共选择理论以理性经济人为假设，认为公共政策的制定应由社会公众通过公共选择来民主决策、要求将预算决策过程纳入公共选择程序，从而使政府预算合乎市场化选择的价值取向，以建立民主的、有良好监督的公共财政。根据委托代理理论，政府预算也可以视为一种建立在公众与政府间的契约关系，这种契约关系在医生与病人、董事与经理之间也普遍存在。委托人和代理人所拥有的信息并不对称，尤其是政府部门的情况更具特殊性。公众无法掌握公共支出方面的充分信息，也不了解预算程序，而政府在整个预算过程中处于较有利的地位。因而对政府预算中的委托人而言，最重要的不仅是对政府官员（代理人）的决策活动进行有效监督，还要衡量他们的工作效率并评估其活动成果。因此，必须在预算中引入绩效的观念来掌握政府履行代理责任的状况，以缩小信息差距。正是在新公共治理理论、公共选择理论、委托代理理论、实施政府再造、改进政府治理、提高政府效能、改善政府服务等理论和观念的指引下，先发各国开始反思传统预算制度，进而掀起一场影响全球的新绩效预算改革热潮。

（三）经济全球化是OECD成员国实施预算治理改革的重要动力

在当今以科学和电子信息技术为主导的知识经济时代，无论是个人还是企业都必须面临竞争的挑战，政府之间的国际竞争也更为激烈。经济全球化使各国普遍认识到影响国际竞争力的重要因素之一就是政府的治理效率和产出效能。在全球一体化的大背景下，各国政府纷纷通过改革预算制度，创新预算治理，促进公共资源的合理配置和有效利用，将政府不该管的以及该管但管不好的项目交给市场，在无法引入私人部门的工作领域也建立起内部竞争机制，以提高政府官员的工作效率，改善公共服务，带动整个政府运行效率的提高，最终提升本国的国际竞争力。新绩效预算的兴起是各国不断总结以往预算治理改革经验教训的结果。先发国家在预算治理方面进行了许多有益的探索和改革实践。

二、当代中国财政制度演进中的社会绩效

新中国成立60多年来，经济成就举世瞩目，财政制度也经历了多次变革。从财政体制变革的路径来看，实际上是一个中国式分权过程，不管是改革前的有时的权利下放还是1994年的分税制改革，其都是在“三大关系”，即中央和地方的关系、东部和中西部的关系、政府和企业的关系中寻求有效平衡。

（一）集权型财政体制与社会经济绩效

新中国财政体制是在借鉴前苏联财政体制的基础上于20世纪50年代早期建立的，是一种高度集中的、统收统支的中央集权式财政体制。政府预算收入高度依赖于国有企业上缴的利润和税收，财政部不仅负责统一财政预算的编制，而且负责批准省级政府的财政收支计划，同时下达转移支付的额度。高度集中的收入和支出治理模式通过控制所有地区和行业的资金分配，为推动工业，尤其是重工业的发展提供了有力的支持。政治上的集权为财政的运行模式提供了一种制度环境，而财政采取什么样的运行模式，由政治、经济、军事等社会环境所决定，是与政府的发展目标相适应的，是与国家所面临的任务相关的。

根据不同时期的政治经济形势，不断调整而逐步形成高度集权的集权型财政体制在整个财政制度的变革中扮演者承前启后的角色，在中国社会主义经济建设和社会发展中作出了重要贡献，但在完成了时代赋予的历史使命后，其自身的弊端会随着经济的发展而逐渐显露。一是地方政府没有收入权，也缺乏自主的支出决策权，地方对中央高度依赖。正如传统的分权理论所认为的，中央政府在信息方面的劣势增大了资源误配的机会，地方居民的偏好特征被简单忽略，庞大的财政运转机器导致了高昂的成本。二是地方财政收入上缴和实际所得不对称，地方积极性下降，地方财政激励和财政平衡问题迫切要求改革过分集中的财政体制。而这恰恰成为1978年中国经济和财政改革的逻辑起点。

(二) 分级财政承包制度及其社会绩效

改革开放后，迫于财政压力，中央政府不得不推行分权化改革。而选择财政制度改革作为经济体制改革的突破口，因此改革的初始路径就应是通过权力下放来调动地方和微观主体的积极性，以促进经济发展和财政收入的增长。分级财政承包体制的实施，改变了统收统支的过度集中治理模式，使中国的财政体制由高度集权走向高度分权，有效激活了地方政府的积极性，带动了财政收入增长，为地方政府其他改革提供了财力支持，激励了地方政府对本地区重点建设项目的投入，以及教育、卫生等社会服务的提供，特别是经济快速增长的沿海地区。财政承包制适应双重经济体制相互渗透、相互交替阶段初期的客观情况，并为向新经济体制过渡和实行分税分级财政体制准备了条件。该模式强调了地方财政的责、权、利及其相互结合，使地方财政更接近于成为一级相对独立的理财主体。

高度分权产生了很多负面的影响。例如，财政承包制在一定程度上带来“诸侯经济”，引发地区间市场封锁，影响了全国统一市场的形成。在财政承包条件下，中央财政与地方财政之间存在一种利益分配上的契约关系，而这种契约关系又缺乏约束性、相对稳定性和必要的法律保证，不利于政府间的规范化。

(三) 分税制财政体制及其社会绩效

1994 年中国开始全面推行分税制改革。分税制预算治理体制主要是针对上文中所分析的财政承包制所带来的负面结果设计的，分税制的目的是调整中央和地方、政府和企业、地区之间（东部和中西部）这三大关系的财力与事权的分配，使得中央财政在中央—地方关系中保持强劲的支配能力，使得国家财政收入能够随着工业化和企业繁荣的挺进而不断增长，使得地区间的财力逐渐趋向于均衡。分税制改革不仅改变了中央和地方的财政关系，还在制度层面对中国的多级财政体制产生了正面效应。但不可否认，在改革的过程中凸显了许多问题，其中最突出的也是经济学者们最关注的是基层财政困难和地区间差距的日益扩大。

从总体看，通过税收返还和转移支付的形式来弥补地方财政的支出缺口基本是成功的，但从区域来看，却造成了比较严重的地区（东部与中西部之间）不均衡现象，强化了地区间因发展速度带来的财力不均、公共服务水平不均的问题。这个制度（分税制）对地方政府的有一种“驱赶”效应[①]：地方政府逐步将财政收入的重点由预算内转到预算外、由预算外转到非预算，从收入来源上看，从依靠企业到依靠农民和土地征收，从侧重“工业化”到侧重“城市化”。这种行为模式改变的结果就是东中西部地区的财政收入差距预算外比预算内更大。此外财政转移支付还带来效率低的问题，一方面，中国政府有五级行政治理体制，转移支付会出现层层“渗漏”；另一方面，随着从中央到地方专项转移支付项目的增多，进京跑项目的现象越来越突出，“跑部钱进”使得转移支付不能充分发挥公共服务均等化的作用。

专栏6－1

财政体制改革往往是一个帕累托改进的过程

所谓“帕累托改进”，就是指在存在经济无效率的情况下，若进行资源的重新配置，确实使得某些人的福利水平有所提高，而与此同时，其他人的福利水平却没有降低（至少是不变）。属于“帕累托改进”的改革是不会受到改革阻力的。在实践中，越接近“帕累托改革”的体制改革，所引起的利益摩擦和震动也越小，改革越容易推进。

财政体制规定了政府间的财政分配关系，对政府间的财政资源进行重新配置。因此，财政体制的改革，实质上是权力和利益的调整和再分配的过程。在这个过程中，或者是中央（或地方）财政收入的增加要以地方（或中央）财政收入的损失为代价，或者是部分省（市）财力的增加要以其他省（市）财力的减少为代价。即使通过财政体制

① 周飞舟：“分税制十年：制度及其影响”，《中国社会科学》，2006年第6期。

改革最终能够使中央与每一个地方政府从中受益，但各方获益多少是不一样的，这就可能引起地方政府财力位次的升降，位次下降者也会感到自己受到了损失。2002年实行所得税体制改革时，财政部最初估计东部发达省市肯定会反对改革，而中西部省份应该支持改革，因为所得税改革的初衷就是要缩小地区差距，实现共同富裕，中央因改革所得税收入分享办法增加的收入将全部用于对地方主要是中西部地区的一般性转移支付。出乎财政部预料的是改革方案也遭到了中西部省份的反对，因为所得税改革也同样集中了他们的部分财力由中央统一安排，对他们而言与其等待中央的转移支付还不如自己收取放到自己的腰包里放心。所以说，财政体制的改革往往是一个非帕累托改进的过程。

非帕累托改进意味着阻力，改革的设计者一般运用“补偿”的手段来减缓阻力推进改革。长期以来，我国的财政体制调整，基本上是用“基数法”确定体制的收支划转，从而保证了地方的既得利益。承认地方的既得利益是中央政府为了推行财政体制改革所采取的最大的补偿措施，很多人对这种补偿措施提出批评，认为基数的长期延续承认了原有分配结构中的不合理部分，使一次性体制受益或受损永久化，使财政体制的公正性大打折扣。

新制度经济学认为，制度变迁是一个渐进性的连续的演变过程，是通过制度在边际上的不断调整而实现的。我国财政体制的改革与新制度经济学的理论是吻合的，正是“增量改革”和“渐进式改革”这两大特点，才使得我国的财政体制改革顺利推进，稳步进行。在一个更加标准和优良的体制办法出现之前，通过保证既得利益、调节增量的手段，能够避免“鞭打快牛”的现象发生，在确保效率的前提下达到调节政府间财力状况的目的，符合我国渐进式改革的总体要求。通过这种承认既得利益的补偿措施，可以把“非帕累托改进”向着“帕累托改进”的方向转化。

资料来源：财政部网站，《我国财政体制变迁的经济学分析》。

三、中国财政制度演进的经验和启示

通过分析中国的财政预算体制不断演进的过程和财政制度的改变，可以得出以下经验借鉴和启示。

（一）绩效预算的改革是循序渐进而不是跳跃的发展过程

绩效预算在实际的推行过程中，并没有固定的模式，具有多样性，但有一个共同的经验就是绩效预算的推行不可能从传统预算一步跨越到位。绩效预算是建立在重视绩效的政府文化基础之上的，当政府文化从以控制为中心转到以绩效为中心的时候，绩效预算才有可能真正建立。改革过程必须循序渐进，一般须经过三个阶段：第一阶段，从传统的分项排列预算到项目预算；第二阶段，绩效治理的推行；第三阶段，将绩效和预算分配紧密联系起来。

（二）绩效预算的推行需要获得共识和领导的强力推行

绩效预算改革是政府治理文化的根本性变化，从原来的只注重投入转向重视产出和结果，必须要有强大的改革力量来推动其发展。这股改革力量对传统预算制度的缺陷和绩效预算优势的认识方面有着共同看法：一是传统的合规性导向预算体系的局限性已经越来越明显了。二是随着更灵活的预算治理程序的应用，定性和效率目标不一定是冲突的，有可能是相容的。三是治理者的治理自由度的增强，不仅是一种提高效率的工具而且是一种完成既定支出基准的工具。具有共同视野、技术能力强、有率先改革的权威和完全忠诚的领导层是绩效预算改革成功的保证。因为绩效预算的推行是一个长期的、循序渐进的政府治理文化转变，不是一年或几年之内就可完成，需要经历一个或几个领导的任期，同时绩效预算的推行也是一个由上而下的思想更新过程。这个过程就需要强有力的领导人的指引和坚持，并使改革团队融为一体，赋予贯彻改革的权力。

（三）完善健全预算的基础设施

绩效预算的推行要建立在现有的预算系统之上，只有现行的预算系统具备预算完整性、自主性和自由度等基础条件之后，绩效预算才有可能推行。完整性是指保证预算分配能够包含所有的项目资金，能对所有项目进行衡量；自主性是保证各预算主体能够按照自己的意愿，根据政策优先顺序和项目绩效来分配资金；自由度则是保证预算资金的主要部分能够按照绩效自由分配，实现高效率地使用财力。此外，还有其他相关的基础设施需要配套，例如，只有信息系统的现代化，才能保证容纳绩效预算所带来的大量数据收集和分析；会计系统要按照项目来结算成本，从而能提供准确的成本数据。

（四）大力培养人才队伍

绩效预算制度实施的前提是要建立绩效考核的指标体系。而成千上万的项目考核指标和考核标准的建立是一个复杂的系统工程，包括对项目目标的制定、绩效指标的编制、绩效数据的收集、绩效报告的完成、绩效的考核、绩效与资源分配的联系等等。这必然对工作人员的素质有相当高的要求，这就必须要大力培养一批懂得绩效衡量、能够操作新程序的技术人才。同时绩效预算的推行是一个政府治理文化更新的过程，只有所有置身其中的人员参与这个转变过程，才有可能实现群体的意识演变，使得每一位公务员都重视绩效，进而都用绩效来指导自身工作。

第二节 聚焦绩效预算改革 寻找社会演进动力

改革之初，中国预算制度具有典型的计划经济的特征，但随着公共财政框架的不断改革，从1999年开始，财政部开始编制部门预算、深化“收支两条线”治理改革、改进政府科目收支分类、实施国库集中收付制度、推行政府采购制度以及建设“金财工程”等一系列改革。这些改革措施相辅相成，规范了预算资金范围，强化了预算治理过程，取得了较为显著的成效。对于社会发展而言，重要的不是对政府“既好又坏”的判断，而是如何发挥政府有效性的问题。

一、直面绩效预算困境

绩效预算虽然具有以往传统预算不可比拟的优点，但是目前国际上真正实施新绩效预算的只有新西兰、美国等少数几个国家，大多数国家只处于起步阶段。这不仅因为绩效预算制度自身存在着难以克服的缺陷，还主要在于绩效预算的实施存在许多限制条件，在不同的政治、社会、经济发展水平中所应用的效果有显著区别。基于中国的特殊国情，绩效预算的实施必然也存在一些现实阻碍。

（一）市场化和财政公共化程度相对较低

发达的市场经济和较高的财政公共化程度不仅是新绩效预算产生的背景，更是新绩效预算实施的条件①。从改革开放到现在，中国已经建立起社会主义市场经济体制，越来越高的市场化程度得到了国际上的认可，但是仍与市场经济高度发达的国家有很大差距。财政预算体制受计划经济的影响仍非常深远，处于经济转轨时期的市场经济体制还很不健全，因而公共财政制度虽已在形式上建立，但始终没有真正实现，公共财政框架的构建仍需完善。

（二）预算制度改革滞后，部门预算尚未到位

先发国家的政府预算无论是在编制、执行、科目设置还是在预算制度的确立理念和原则等方面，都已经深深地与市场经济相吻合。相比之下，随着中国财政预算体制改革力度的不断加大和深入，我国预算体制从单式预算走向复式预算、零基预算，直到现在的部门预算，已经取得了显著的成绩。但中国目前仍处在预算发展的初级阶段，迫切需要解决

① 乔彬彬：“绩效预算实施条件的中外比较及分析”，《决策与信息》，2007 年第 3 期。

的就是加强预算控制的问题。回顾先发国家的改革历程，它们也是在实践了一百多年的传统预算模式之后才引入新绩效预算的，当这些国家关注投入绩效时，中国还停留在投入控制阶段，改革的步伐远远落后于先发先进国家实属正常。而且中国自2000年起开始实行的部门预算试点工作不可能一步到位，还有一段长期而曲折的路要走，同时还需要不断缩小与公共财政要求的差距。

（三）政治制度存在一定的不足

先发国家的政治制度、政府结构及其组成方式与中国大不相同。在先发国家，政府财政决策权和分配权历来是行政部门与国会争执的焦点，结果是一方面有助于鼓励公共参与政府决策过程，另一方面又能够防止在政府方面产生严重决策失误问题，其实是对国民负责的表现①。然而，中国当前的许多重大财政决策往往由政府一手包办，政治体制还不具备广泛的公共参与特征和高度透明的政府决策机制，公众无法对政府行为进行有效监督，这严重阻碍了中国广泛开展新绩效预算的改革活动。另外，从中国的政体来看，各级人民代表大会理应是监督政府部门预算执行的权力机关，但在实际操作中，人大的这种作用并没有得到很好的体现。这是由于人大在现有体制下缺乏预算信息，只能对政府总预算和重大项目的预算执行情况负责，难以触及部门具体的预算执行情况，加之人大的监督和审议容易造成搞形式走过场的现象，人大的权力制约作用被进一步削弱了。

（四）政治文化氛围独特

政治方面，中国封建人治思想根深蒂固，反映在现实生活中，无论是在企业还是在政府部门中“人事一言堂，财政一支笔”现象相当普遍。此外，许多官员为追求政绩而对政府财政投入是否得不偿失，是否高绩效没有给予足够重视。文化方面，中华传统文化尊儒学为正统，直接形成了中国人重情轻法的思维方式和处事方式。在组织治理中的人治

① 张志超：《美国政府绩效预算的理论与实践》，中国财政经济出版社，2006年。

行为和公众对统治者绝对服从的模式下，规则、法令会退居次要地位，而让位于人情。老庄的“无为”思想更是至今被很多人奉为最佳的处事之道，不求有功，但求无过。政府各部门安于现状，求平求稳，对改革缺乏足够的动力。因此，绩效预算运转所需的组织文化与中国传统的价值观念并不一致甚至存在冲突。在这样的一个政治文化氛围下，实行新绩效预算改革的难度可想而知。新绩效预算改革是一项需要日臻完善的系统工程，涉及政治和行政体制、文化传统、预算治理、财政信息、系统建设、财政透明度等一系列改革。然而，中国独特的政治、文化和预算制度对绩效预算的改革有较大的影响和约束。要想让绩效预算在中国实现本土化，就要充分理解和掌握绩效预算改革的系统性和复杂性特征，并结合本国国情，找出对策，走出困境。

二、发挥政府有效性

政府行为能够对社会发展产生多方面的影响，它既可能成为社会发展的强大动力，也可能对社会发展造成严重阻碍。一方面，社会的发展需要安全的政治环境、稳定的社会秩序、公正的分配制度、可靠的权利保障、可信的法律环境和契约履行等作保障，而这些都需要政府的有效作为才能提供；另一方面，政府对社会生活的不当干预也会给社会生活造成严重破坏，妨碍市场和社会机制功能的发挥，而且其高昂的运行成本和资源消耗也会成为社会发展的一个沉重负担。因此，针对绩效预算所处的困境，政府能否有效地发挥其功能就决定了绩效预算改革的成败，也是社会发展进程的一个关键因素，实质就是政府行为的有效性问题。

专栏6-2

政府有效性与政府功能的发挥

在某种意义上，政府有效性与政府功能的发挥是一个硬币的两面。政府功能发挥的实际状况是政府有效性的现实体现，而政府有效性则是正确发挥政府功能的根本保证。政府功能体现为政府行为的社会效果，而政府有效性就是对政府行为在实现政府功能中的效果的评价。可见，政府功能是政府有效性的结果，而政府功能的实现状况正是评价政府有效性的现实依据。但政府有效性与政府功能的发挥也可能并不一致。

政府有效性是从社会发展的视角来看待政府活动的现实影响，而政府功能却与特定政府的性质和职能紧密相关。由于特定政府的宗旨与使命可能与社会发展的要求不相一致，甚至可能逆历史潮流而动，这时，该政府功能的实现就会与社会发展的要求背道而驰。因此，政府有效性与政府功能的发挥是否一致取决于政府的使命是否符合社会发展的要求以及政府职能范围的确定是否科学合理。也就是说，政府有效性不仅与政府运行效率和政府行为所发挥的实际功能有关，而且还与该功能是否与社会发展的要求相一致有关。政府功能的确定在一定程度上取决于政府的性质和宗旨，也就是政府究竟是为了实现最广大人民的根本利益还是为少数人谋取利益。同时，政府功能的确定也与人们对政府角色和功能的认识相关，也就是人们把政府看作一个万能的治理者还是看作一个仅具有有限能力的服务者。

在计划经济时期，尽管政府发展经济的愿望非常强烈，但政府对经济活动的全面治理却与政府的能力不相适应，背离了政府应该发挥的经济功能，在这种情况下，无论政府对社会经济活动的具体控制是多么有力，其表现出来的政府有效性都是极低的。由于政府对经济的全面控制对于社会经济的发展极为不利，其结果是政府的控制力越强，政府有效性程度反而越低。因此，对于政府有效性而言，正确定位政府功能是至关重要的。只有政府功能的定位与社会发展的要求相一致，政府行为才可能具备较高的有效性。这就要求政府认真分析社会发展所面临的国际、国内环境，正确认识本国经济社会发展对政府治理的需求与挑战，科学分析政府自身的能力、资源以及政府干预的优势与劣势，把政府功能定位于最大限度地推进经济社会的发展与进步。政府的功能不是越多越好，也不是越少越好，而是要在科学分析社会环境需求和政府的能力特征的基础上才能加以确定，因此，政府对于经济社会发展的功能并不是一成不变的，而是必须根据环境的变化作出适当的调整。当政府的职能领域与经济社会发展的需求相一致，政府促进经济社会发展实际功能的大小就与政府自身的运行效率紧密相关。

可见，政府有效性是一个价值与事实相统一的综合性范畴。首先，政府有效性是一个具有价值倾向性的概念。它不仅关涉政府做了些什么，政府活动发挥了哪些功能，更关涉对政府实际功能的价值判断，即政府所发挥的功能是否“好的”，是否有助于促进社会的发展与进步。因此，政府所发挥的功能与社会发展需求的一致性程度是影响政府有效性的首要因素。其次，政府有效性涉及对政府运行实际状况的考察。政府运行状况体现的是在实现政府功能的过程中所耗费的时间和资源，以及所取得的成就和发挥的影响等情况，如政府成本、运行效率、政府产出等，它们是决定政府有效性高低的重要依据。政府的运行状况受到多种因素的影响，比如政府规模、政府体制、政府能力、政府行为方式、政府与公民的关系、政府运行的法制化程度、政府与社会的合作机制等，它们都在不同程度上影响着政府功能的发挥。因此，当政府功能有利于促进社会的发展与进步，政府有效性程度就与政府功能的实现程度完全一致，提高政府有效性也就意味着推动政府功能得到更好地发挥。

资料来源：楚德江：“政府有效性：社会发展的动力源泉”，《行政论坛》，2010年第5期。

（一）政府有效性提供了经济发展所必需的基础条件

在政府有效性的基础之上，国民经济的顺利发展需要具备以下基本条件。

首先，政府职能的合理定位和政府行为方式的正确选择。就政府职能而言，不管是执行自由放任的经济政策还是对经济实行全面干预，政府都可能会危害到经济的良好运行。从政府履行职能的方式来看，不管是软弱的政府还是独裁的政府，都可能无法实现社会发展的目标。因此，政府能否科学地确定应该做什么和如何去做，对于经济发展来说至关重要，而政府有效性首先就体现为政府职能和行为选择的科学性。

其次，提供充分的产权保护。正如世界银行在其报告中所说，"如不具有有效的产权规定，市场是无法蓬勃发展的。只有当满足了以下三个条件时，产权才是有效的。首先是要保护产权免受盗窃、暴力和其他掠夺行动之害。第二是保护产权不受政府随意性行为之害——包括不可预见的特殊规章和税收，以及彻底的腐败。这些都会扰乱商业活动。第三个条件是比较公正的和可以预见的司法体系[①]"。这三个条件都需要政府的有效作为。

第三，制定公平的市场竞争规则并确保其得到贯彻执行。公平竞争是市场活力的源泉，政府通过制定市场运行的规则，消除垄断行为和不正当竞争行为，从而维护良好的市场秩序。

第四，提供必要的公共服务和基础设施。公共服务和基础设施是促进经济发展的物质和社会基础。比如：保护穷人的社会保障体系不仅有助于保持社会稳定，而且对保护和发展人力资源具有重大意义；政府提供的道路、水利等设施不仅是对市场失灵的弥补，也极大地提高了私人资本的收益，改善了经济环境。在这方面，政府有效性既体现为政府提供的公共服务和基础设施与社会需求的一致性，也体现为公共服务和基础设施供给中的高品质和低成本。

① 世界银行：《1997 年世界发展报告——变革世界中的政府》，蔡秋生等译，中国财政经济出版社，1997 年。

第五，维护宏观经济的稳定。经济增长的剧烈波动会对经济发展产生不利影响。政府有效性要求政府在科学分析宏观经济形势的前提下，择机运用财政、金融等手段对宏观经济进行调节，以保持宏观经济运行的总体稳定。可见，政府所具有的这些功能对经济发展而言都是必不可少的，而如果缺乏政府有效性，这些职能的发挥都会受到严重影响。

（二）政府有效性是实现政治民主的重要条件

政府有效性与政治民主之间存在着互相依存的紧密关系。一方面，政治民主有利于促进政府与民众之间的亲密关系，而这种关系是提高政府有效性的必然要求。世界银行在其发展报告中指出："一个在制定和实施政策时忽视广大民众需要的政府不是一个有能力的政府。政府即使怀有世间最美好的愿望，但如果它对于大量的群体需要一无所知，也就不会有效地满足这些需要。"① 另一方面，较高的政府有效性往往也是建设政治民主的必要条件。林芝等人指出："对发展中国家来说，没有一个有效的政府，就不可能有民主，有效政府是可持续民主的前提条件。民主必须是有领导的民主，发展民主也必须在政府的统一领导和治理下有序地发展。有效政府是法治和民主制度的必要条件，否则民主化就可能演化为泛民主化和无政府主义。"② 因此，越有效的政府通常也更为民主。正如罗斯福所说的，"历史证明，独裁不产生于坚强有效的政府，而产生于软弱无效的政府"③。之所以如此，乃是基于以下两个方面的原因：其一，只有具备较高的政府有效性，政府才能有效地保障每个公民的平等的政治权利，才能够对公民的需求保持高度的敏感并设法加以满足；其二，政治民主不仅需要一个亲民的政府，更需要法治的保障，而较高的政府有效性是维护法治的必要条件。在中国，民主体制和法治建设尚在

① 世界银行：《1997 年世界发展报告——变革世界中的政府》，蔡秋生等译，中国财政经济出版社，1997 年。

② LINZ J J STEPA N A C. Problems of democratic transition and consolidation: southern Europe, South American, and Post - communist Europe [M]. Baltimore, Md: Johns Hopkins University Press, 1996: 17.

③ 《罗斯福选集》关在汉译，商务印书馆，1982 年。

完善的进程中，更需要政府强有力的领导和对政治体制改革的坚定支持。正如王绍光所说的，“如果不能建立在政府机构的坚实基础之上，民主就不可能得到发展。如果一个政府不能履行基本的政府职能，那么不论它采取何种形式，这个国家的人民都不可能从中受益”①。黄仁宗也指出，为了达到民主的目标，有效政府是民主在中国现阶段的具体目标②。

（三）政府有效性也是社会和谐与稳定的基本保证

较高的政府有效性意味着政府能够适应环境变化和社会发展的要求，合理确定自身的职能，并通过高效地实现这些职能在推进社会发展进程中发挥重要功能，既正确地制定政策，又有效地执行政策，并能够自觉地约束自身的行为，以避免对社会的不当干预。较高的政府有效性也是推进经济发展和政治民主进程的强大动力，为社会和谐与稳定创造了条件。第一，较高的政府有效性有助于建立公正的市场竞争秩序和分配秩序。这不仅是有效的经济激励机制，而且为社会的稳定和谐奠定了坚实的经济基础。第二，政府具有更高的政府有效性，在制定和推进社会政策执行的过程中就更不容易被特殊利益集团所俘获，也会更加关注社会的公平，更加关注社会弱势群体的利益保护，这对于缓解社会的利益矛盾和冲突极为有利。第三，较高的政府有效性更有利于建立民主、透明、稳定的政治体制。这时，政府与民众之间更容易形成有效的互动，民众也将拥有较多的途径表达不满和利益诉求，社会矛盾和冲突就更容易通过正式的途径得到解决。第四，较高的政府有效性意味着政府有着更强的自我约束。这种自我约束对于减少甚至避免政府对社会的掠夺性行为极为关键，也能够有效防止寻租和腐败现象的发生，这将有助于在政府与公民之间建立良好的关系，并避免社会的不公。可见，较高的政府有效性对于维护社会公平、缓解社会冲突、促进社会的和谐与稳定等至关重要。

---

① 王绍光：“有效的政府与民主”，《战略与治理》，2002 年第 6 期。

② 黄仁宗：“中国政治体制改革关”，《战略与治理》，2002 年第 2 期。

四、运用绩效预算　有效降低政府成本

中国在财政体制改革过程中所面临的许多问题，都需要在一个综合、系统、权变的视角中重新考量，做出回答。政府成本问题也不例外，力图准确洞悉其矛盾实质，系统有效地从体制转轨和微观机制推动这两个影响因素来采取相应的办法，以达到降低中国政府成本的目标。同时思考政府成本与财政体制改革的内在联系，以求将行政体制改革问题的研究引入到一个更为广阔的空间，得出一些更有价值和意义的结论。

（一）体制转轨：从理念价值更新到制度规约重塑

任何不适应都是从理念层面或者价值层面开始的，同样，任何变革也都是从理念层面或者价值层面开始。因此，我们再也不能一直扎根和禁锢于传统的观念、假设和政策上，必须获取和适应全新的政府治理理念，只有这样才有可能为创新中国政府的治理体制、治理行为、治理方法和治理技术，提供一个正确的价值导向和巨大的创新动力。

1. 理念价值更新——扬弃与再造行政文化

目前，在先发世界有关政府治理理念转变方面，有诸多富有创新性的理论和实践：倡导与建立服务型（经济社会领域）、治理型（社会政治领域）、责任型（政府政治领域）、效能型（整体和结果）政府；从强调整体性政府建设（无缝隙政府）、借鉴企业治理方法和技术以及在政府内引入竞争机制（企业化政府）、加强政府法制建设和严格依法行政（法治政府）、用伦理精神塑造政府（道德化政府）、政府职能向体外转移（有限政府）、社会和民众参与治理（民治政府）、尊重人权、个性和回应社会（人性化政府）等方面对各种政府治理模式加以分析比较。我们必须打破陈旧的观念，树立创新的思想，结合客观实际，努力吸收借鉴成功经验，并将所涵盖的理念作为政府成本治理和控制的指导思想，把政府成本当作温度计、晴雨表、度量衡，深化行政改革，形成自觉控制和降低政府成本的氛围。为了使各种为降低成本所采取的制度具有更

高的信度和效度，实现有限、服务和责任“三体合一”的政府类型应是降低中国政府成本的关键枢纽以及切入点。

第一，有限政府（Limited Government）。有限政府是相对于“全能政府”而言的。有限政府并非无能政府，也不等于弱政府或低效政府，其核心内容是以宪政制度来规约政府权力的作用范围和具体的运作程序，以保证政治权力与社会的合理互动，从而使得政府权力的运作获得合法性，[①] 并强调政府的宏观调控和社会的自我治理，尊重市场发展的客观规律，对政府不该管、管不了的不再干预，对政府应该管的进一步加强[②]。具体而言，随着市场经济的逐步发展，客观上要求政府调动方方面面的积极性，有效地利用人力、物力、财力资源，提高社会生产力。而要做到这一点，政府必然重新定位自身的角色和作用——还权于市场、还权于企业、还权于社会，还权于公民，使政府的职能、权力、规模、行为接受宪法和法律明文规约。只有政府是有限的，才有社会团体、中介组织、社会成员的积极性、主动性和首创精神[③]。

当然，这并非削弱政府职能、限制政府行为，而是转变政府行为和政府职能，把政府的职能转变到宏观调控、社会治理和公共服务方面来，减少其微观直接治理职能和过多的包揽社会事务，防止政府能力和权威的下降，将社会领域的行业性、社会性事务尽可能交给社会中介组织以弥补政府失灵和整合社会利益冲突的作用，有所不为才能有所为，避免政府错位、越位，增强其纠位、补位功能。新公共治理的一项重要举措就是将市场机制引入政府部门。通过政府业务合同的出租和承包，政府采购和公私合作以及在政府部门内部推行用户付费、凭单制度和建立内部市场等办法，在公共部门与私人部门之间、公共部门机构之间展开竞

① 焦建国：“降低行政成本：紧迫性、重要性与根本出路”，《改革》，2003 年第 4 期。

② 张立荣、袁文艺：“控制和降低我国行政成本的对称探讨”，《广东行政学院学报》，2001 年第 6 期。

③ 袁文艺、黄安心：“行政成本及相关理论阐释”，《鄂州大学学报》，2002 年第 4 期。

争，从而达到缩小政府规模，提高公共物品及服务供给的效率①。归纳而言，有限行政是现代政府治理的必然选择，是政府的价值取向和模式选择，这对降低政府成本都有特别重要的意义。

第二，服务政府（Service Government）。传统政府治理模式很少面对来自“顾客”或“竞争者”的压力，因为对绩效没有规定后果，政府组织都是以内部为中心，更多考虑的是预算、人事标准和官僚等级，而不是如何改善结果②。可以说，它强调的是一种政府本位、官本位的行政意识。而服务型政府则是指在公民本位、社会本位理念指导下，在整个社会民主秩序的框架下，通过法定程序，按照公民意志组建起来的以为公民服务为宗旨并承担着服务责任的政府。政府不再是高高在上、“自我服务”的官僚机构，政府公务人员应该是负责任的“企业经理和治理人员”，社会公众则是提供政府税收的“纳税人”和享受政府服务作为回报的“顾客”或“客户”。政府服务应以顾客为导向，应增强对社会公众需要的响应力。

从形式上看，服务型政府主要体现在理念、制度和行为三个层面上。从理念层面看，服务型政府是一个执政为民的政府，各级政府都要始终坚持做到“权为民所用，情为民所系，利为民所谋”；从制度层面看，服务型政府的制度产生于公民和社会的需要，有利于保障公共服务行为的规范化，实现公共服务的低成本、高效能以及社会公众和政府的协商与合作；从行为层面看，无论是行为范围、行为方式，还是行为效果都要从社会公众需要出发，以社会和公众满意为依归。总之，构建服务型政府的过程，就是要实现以政府为中心的治理向以公众为中心的服务转变。只有这样的政府才能顺应人性的内在要求，进而才会赢得公民更多的认同和支持。这当然既有利于降低统治和治理成本，也有利于提高政

① 张丽华：“政府成本的经济学分析——对地方政府职能转变的再思考”，《云南财贸学院学报》，2003 年第 1 期。

② 印薇：“降低行政成本初探”，《福建行政学院福建经济治理干部学院学报》，2003 年第 3 期。

府在公民心中的声誉和威望。

第三，责任政府（Responsible Government）。责任政府作为现代民主社会的基本诉求，体现了人类政治生活的积极进步。具体而言，责任政府是与民主制度、法治理念和公民自由相联系的概念，是民主政治的一种价值理念，要求政府及其组成人员的一切政治行动必须以民意为依皈，并作为政府与人民之间权责关系进行制度性安排的组织形式。它要求政府必须回应社会和民众的基本要求并积极采取行动加以满足；必须积极地履行其社会义务和职责；必须承担道义上的、政治上的、法律上的责任；必须接受来自内部的和外部的控制以保证责任的实现。从一定意义上说，责任政府是民主政治和法制国家的必然要求，也是实现政府高效廉洁的基本保障，这意味着宪法和法律是政府及其官员施政的准绳；公民的权利与义务受政府切实的保障；政府的渎职、失职与违法行为必须承担法律责任；受政府及其官员公务行为损害的公民，有权提出诉讼并获得赔偿。

由于责任政府主要体现在政府公共政策的民主性、行政治理的高效率和价值取向的道德化三个方面，是民主、效率与道德的整合，因此它的构建便基于完善的民主监督机制，健全的法律监督制度和良好的道德监督机制。只有这样才能确保政府行为的规范化、制度化和法制化，使政府真正成为对人民负责的政府。在一个民主社会里，建立责任政府不仅是人民的诉求更是维护政府自身合法性的需要，它能够强制性地促进政府自我加压，廉洁增效，尤其是提高依法行政和自我控制的能力，即政府的自律能力。可见，责任政府的实现也能从机制和制度上预防和治理官僚主义，进而可以在一定程度上合理控制政府成本。

2. 制度规约重塑——优化与完善体制建构

体制转轨已经成为历史的必然，而且中国政府体制一直体现着复杂的内容和鲜活的思想这一明显特性，行政功能、行政结构以及行政运行三者关系模式的优化与完善，需要有计划、有步骤、有重点地展开，更应在其理论基础、组成要素、排列方式和实际检验中拟定一种探源式的分析方式来获得解决中国政府高成本运转问题的方法与途径。

首先，切实转变政府职能，合理规范政府权力。政府要改变过去政府治理中无所不包、无所不能的传统习惯，坚持有所为，有所不为。重点是处理好政府与市场、政府与企业、政府与社会、政府与公民之间的关系，进而实现政府能力的转换与提高，即政府的权威性和有效性的提高，逐步具备规划协调能力、利益综合能力、价值分配能力、监察监督能力、保障服务能力等①。具体来说，政府应当在公共设施和基础设施建设、环境资源保护、发展科学教育文化事业、公共福利和保障、国家安全、法制建设等方面充分发挥职能作用。同时，政府要有意识地培育社会中介组织，提高社会的组织化程度，扩大社会组织自我治理的能力，为政府职能的转移提供承接载体，以形成“小政府，大社会”、“小政府，大服务”、“小政府，大保障”的格局②。

目前减少行政审批是转变和优化政府职能，调整和规范政府权力的途径之一。自2002年下半年开始，中国政府各职能部门相继公布了取消行政审批的项目，如证监会、国家外汇治理局、国家发展和改革委员会、商务部等已先后取消了上百项审批项目。按照这种要求，引导和梳理行政资源的投向、流动和组合应以政府职能及其权力的界定、变迁为依据，要在消费资源和发展资源中确定一个适当的比例，从而提高行政资源的利用率。如使行政资源重点向宏观经济治理部门、执纪执法监督部门、文化教育科技部门、政策研究咨询等部门倾斜，并在行政资源配置中引入市场机制，根据社会经济发展的需要，不断调整行政的目标和重点，在当前存量结构比较“刚性”的情况下，可以通过增加投入，促进存量重组，盘活资源存量，发展存量的应有效应，使一部分不再承担行政职能的部门逐步萎缩，最终从行政序列中剥离出去。

其次，着力推进机构改革，加强政府编制治理。政府要加强机构编制治理，在科学论证基础上，制定总体性设计方案和具体方案，确定全

① 章兴鸣：“政府运行成本过高的成因分析”，《兰州学刊》，2003年第1期。

② 李才平：“政府成本控制分析”，《江西行政学院学报》，2003年第3期。

国政府机构层次和各级政府机构内部层次，确定必设机构及其限额，下大力气对政府机构进行“减肥”和“瘦身”，实现“扁平化”。加强人员编制治理，通过职能职位分析，确定编制数额及人员结构，制定人员编制方案，控制人员总额，精兵简政。加快行政法制建设、利用法律手段进行机构治理，实现政府组织、职能、编制、工作程序法定化。按照这种要求，在中国行政体制下努力形成集权和分权适度的、逐级分权相结合的、纵向贯通、横向联结、程序简明、权责适当的现代行政组织结构模式，以理顺行政机构职能、权限和责任之间的关系，确保发挥各自的主动性、积极性和灵活性，又要确保它们都能受到相应的责任约束。在资源结构的配置上，要建立起上下联动、左右配合的责任体系。上对下负责，就是要防止政出多门、政府打架；下对上负责，就是要做到令行禁止、政令畅通；左右配合，就是要相互沟通、相互补台，以避免结构摩擦造成的资源流失。并通过提高行政人员自身素质、有机整合整体力量，凝聚行政过程科技含量以及优化资源要素，降低成本的消耗。

最后，科学完善治理方式，促进政府高效运行。政府在进行社会治理和公共服务中，应加快行政现代化进程，完善行政治理方式，实现政府运转的高效益，这是实现中国有效治理和控制政府成本的桥梁。针对目前中国落后的治理方式在很大程度上制约和阻碍着政府运行这一严峻的现象，各级政府部门应当摒弃陈旧的治理方式，由权力行政转向规则行政，从随意裁决转向依法办事。在从事行政决定、行政监督、行政处罚、行政强制的活动中，都要以法为据，依法进行。政府行政过程应当是透明的、可预见的、公开的，要建立听政制度、信息查询和咨询制度、公开信息发布制度等。

此外，通过改善政府行政治理方式以及建立结构合理、配置科学、程序严密、制约有效的权力运行机制，从决策和执行等环节加强对权力的监督，才能满足政府过程中法制的规范性、组织的协作性、决策的民主性、治理的灵活性的要求，才能调动政府各部门的竞争活力和效率动机，减少内部的摩擦成本，使行政人员保持高度的清廉，实现政府运行的高效益。美国学者威尔逊指出，造成较为成功和不那么成功的政府机构之间差异的首要因素是机构运行的制度。可见政府运行各机构、各环节的配套机制建设的重要性。因此，政府要根据行政治理方式以及政府运作过程，把握主要环节，建立科学的行政资源考评体系，解决资源虚糜与沉淀问题，保证决策的正确性、执行的时效性、监督的有力性。

（二）微观机制推动：有效的实践辅佐和逐步的维持保障

微观机制推动主要包括技术层面的具体政策的协调运行与梳理公共人力资源管理的灵活整合与拓展两个方面。

1. 技术层面的具体政策的协调运行与梳理

政府成本问题牵涉到了财政预算、电子政务等诸种技术要素，绝对不是局限自身的零敲碎打，而是一个系统的工程，只有对其寻求充分的认知并积极采取措施，依靠各种具体政策以及合力的支持与激发，才能保证政府成本治理和控制目标的实现。

首先，规范财政开支，强化预算约束。预算是国家筹集和分配财政资金的基本收支计划，通过修正《预算法》，强化预算的权威性和严肃性，预算收支程序法律化，并且明确预算收支的法律责任，以预算制约编制的分配，控制机构、人员和经费膨胀。规范财政开支，目前最紧迫的是将预算外资金和制度外资金统一到预算控制之内，形成真正完整统一的政府预算，统一财政。政府必须严格在预算的约束下配置和运作行政资源，政府成本完全来源于预算资金。行政预算必须由各部门提出，经编制部门审核，报国家权力机关详细审议后批准。任何个人、任何机关，在未经国家权力机关重新审议并同意之前，不得作任何更改。这种预算硬约束机制的确立和强化，将有助于从根本上控制和降低政府成本。

财政收支运行过程的一般规律是：社会公共需要决定政府职能，政府职能决定财政职能，财政职能决定财政支出，财政支出决定财政收入。这一机制体现在财政收支关系上便是“以支定收”。因此，在编制财政预算即政府收支计划之前，我们必须首先明确政府的职能范围，确定“政府究竟应该干什么事”，“究竟需要多少钱”，进而合理界定政府收入规模以明确政府“究竟可以取得多少钱”。

其次，要完善政府采购制度。盲目而分散的采购是近几年政府成本过高的一个重要原因。对此政府采购实施集中采购、竞标投标等制度可以有效降低采购支出。在英国、美国等先发国家，政府采购制度已实施了两个世纪。中国目前尚处于移植初创阶段，集中程度和法制化程度不高，应通过法制化的政府采购、规范的财政支出制度促进政府成本的控制与降低。另外，要“明资正薪”，公务工资、奖金、福利待遇等所有各种收入透明化，杜绝在国家规定之外自行提高标准或变相发放奖金补贴等。特别是要杜绝预算之外的楼堂馆所建设、公款消费、集团消费等一切办公开支。应该遵循货币化的原则，变实物消费为货币消费，变隐性消费为公开消费。要制定真正的“阳光法”[①]，使公务人员财产来源透明，建立干部任期前后财产审计等制度，使腐败的“犯罪成本”高于“犯罪收益”，有效遏制腐败，降低制度外政府成本。

第三，发展电子政务（Electronic Government），推进政务公开。电子政务是指政府部门通过应用、服务及网络三格层面，利用 Internet/Intranet 等通信技术，推动政府办公自动化建设，并向公民提供政府部门的各种服务，从而在互联网上实现政府在政治、经济、社会、生活等诸多领域的治理与服务职能[②]。实施电子政务的关键就是要对整个政府系统实行全面的电子化、信息化、网络化。电子政务改革要将政府内部的信息流、资金流、物流进行重新整合，将人才、资本等资源进行重新配置，并形成一种跨越时间和空间的复合经济效应，可形象地用“1 + 1 > 2”来表示，即整体大于局部之和。这就是所谓的信息网络聚合经济效应（Agglomeration Economy Effect），使整个政府的运作效率达到最优，运营成本降到最低。

随着电子政务的实行，政府职能将从以治理为主转向以服务为主，

① 胡鞍钢：“公务员腐败成本——收益的经济学分析”，《经济社会体制比较》，2002 年第 4 期。

② 傅光明：“政府运行成本过高的深层原因与改革思路”，《改革》，2002 年第 4 期。

并使政府服务更为快捷、更为方便、更为畅通、更为直接、更为公平，具有更高的附加值。而且它将使现行的政府组织结构与运作机制产生深刻的变化，改变传统的层级化的公共组织的架构，建立网络型组织，减少政府治理层次，撤除合并一些工作职能重复的职位，使组织结构更为扁平化，增进政府的决策科学性和公共政策的品质，极大地提高政府的治理绩效，并有效地节约行政成本。

电子政务通过政务信息的公开化来推进政务工作的“公开、公正、公平”的推行，使政务工作更加透明，进而促进廉政与勤政。政务公开便是实行电子政务过程中的一种治理创新和制度创新，它采取切实合理的方式，允许和保障社会和公众能够得到必要的政务信息和信息服务，加强政府与社会、公众之间的有效沟通与合作，这样将会大大减少寻租活动、腐败行为发生的机会。1913 年，美国最高法院的大法官路易斯·布兰代斯曾说：“透明度是社会和经济问题的最佳药品。正像人们常说的那样，阳光是最佳的防腐剂”①。因而，发展电子政务，推进政务公开，做到“阳光行政”和“透明行政”，会提高政务处理效率，改善政府的服务水平，有效地保证公众的满意度，从而增加社会的安定与高效，这应当成为政府公关的一项重要内容。

2. 公共人力资源治理的灵活整合与拓展

在市场经济条件下，为了满足社会对政府的功能需求，使政府功能齐全、结构合理、运转协调、灵活高效，更需要公共人力资源治理方面的制度创新，这是中国政府体制改革能否成功的关键所在。从另一角度来考虑，人力资本作为政府部门最重要的资源，强调其合理开发和调控，那么，完成单位公务量所需的人数就少，机构和编制就会缩减，并且便于实现层级简化，增加组织治理的有效性，提高行政效率。而这些显然都已经成为降低成本费用的动力依托。

现代公共人力资源治理最主要的要求至少有如下三点：一是“由以

① 谭桔华：“入世对我国政府行政成本的影响”，《行政与法》，2002 年第 7 期。

恩赐官僚制和分赃制为核心的赡恩徇私式的人事行政，向以人才主义和功绩制为基础的现代人事行政的演化。”二是“从随意性、或然性很强的人治式行政，发展到系统化、规范化的法治式人事行政”。三是“在治理方法上，从非科学的经验治理发展到崇尚理性和效率的科学治理①”。为此，应从制度层面和操作层面来对公共人力资源治理进行灵活整合与拓展。一是要进一步探索考试录用、竞争上岗工作的新思路、新办法，坚持公开、平等、竞争、择优的原则，不断扩大选人渠道，拓宽选人视野。积极探索公务员任期制、试用制、辞退制和用人失察失误责任追究制。二是扩大党员和群众对干部选拔任用的知情权、参与权、选择权和监督权。对公务员的政治表现、工作实绩和社会公论等，客观工整地予以考查，并把考查结果作为晋升、交流、培训和实施奖惩的重要依据。三是进一步建立健全公务员能上能下、轮岗交流和培训教育机制。经常组织公务员学政治、学业务、学现代科技知识，积极构建公务员终身学习体系。着重帮助他们加强党性修养、理论素养和实践锻炼，全面提高自身素质。引导他们科学把握创新的途径，强化效率观念、服务观念、竞争观念、民主观念以及法治观念等，以改进政府工作方式，不断提高行政治理绩效。

总而言之，要将更新机制、激励——保健机制以及行为调控机制三者有机地结合起来，并融入到公共人力资源治理中，做到有法可依、有章可循、方便经营和提高质量。围绕这一核心要素的追逐与挖掘，便可为讲求行政成本，注重行政效益，建设廉价政府提供人才保障。从某种意义上说，优化公务员队伍，塑造公务员品质，能将“成本—收益”分析渗透、内化、深存于激发政府高效运转与配合的过程之中，使所取得的成果更具稳定性、持续性和影响的深远性。

---

① 范宏伟、孙力：“浅论政府成本治理”，《当代审计》，2001 年第 1 期。

第三节　设计专业制衡机制　激发社会发展活力

全球化、放松管制和数字化将对传统的行政理念、政府治理架构和行为方式带来颠覆性的冲击，也是绩效预算改革的契机。过去，由于政府掌控着信息，垄断着决策权和行政权，人们习惯于把政府官员比作“父母官”。然而，随着掌握的信息越来越多，公众可以通过信息网络来告诉政府官员如何行动，什么才是公众的真正需求，而政府官员也能按公众的意愿来合理安排预算，提高财政效率。然而，绩效预算改革不可避免地要考虑到政府、市场、个人这三者的关系，涉及到社会治理理念、体制与机制以及制度创新等，只有理清了这些问题，才能有效激发社会活力，积极实施绩效预算改革，推动社会有序演进。

一、正确处理政府与市场关系　构筑治理制度设计基石

政府与市场的关系不仅是公共治理学研究的一个重要问题，也是现代经济学、社会学、政治学的一个重要研究问题，可以说政府与市场的关系是社会人文科学的哥德巴赫猜想。从历史发展历程来看，政府与市场的博弈可以划分出3个历史阶段：

第一个阶段，市场经济阶段。从亚当·斯密在1776年发表《国富论》开始，人们坚信自由竞争才能产生最优的经济秩序和市场效率，政府是市场的“守夜人”。任何妨碍私人经营活动的行为，都被认为是对市场效率的破坏。在这一阶段，当时英国通过东印度公司完全市场化地经营印度，结果是市场的失灵引致印度全国大起义，迫使英国殖民政府采用为人统治的方式来治理印度。这在人类历史上首次引发了城府与市

场关系的思考。可惜当时没有引起学者们的高度重视。

第二阶段，政府作为配置经济资源的力量与市场共同配置经济资源，有对市场取而代之的趋势，并在许多国家进行了尝试。针对美国经济危机，凯恩斯提出了政府干预理论，并被罗斯福所采用，最终摆脱经济危机。政府干预是国家在经济运行中，依据市场经济的一系列规律，实现总量平衡，保持经济持续、稳定、协调增长，财政收支总量、外汇收支总量和主要物资供求中的调节与控制，对社会经济总量的调节与控制，促进市场发育，规范市场运行。

第三阶段，政府与市场均强调社会责任阶段。无论是自由市场论者抑或是政府干预论者，他们都认识到过于强调政府与市场任何一方面的作用都有失偏颇。在现实经济运行中，政府充分发挥市场的功能，不再直接干预企业的经营活动，因为精巧无比的市场制度的作用发挥到了无以复加的地步，市场机制可以满足一切需求。这一阶段，强调政府与市场的互动机制，而不是依靠政府和货币政策调节经济总量（总需求），可以起到宏观调控、缓解经济波动的作用，同时，主体性、独立性和创造性也能得到充分的体现。公共服务市场化的核心不是公共部门对私人部门，而是垄断对竞争。公共服务的竞争不仅能缩小政府规模，降低政府成本，而且能够改善公共服务的竞争性和效率，提高公共服务的质量和水平。

综上所述，市场不能代替政府，政府也不能代替市场。实践证明，现代社会经济运行既离不开市场调节，也离不开政府作用，既需要“看不见的手”（市场机制），也需要“看得见的手”（政府职能）。但是如何划分二者作用范围，如何实现二者的有机结合，是一个主要难题。市场调节过弱，政府调控过弱，可能导致经济混乱；政府控制过强，市场调节过弱，又可能导致经济被控制死。社会经济运行的历史一再呈现这一现象。因此，必须寻找二者之间的作用边界以及结合方式。

二、正确处理个人、政府与社会关系　科学切入治理制度设计

如何充分发挥个人的潜能和创造力、永葆国家强盛和社会进步，在不同的历史时期如何处理好个人、政府与社会关系的问题是国内外理论界研究的热点，研究个人、政府与社会关系变革的目标模式、基本思路与具体措施，已经成为当前理论界和政界所面临的一项重大历史性课题，也是界定政府职能与功能的依据。而今，中国正处于社会多元复合转型的战略机遇期，必然会引起个人、政府与社会关系的剧烈变动，也是中国现代化进程中无法回避的重大制度设计问题。

在个人、政府与社会的关系问题中，最难定义的是社会，社会本身也有广义和狭义之分，广义的社会是指在一定时空，世界所有组成要素的总集合，它不仅包括自然界、人类本身等物质系统，也包括各项制度和意识形态等非物质系统。狭义的社会指在一个特定的民族国家范围内，个人之间结成的各种社会组织及其关系的综合，它是由普通社会成员以及他们所结成的各种社会组织和社会团体所共同组成的。就是我们平时所说的非政府组织、非政党性，具有公益性、志愿性和合法性的社会中介组织，中国称之为社会团体或第三部门。

非政府组织是政府与社会两个组织领域存在自身的矛盾与相互间的摩擦需要协调的结果。政府所提供的公共服务是用于满足社会共同需要的，一些成本高而效率低的生产活动会因此被排除在外，政府组织不能满足社会上的所有需要，于是，非政府组织的出现就显得十分必要。一方面，它可以弥补市场的不足，成为社会公共服务的补充。另一方面，它还能有效地监督政府的运作。此外，非政府组织成为民主化的重要体现与保障。在经济领域每当完全按照市场规则运行的时候，市场就会出现失灵，给社会带来很多隐患。非政府组织可以去平衡这些矛盾，根据市场的规律进行磋商与协调，以达成共识。

在个人、政府与社会的辩证关系上，马克思主义既坚持社会经济基

础对上层建筑的决定作用，也承认上层建筑在一定程度上对社会经济基础的反作用，也就是说，个人与社会对政府具有制约作用，同时，政府对个人与社会也具有规范作用。马克思主义者认为政府是社会发展到一定历史阶段的产物，是从社会中产生的，以维护社会公共利益、处理社会公共事务为主要任务。仅此而言，政府存在于社会之中，又是社会保持自身存在和发展的工具。但政府又是独立的，具有相对自主性。

个人、政府与社会的辩证关系是个人组成群体形成社会，政府产生于社会。政府是社会共同需要的提供者，个人、政府与社会体系之间既相互独立运行，又密不可分，社会影响和制约政府，同时，政府也反过来规范社会。在现代社会政治经济生活中，社会是第一位的，政府是第二位的，社会是政府赖以存在的前提和基础，如果没有社会，政府也就失去了其存在的理由。可以把历史上和现实中各种不同的政府与社会关系划分为强政府弱社会、弱政府强社会、强政府强社会、弱政府弱社会四种类型。

需要注意的是政府往往习惯与权威主义的、家长式的思考方式，认为民众缺乏健全的常识、判断能力、自律能力、公益意识以及公民意识和责任意识，因此，需要政府指导和监督民众。理论和历史实践均证明，在承认市场缺陷或市场失灵现象的同时，提出解决市场缺陷或市场失灵的办法需要依靠民间部门协调。民间部门能够提供适当的激励机制，也能及时处理局部信息。而政府的作用恰在于改善、提高民间部门的协调能力。政府作为与经济体系相互作用的一个内在参与者，代表着一整套协调连贯的机制，而不是一个凌驾于经济体系之上的、解决协调失灵问题的外在的、全知全能的机构。

三、梳理社会治理创新理念　分析社会治理问题

社会治理是一项综合性事业，涉及社会生活的方方面面。长期以来，由于受计划经济体制与全能政府理念的影响，我们将社会治理视作政府

的独占领地与自然职能。这种惯性思维即使在市场经济体制逐步建立，行政体制改革不断深化的背景下，仍然有很大的影响力。目前全球面临各种利益纠葛和社会矛盾层出不穷，如贫富分化、城乡差距、劳资纠纷、土地征用、房屋拆迁、环境污染、物业纠纷、突发事件、社会治安、人口老龄化、艾滋病、自然灾害等。应当说，政府单方的社会治理模式对这些问题已经应接不暇，而公民对政府治理与服务能力的信任危机不断加深，并对社会秩序稳定造成诸多负面影响。虽然我们对政府履行社会治理职能抱有很大的期待，但事实证明，由政府一手包办社会治理事业的做法已经不适应社会发展的需要。因此，创新社会治理模式已经成为中国政府社会治理改革的重要议题。所谓社会治理创新，是指“在现有的社会资源和治理经验的基础上，引入新的社会治理理念、知识和方法，对传统的社会治理模式及治理方法进行完善，从而建构新的社会治理机制，更好地实现社会治理目标的活动”。可以说，社会治理创新凸显了基层社会组织的重要地位和作用。

中国当前的社会转型正不断突破城乡二元化结构，社会阶层的分化更加细致，社会大众的主体意识和参与意识更加强烈，各类社会组织的自我组织能力不断提高，政府与民间相互配合、共同治理社会事务的格局正在有序形成。因此，社会治理创新不仅要提供一个宏观的执政理念，更要在微观层面改革甚至重构一系列制度政策和措施，而且很多利益团体本身就担当着社会治理的重要角色。所以，良好的社会治理不能忽视作为社会生活参加者的利益团体的诉求。国家是由不同的利益团体共同组成的，从国家宏观政策的角度来看，要实现和谐善治，就必须不断强化民生福利政策的制定与落实，理顺相关主体之间的利益关系，加大创新力度。政府不仅要解决诸如收入分配不公、社会保障、医疗保险、促进就业等具体的民生问题，而且要注重保障人民利益的实现，使民众在国家经济取得进步之后，真正能够实现安居乐业，能够病有所医、老有所养。

为实现和谐善治的根本目标，社会治理创新的基本理念可以分解为治理主体、治理方法和治理过程三方面的创新要求。

第一，社会治理创新强调治理主体的多元化。社会是由各社会组织、团体、企事业单位、基层组织等共同组成的。事实证明，社会组织和企事业单位的自律，基层村民组织和居民组织的自治，是达成良好社会治理目标的重要手段。现代社会治理绝不可能单独依靠政府来完成。实际上，政府大包大揽式的社会治理造成了对社会生活的强势介入，但这种硬性的干预、治理和服务，并没有取得预期的理想效果。对此，新型的社会治理，不应是政府作为单一主体的单向度治理，而应是政府与社会组织相互合作实行公共治理，让社会组织承担起越来越重要的公共治理职能，也就是所谓“治理”和“善治”。社会事务凡属于能够由社会主体自行解决的，就应当由社会主体优先解决。

第二，社会治理创新主张治理方式的多样化。当前，中国社会治理创新重点要解决的，就是由于治理方式僵化而引发的诸多社会矛盾问题。目前，公众普遍倾向于绕过国家正式的法律救济机制，而在体制外主张利益或寻求救济，其直接导致维护社会稳定的成本不断攀升。因此，创新社会治理方式的基本要求就是要从重管制控制、轻协商协调向更加重视协商协调转变。要改变主要靠行政手段通过管、控、压、罚实施社会治理的方式，更加善于运用群众路线的方式、民主的方式、服务的方式，尽可能通过平等的对话、沟通、协商、协调等办法来解决社会问题，化解社会矛盾。具体来讲，行政治理要一改往日简单刻板、单向强制的治理方式，融入现代行政治理的人文关怀理念，体现行政机关对相对人的人格尊重、权利保障，尽量采用柔性手段，通过与行政相对人的沟通、协商、合作等，最大限度地减少服务成本，实现行政治理方式的多样化、弹性化、柔和化。

第三，社会治理创新注重治理过程的民主化。因为多元化的治理主体和多样化的治理方式最终要依托民主的治理程序来落实。社会治理创新对治理主体多元化和治理方式多样化的要求必然催生治理过程的民主化。传统社会治理完全是政府单方面的“自说自话”，强调“行政机关单方面向行政相对人作出行为和施加影响，行政机关及其公务人员在实施行政活动中，往往无视行政相对人的意志、配合或协作，而是单方直接作出决定，根本没有让相对人表达意志和参与其中的观念和机会”。不仅如此，相对人甚至只能被动地接受行政机关设计的制度框架，服从行政主体提供的“话语体系”。这就造成相对人在社会治理中完全丧失主体地位，而沦为社会治理的客体。而传统社会治理将公众的意见完全排除在外，只靠行政主体“闭门造车”式的主观判断进行社会治理，自行制定解决对策，往往会导致“好心办坏事”的尴尬局面。因此，社会治理创新特别关注治理过程的民主化，强调社会公众的参与。

随着改革开放的不断深入和市场经济的逐步完善，中国的经济社会状况发生了深刻变化。经济社会的发展和变迁给社会治理带来了许多问题与挑战。当前的社会治理创新，就要从这些问题入手，对症下药，才能尽快突破旧有的治理格局和机制，建设更加和谐的社会。基于社会治理创新理念，当前社会治理创新需要重点解决的几个问题是：

（一）民生问题凸显，社会矛盾多发

社会治理要以人为本，着力解决民生问题，从源头上减少和化解矛盾。近几年我国进入了“矛盾多发期”，各种群体性事件层出不穷，与之相应的，是“维稳”成本的大幅度提高以及“越维越不稳”的恶性循环。要想化解社会矛盾，“堵”这条路是走不通的，我们应当转变思路，寻根溯源，从源头上减少和化解矛盾。那么，什么才是当前社会矛盾多发的主要原因呢？主要是民生问题。在市场经济为主导的现代社会中，利益分化是一个普遍现象。当前，随着中国市场体系的初步建立，利益分配的格局已经出现了较为严重的分化，中国社会已经形成了以失地农民、进城民工、城市下岗职工、拆迁户等为代表的位于社会底层的弱势群体。他们不仅缺乏在市场中致富的机会与资源，就连自身的合法权益和生存的基础资源也屡遭侵害①。

（二）社会治理理念落后

正确的社会治理理念是社会治理创新的先导，是确保社会治理创新

① 孙立平：《断裂：20 世纪 90 年代以来的中国社会》，社会科学文献出版社，2003 年。

实效性和持续性的重要基础。随着经济社会的发展，政府要重塑政府行政的理念，从“管理”理念向“服务”理念，继而向“治理”理念转变，通过宏观调控和政府监管等手段培育公平有序的竞争市场，维护经济的稳步健康发展。积极回应社会需求和公民诉求，实现以经济建设为主到公共服务为主的转变，由治理型政府走向服务型政府。建设服务型政府，关键是深入推进政府职能的转变。即政府职能重心由经济转向社会，以社会为本位。

（三）社会治理主体单一

在计划经济体制下，政府职能被不切合实际地无限放大，政府对经济进行全方位的直接干预，导致经济停滞、政府机构膨胀。改革开放以来，我们逐渐实现了由“全能政府”向“有限政府”的过渡，但总体来说，我们社会治理主体单一的问题，还没有得到解决。因此，要充分发挥各类社会主体在社会治理中的作用，实现社会治理主体多元化。实现社会治理主体多元化需要培育社会组织，促进社会自治。要保障社会组织的独立性，实现事业单位的“去行政化”，在此基础上，将那些政府不该管、管不好的事情放手交给社会组织去做。同时还要积极培育社会自治的土壤，鼓励村民、居民依法实现自治。

（四）社会治理方式僵化

随着社会治理主体的多元化，不同利益诉求的产生必然要求治理方式的多样化。传统的一元社会治理模式已经不能适应现代社会经济的变革。中国的社会治理存在以下问题：刚性的治理手段运用较多，柔性的治理手段运用较少；公民参与社会治理不够，缺乏有效的平台和途径；社会治理容易搞运动，缺乏制度常态化；社会治理的信息和资源不够公开透明。社会治理手段存在着“行政方法不能用、经济方法不好用、法律方法不会用、思想教育不顶用”的尴尬①。我们常常习惯于用搞运动的办法来实现某一方面的治理。威力大、见效快，但制度化的常态治理

① 杨建顺：《社会治理创新的内容、路径与价值分析》，http：//news. sina. com. cn/o/2010－02－02/012317028767s. shtml。

必须跟上，否则社会时过境迁，恢复原状，只有阶段性意义。社会经济变革给社会治理带来挑战的同时，也为社会治理手段的创新带来了机遇，多媒体、信息化、互联网这些技术手段完全可以充实到社会治理当中。建立信息化的社会治理模式，能够提高社会治理的效率，促进社会治理目标的实现。

（五）社会治理法律体系不健全

改革开放以来，中国在社会治理法律体系建设方面做过一些努力和尝试，也取得了一定的成绩，但是我国在社会治理领域的立法已明显滞后，有的领域甚至是法律空白，将会阻碍我国社会治理的有效运行。社会治理创新的出发点和落脚点是以人为本，因此，完善社会治理的法律体系首先应当从“民生”入手，着力建立健全民生领域的立法。另外，公正、公开、参与、诚信的行政程序能够为行政机关合法合理的行使行政职权设置一个基本的规则，从而保证社会治理的有效实施。因此，一部统一的行政程序法显得尤为重要。

（六）社会矛盾纠纷解决机制不畅通

随着中国经济建设的快速发展和城市化进程的加快，各类社会矛盾纠纷日益增多，并且呈现出一些新的特点：矛盾纠纷的双方以个人同组织、公民同干部之间的纠纷为多数；矛盾纠纷多为涉法纠纷；群体性纠纷突出，对抗程度增强。而面对不断产生、不断变化的社会矛盾纠纷，中国现有的纠纷解决机制显得力不从心。因而需要大力健全社会纠纷解决的法律体系。

四、立足法治国家和法治政府框架 完善社会治理体制和机制

社会治理的完善与创新必须着眼于时代的特征，着眼于国际国内形势的新变化，着眼于社会主义建设过程中的新问题、新情况。在法治建设的框架之下，通过对社会治理体制和机制的创新，以人为本，公平正义，促进社会治理观念的转变，实现社会治理主体的多元化和社会治理

方式的多样化，完善社会治理的法律体系，健全社会矛盾纠纷解决体制，促进社会和谐，实现社会治理目标。

（一）完善社会治理的体制

完善社会治理的体制主要是以实现权力与权利的合理分配为目标，构建和完善社会治理的组织机构体系。只有明确了权力与权利的分配，社会治理的各主体之间才能实现合理分工。各主体之间合理分工，相互协作，不但能提高社会治理的效率，而且又能起到互相监督的效果。另外，随着社会结构的不断变革，可能会出现新的利益主体，如社会组织、行业协会、自治组织、中介机构等等，要不断吸纳这些新的主体参与到社会治理当中，明确行政机关和其他主体在社会治理中的职责权限，充分发挥社会组织和自治组织在社会治理中的自律和自治作用。

（二）完善社会治理的机制

完善社会治理机制重点要完善权力运行机制、公众参与机制、纠纷解决机制和社会保障机制。第一，完善权力运行机制主要是规范行政权的运作，深化行政治理体制改革，将政府的社会治理职能转变到通过制定社会政策和法规，依法治理社会组织和社会事务、调节收入分配、维护社会稳定、应对公共危机等方面，把更多的资源转向公共服务领域；第二，完善公众参与机制，主要是扩大公众参与的范围和途径，建立健全公众广泛参与决策的机制，促进决策的民主化、科学化，继续加强政府信息公开和政务公开，监督行政权力的运行；第三，完善社会矛盾纠纷解决的机制，提高司法权威和公正，主要通过法律途径解决社会矛盾纠纷，注重从源头上化解社会矛盾；建立健全社会保障体系，完善社会保险、社会救助、社会福利和优抚安置，重点关注弱势群体的保护以及农村居民的医疗保险和养老保险的建立。

五、制度创新提高财政效率　促进社会发展

在经济全球化的今天，制度因素更是成为决定和影响经济效率的能

动因素，而制度变革和创新则成为提高经济效率的重要途径。经济学家越来越多地将制度成败与不同时期、不同国家的经济增长和市场发展联系在一起进行研究，越来越多地把制度因素作为经济发展和经济效率增长的主要解释变量。在他们看来，制度是某些服务的供给者，它们应随着经济增长的需求而产生，对经济增长起决定作用的是制度性因素而非技术性因素。

由于受到治理成本和信息约束，直接对财政支出效率进行监督和评估面临极大困难，如果没有制度安排提供的规则和约束，财政支出治理将无法进行。然而制度安排既可以为财政支出的决策者提供博弈规则，又可以为财政资金使用者提供激励和约束机制，进而提高财政资源的配置和使用效率。也就是说，不同的制度安排必然会对财政支出的决策和治理产生不同的影响，有效的财政制度可以大大降低公共部门的成本，减少财政支出漏洞，提高财政支出的效率。因此，针对不同的财政治理情况，政府要不断创新财政治理制度，促进经济社会发展，再引发制度创新。

（一）财政治理体制

资源的配置方式以及配置效率在很大程度上是由制度结构和制度安排决定的，财政资源也不例外。财政治理体制是所有财政制度中对财政效率影响最大的。财政治理体制有广义和狭义之分。广义的财政治理体制又称财政治理制度，是指政府与企业、事业单位之间以及各级政府之间财政分配关系上相对稳定的形式，由一系列有关财政分配、财务活动的法律、法令、规章、条例等制度性的典章所规定，规范与调节财政领域中的各个主体或当事人的行为。狭义的财政治理体制即财政预算治理体制是正确处理中央政府与地方政府之间在财政资金上的集中与分散，在财政治理权限上的集权与分权的相互关系。中央与地方之间的财政关系涉及财政收入权利和支出责任的划分，自然也会对中央和地方政府财政支出责任和支出资金治理产生影响，进而引出财政支出治理制度。财政支出治理制度是指在财政支出过程中为了实施组织、控制和监督财政资金的配置而制定的程序、方法和规则的总称。财政支出治理是一个促进财政资金使用及时、有效的综合过程。

（二）制度创新与社会发展的互动机制

社会发展要求制度创新，制度创新后促进了社会的发展，再引发制度创新。制度创新与社会交往发展之间存在互动机制。

首先，制度经济学家诺斯说，“如果说制度是游戏规则，那么利益集团是玩家”①。诺斯认为制度创新与社会发展的互动机制在于利益集团的作用。制度经济学家们认为制度创新是利益集团为实现自身利益最大化的需要与其他利益集团博弈以及影响政权和民意的结果。利益集团利益的变化和它们力量对比的变化导致制度变迁。但有人反对制度经济学家们的观点。当一群人深信一种制度是非正义的时候，为了试图改变这种制度结构，他们有可能忽略对个人利益的斤斤计较；而当人们深信习俗、规则和法律是正当的时候，人们会服从于它们，即使丧失自己的一些利益。因此，制度创新需要用意识形态来补充制度经济学家们的利益论。政府在制度创新中也是一个重要动力，政府可以对意识形态进行引导，对利益关系进行干预，从而影响制度创新。

其次，人的主动性以及追求自我发展的不竭动力，是制度创新的引发力量。人一出生就面对既有的制度，他首先适应既有制度，在既有制度的影响下成长。随着他力量的增长和成长幅度的增大，他就必须突破旧制度的羁绊了。人们对既有制度创新，也就是在追求一种更加适合人的发展的制度形式。当既有制度创新后，人也就是获得了一种新的发展的制度环境。

总的来说，制度创新是多种社会因素合力作用的结果。无论利益论、意识形态补充论、多种因素论还是人性动力论，都在不同层面合理解释了相应层面制度创新的动力原因。生产力是社会发展中最活跃的因素，生产力的发展导致制度创新，制度创新促进社会交往发展；

① （美）诺思：“历时经济绩效”，《经济译文》，1994 年第 6 期。

同时，制度和制度创新又具有相对独立性，对生产力具有重要的能动作用；制度创新也会引发相应领域的社会发展：新制度必然引发利益集团之间格局的变化，影响意识形态的变化，导致市场规模的扩大、技术的进步、知识的更丰富、政治力量的变化。这些新变化又会进一步引发制度创新。

参考文献

1. 王丽萍、郭岚、张勇：“高校构建新型绩效预算管理体系之探讨”，《财会月刊》，2008年第15期。

2. 白景明：“绩效预算：理应尝试的选择”，《中国财政》，2008年第8期。

3. 邢天添：“新公共管理视野下的绩效预算改革”，《郑州大学学报》（哲学社会科学版），2007年第3期。

4. 王祺扬：“试论构建公共部门绩效预算制度”，《财政研究》，2007年第1期。

5. 李慧、张志超：“美国绩效预算的经验、困难和启示”，《华东经济管理》，2007年第10期。

6. 蔡红英：“政府绩效评估与绩效预算”，《中南财经政法大学学报》，2007年第2期。

7. 祝小宁、华燕玲：“论绩效预算在我国实施的现实阻碍”，《电子科技大学学报》（社科版），2006年第6期。

8. 朱小平、杨妍：“公益型非营利组织绩效预算与绩效评价的理论探讨”，《审计与经济研究》，2006年第3期。

9. 邢天添：“绩效预算改革的现状及其方向”，《中央财经大学学报》，2006年第10期。

10. 王延杰、郑思海：“关于建立我国绩效预算制度的思考”，《河北大学学报》（哲学社会科学版），2006年第5期。

11. 王进杰、贾英姿："政府绩效预算改革研究"，《财政研究》，2006 年第 8 期。

12. 王进杰："绩效预算改革中的几个关键问题"，《经济研究参考》，2006 年第 56 期。

13. 韩锟："实行绩效预算的影响因素分析"，《当代财经》，2006 年第 9 期。

14. 傅道忠："绩效预算与绩效评价制度及其借鉴"，《经济问题》，2006 年第 5 期。

15. 陈工："英、美、澳、新等国家实施绩效预算的改革及其对我国的启示"，《财政研究》，2006 年第 1 期。

16. 白景明："推行绩效预算必须解决的四个重要问题"，《财政与发展》，2006 年第 1 期。

17. 安秀梅、殷毅："论中国政府预算管理改革的优先序——兼议绩效预算在中国的适用性"，《中央财经大学学报》，2006 年第 6 期。

18. 张馨、袁星侯："绩效预算改革探析"，《财政研究》，2005 年第 10 期。

19. 张维平："对中国实行绩效预算管理的思考"，《当代财经》，2005 年第 2 期。

20. 李燕、王宇龙："论绩效预算在我国实施的制度约束"，《中央财经大学学报》，2005 年第 6 期。

21. 陈旭东："绩效预算的理论基础探源"，《财会月刊》，2005 年第 17 期。

22. 蔡自力："建立绩效预算制度　最大限度地提高财政支出效益"，《财政研究》，2005 年第 1 期。

23. 张泽明、王丽萍、唐蓉、汪升龙："高校绩效预算管理模式研究"，《西南科技大学学报》（哲学社会科学版），2004 年第 3 期。

24. 余小平、孔志锋："在我国实行绩效预算的设想"，《财政研究》，2004 年第 2 期。

25. 王德祥、黄萍："美国新绩效预算改革及其对我国公共财政建设的启示"，《科技进步与对策》，2004 年第 12 期。

26. 聂丽洁、王俊梅："关于绩效预算与零基预算相结合的预算方法体系的思考"，《中央财经大学学报》，2004 年第 12 期。

27. 刘继东："美国联邦政府推行绩效预算的历程及启示"，《管理现代化》，2004 年第 5 期。

28. 施能自："正确理解预算管理与绩效管理的关系"，《经理人》，2002 年第 Z1 期。

29. 马骏："新绩效预算"，《中央财经大学学报》，2004 年第 8 期。

30. Philip G. Joyce. The Obama Administration and PBB: Building on the Legacy of Federal Performance - Informed Budgeting? [J]. Public Administration Review, 2011 (3). pp. 356.

31. Miekatrien Sterck. The impact of performance budgeting on the role of the legislature: a four - country study [J]. Int Rev Adm Sci, 2007 (2). pp. 189.

32. Gerald J. Miller, Donijo Robbins, Jaeduk Keum. Incentives, Certification, and Targets in Performance Budgeting [J]. Public Performance & Management Review, 2007 (4). pp. 469.

33. S. Yaisawarng, J. F. Burgess. Performance - based budgeting in the public sector: An illustration from the VA health care system [J]. Health Economics, 2006 (3). pp. 295.

34. Miekatrien Sterck, Bram Scheers. Trends in Performance Budgeting in Seven Oecd Countries [J]. Public Performance & Management Review, 2006 (1). pp. 47.

35. William C. Rivenbark, Janet M. Kelly. Performance Budgeting in Municipal Government [J]. Public Performance & Management Review, 2006 (1). pp. 35.

36. D. P. Moynihan. What do we talk about when we talk about perform-

ance? Dialogue theory and performance budgeting [J]. J Publ Adm Res Theor, 2006 (2). pp. 151.

37. J. B. Gilmour, D. E. Lewis. Assessing performance budgeting at OMB: The influence of politics, performance, and program size [J]. J Publ Adm Res Theor, 2006 (2). pp. 169.

38. John B. Gilmour, David E. Lewis. Does performance budgeting work? An examination of the Office of Management and Budget's PART scores [J]. Public Administration Review, 2006 (5). pp. 742.

39. M. Andrews. Beyond 'best practice' and 'basics first' in adopting performance budgeting reform [J]. Public Admin Develop, 2006 (2). pp. 147.

40. Gloria A. Grizzle, Carole D. Pettijohn. Implementing Performance - Based Program Budgeting: A System - Dynamics Perspective [J]. Public Administration Review, 2002 (1). pp. 51.

41. Julia E. Melkers, Katherine G. Willoughby. Budgeters' Views of State Performance - Budgeting Systems: Distinctions across Branches [J]. Public Administration Review, 2001 (1). pp. 54.

42. J. Melkers, K. Willoughby. The state of the states: Performance - based budgeting requirements in 47 out of 50 [J]. Public Administration Review, 1998 (1). pp. 66.

43. K. A. Chandrasekaran. Performance Budgeting in Indian Railways [J]. Economic and Political Weekly, 1981 (9). pp. M33.

44. Lewis Friedman. Performance Budgeting in American Cities [J]. Public Productivity Review, 1979 (4). pp. 50.

45. U. K. Kohli. Performance Budgeting in Corporate Sector [J]. Economic and Political Weekly, 1971 (9). pp. M17.

46. A. Premchand. Performance Budgeting in Public Sector [J]. Economic and Political Weekly, 1969 (8). pp. M13.

47. A. Premchand. Performance Budgeting for Defence [J]. Economic and Political Weekly, 1969 (48). pp. 1851.

48. Helen Young. Performance and Program Budgeting [J]. ALA Bulletin, 1967 (1). pp. 63.

49. Ralph S. Roberts. USDA's Pioneering Performance Budget [J]. Public Administration Review, 1960 (2). pp. 74.

50. L. Henry Marion, Willis Proctor. New York State's Performance Budget Experiment [J]. Public Administration Review, 1960 (2). pp. 69.

51. Ali Eghtedari, Frank Sherwood. Performance Budgeting in Los Angeles [J]. Public Administration Review, 1960 (2). pp. 63.

52. Malcolm B. Parsons. Performance Budgeting in the Philippines [J]. Public Administration Review, 1957 (3). pp. 173.

53. Daniel Klepak. Performance Budgeting for the Health Department [J]. Public Health Reports (1896 - 1970), 1956 (9). pp. 868.

后　记

绩效预算是当今世界各国政府公共管理改革的重要方向，也是新时期市场经济条件下我国政府预算改革的关键点和突破点。如何建立科学、有效的政府财政绩效预算制度，通过构筑财政预算硬约束，从而实现为我国市场经济“立宪”、促进社会有序发展，将是未来中国下一步经济社会改革必须正视的关键问题。

绩效预算力主减少政府干预，转为采用管理私营部门的管理哲学及管理方法，用企业家精神和市场竞争机制重塑政府，使社会公众可以对政府行为效率与效能有一个客观了解，同时政府可用评估结果来对公众做出回应，解释公共资源安排情况。绩效预算有利于解决政府管理危机、信任危机和财政危机，有助于政府管理创新。绩效预算是当今世界各国政府公共管理改革的重要方向，也是新时期市场经济条件下我国政府预算改革的关键点和突破点，更是国家治理的基石。如何建立科学、有效的政府财政绩效预算制度，通过构筑财政预算硬约束，促进社会有序发展，是中国下一步经济社会改革必须正视的关键问题。本书正是基于这样的现实背景诞生的。

从 1997 年进入国家行政学院经济学教研部至今，我一直带领我的课题研究团队从事绩效预算理论研究与实践创新工作。本书正是我多年绩效预算研究成果的精华之一。在本书的撰写过程中，笔者得到了国家行政学院领导的理论指导。科研部、研究室和决策咨询部、经济学教研部等部门的领导和同仁也给予了许多智力支持。

在本书成稿过程中，首都经贸大学的杨全社教授、赵惠硕士、郭玉鑫硕士、赵红绢硕士、韩烨硕士、赵慧玲硕士、赵凤双硕士、刘淑怡硕士，南开大学的于宾博士，天津大学的李文亮博士生，国家行政学院的张淑翠博士后，王锦坤博士生等参与了部分章节的撰写。

笔者曾就本书中的部分观点与一些专家、知名学者进行过交流，获取了许多宝贵意见。特别需要感谢的是，财政部有关领导对本书的写作给予了大力支持，为本书的出版提出了许多宝贵意见。在此也深表感谢。

在全书的撰写过程中，我们曾参阅了许多文献，吸取了许多国内外学者的研究成果，书中都一一做了标注；许多同志还提供了相关资料，同时提出了宝贵的意见，并给予了大力的支持和帮助。在本书的出版过程中，中国财政经济出版社的贾杰社长、李乃君副总编辑、陈迈利主任、张冬梅主任、涂蕙等编辑做了大量的工作，在此，表示衷心的感谢！

无论世界情势如何变更，对国家治理的研判始终是一个永恒的话题。破解之道是，锚定绩效预算为抓手，促进社会有序发展。希望借本书的出版，引起全社会对绩效预算与有序社会的关注，推动中国国家治理能力建设。由于作者水平有限，再加上时间紧、任务重，书中难免有偏颇甚至是错误不足之处，还望有关专家学者和广大读者批评指正，多提宝贵意见。

作　者
2014 年 10 月于北京